名师名校名校长

凝聚名师共识
回应名师关怀
打造名师品牌
培育名师群体

　　　　　张明远题

动情深思
教语文

DONGQING SHENSI
JIAO YUWEN

杨 健 / 著

东北师范大学出版社

长 春

图书在版编目（CIP）数据

动情深思教语文 / 杨健著. — 长春：东北师范大
学出版社，2022.6
ISBN 978-7-5681-9136-4

Ⅰ.①动… Ⅱ.①杨… Ⅲ.①中学语文课—教学研究
—初中 Ⅳ.①G633.302

中国版本图书馆CIP数据核字（2022）第107277号

□责任编辑：石　斌　　　□封面设计：言之凿
□责任校对：刘彦妮　张小娅　□责任印制：许　冰

东北师范大学出版社出版发行
长春净月经济开发区金宝街 118 号（邮政编码：130117）
电话：0431-84568023
网址：http://www.nenup.com
北京言之凿文化发展有限公司设计部制版
北京政采印刷服务有限公司印装
北京市中关村科技园区通州园金桥科技产业基地环科中路 17 号（邮编：101102）
2022年6月第1版　2023年1月第1次印刷
幅面尺寸：170mm×240mm　印张：16.5　字数：270千

定价：58.00元

目
录

上篇　实践篇

中篇　思索篇

下篇　研究篇

实践篇

新课标下语文阅读教学模式初探

一、关于教学模式的争论

新课标下的语文阅读教学有没有模式可循？不少人持否定的观点，理由是，既为"新"教学，一言以蔽之，就应该是百花齐放，各具特色，而不应该千篇一律，千课一面。这话有一定的道理，因为固定的模式往往使教学陷入僵死的套路之中，束缚了教师的手脚，阻挡了学生的视线，使教学失去了生机与活力。

但是，不能不看到，这种大家争相标"新"立异、推陈出"新"的教学，其实是良莠不齐的，有的甚至背离了语文教学的宗旨，把语文课上成了美术课、音乐课、活动课。在实际教学工作中，有的教师面对新课程茫然不知所措，教学盲目性大；有的教师新瓶装旧酒，名为创新，实则守旧，语文阅读教学的效率低下。经过一年多的语文教学实践，结合自己对《义务教育语文课程标准（2011年版）》（以下简称《课程标准》）的研读，我认为，应该构建语文阅读教学的新模式，理由如下。

1. 教学模式和教学创新并不矛盾

教学模式是基于对学生认知规律和教学规律的认识而确立的课堂教学的固定流程和结构。教学模式并不对具体的教学方式和方法做出规定，教师有充分的自由和广阔的空间在模式之内发挥想象，实施教学。加之切入点的不同、侧重点的不同，学生认知的差异、目标的不同，以及各板块的权重不同；等等，同一种教学模式会有无数种不同的教学设计，而且都会有创意。那么，怎样判定一节课是不是有创意的课呢？我认为主要看这节课是否体现了课程标准的新理念，是否注重了两性（工具性和人文性）的结合，是否凸显了六点三维目标（知识与能力、过程与方法、情感态度与价值观），是否运用了自主、合作、探究的学习方式，是否体现了学生的主体地位，而不能看这节课是否应用了某种教学模式。

2. 教学模式使教学易于操作，减轻了教师的备课负担

课课都有创意，节节都有亮点，理论上是可行的，但只能是理想状态，在实际中的可操作性极差。教师准备一节课，要做大量的工作。教学模式可以使教师在备课时节省大量的时间和精力，减轻教师的备课负担。许多教学经验丰富的教师，往往也是在教学中形成了自己的个性化教学风格，包括对课程的模式化处理。所以，构建教学模式有助于减轻教师的备课负担，使教师不再为备课而发愁忙碌。

3. 教学模式有助于语文课改的新成果、新理论最迅速地应用到教学实践中

课程标准实施之初，没有一个可供借鉴的模式，大家都从零开始，边实践边摸索。集体的盲目，可能导致最大的无效率。所以，为了使更多的教师和学生进入状态，实现与新课程零距离，应该有一个教学模式作为起点和基础。然后，教师个人在不断实践的基础上，结合自己的体会，不断丰富和完善教学模式，乃至于更新教学模式，最终形成自己的个性化教学模式。教学模式使教学理论容易把握、易于操作，从而成为教学理论与教学实践的桥梁。

二、新教学模式的理论基础

1. 对教材的分析

苏教版语文教材中，课文不再分为教读课文与自读课文，而代之以精读课和略读课。这是从学生的角度，按不同的策略方法所做的分类。它们的不同之处主要在于精读教学的目标是多维的，对三维目标的体现是比较充分的，略读的目标是单一的；精读的教学方式是丰富的，略读的教学方式是较为单纯的；精读教学对文本的解读是深入的，而略读教学是一种选择性的阅读，抓住一点，不及其余，或抓住一点，及于其余。但从课的流程或结构上看，它们应该是有相同之处的。故拙作以精读课为例来探讨阅读教学的模式构建。

2.关于阅读规律的认识

根据学生的认知规律，学生对文本的认知是由浅入深、由表及里、由共性到个性的，是循序渐进的。现代接受美学的阅读理论认为，文本的意义是多元的，它应包括文本的作者意义（基础意义）、文本的历史意义（社会意义）、文本的个性意义（读者意义）。对文本的个性化理解应建立在文本的共性意义的基础之上，然后才能举一反三，触类旁通。

3.关于学生的阅读地位

学生是阅读教学的主体。《课程标准》的核心理念是"一切为了每一个学生的发展"，表现在课堂教学上就是"以学生为本"。这说明语文新课程的教学不再是以知识为中心、以教师为中心、以结论为中心，而是以学生为中心。这就要求我们关注每一个学生，关注学生的情绪生活、情感体验，关注学生的道德生活和人格养成。《课程标准》在学习方式上强调发挥学生的主体性、能动性、独立性，使学生变被动学习为主动学习、探究学习、研究性学习。

三、新教学模式的构建

新教学模式的构建主要是基于以上三点。同时，结合自身教学实践和大量课例，我确定了阅读教学的基本模式（鉴于导课和布置作业已成共识，故不再涉及）：

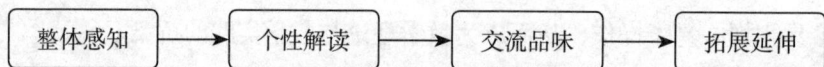

整体感知 → 个性解读 → 交流品味 → 拓展延伸

阅读教学的基本模式

这个模式包括四大板块，其中前两个板块都是围绕对文本的理解而设定的。对文本的处理占如此大的比重，是因为工具性仍然是语文无可辩驳的性质，知识的学习仍然是三维目标的首位，阅读教学的第一要务仍然是对文本的理解，阅读教学始终应以阅读为基础，以教学为基础。那种随意的扩展阅读，脱离文本搞人文教育，或简单地进行读写结合，是违背阅读规律的，是由一个极端走向了另一个极端，所以，应该重视对文本的处理。

（一）整体感知

这一板块的学习，目的是使学生理解文本的作者意义，即基础意义。整体感知有两个基本的层次：

（1）学生独立初读课文，认读理解字词，粗知文意。

（2）学生合作研读课文，理解关键句子，从而理解文本的作者意义。

在这一板块可以先为学生创设阅读情境，激发学生阅读兴趣。学生感知文本最主要的方式是读。读的方式可以多种多样，可默读，可朗读，可依自己喜欢的方式自由读，也可分小组合作研读，学生通过抓住关键句子，明确文本的基础意义，并且提出学习中的问题，为下一环节的学习做好准备。

（二）个性解读

这一板块，是学生在整体感知原文大意的基础上，结合作品的时代背景、自身生活经验及个人感悟理解，对文本意义进行理解与挖掘，进而营造问题情境，表达对文本的个性思考。个性解读有以下两个基本层次：

（1）发现、提出问题，小组交流并筛选出主要问题、核心问题。

（2）问题汇总，研读课文，探究、解决问题，汇报讨论结果。

问题情境的营造是这个板块的关键，但它并不是简单的师生问答，而必须是师生思想感情的激荡与碰撞。教师可以设置问题，但最好让学生自己提出问题，教师的作用是激发、引导、指导。

（三）交流品味

这一板块是使学生在理解作品的基础上对作品语言的学习和积累、揣摩和运用，主要包括以下两个层次：

（1）品味语言，积累词句。

（2）赏析美点，学习方法。

这个板块的关键是揣摩运用。学习方式，可以以说为主，让学生找出好词好句，并说出好在哪里，体会其妙处；也可以以写为主，进行仿写句、仿写段、续写、改写等练习。

（四）拓展延伸

这个板块主要是对学生进行思维训练。题目的设计应符合学生的实际，并与课文有关联，包括以下两个层次：

（1）借助课文知识解决相关问题。

（2）借助经验和其他学科知识解决相关问题。

这个板块的关键是学生的参与过程及学生的情感态度。问题的设计要有一定的广度和深度，要能够引起学生的思考，但又要注意适度，不超出单元目标和教学目标的范围。训练方式可以以说为主，如演讲、辩论、讲述等，也可以以做为主，如动作表演、唱歌、跳舞、绘画、做游戏等。

　　以上四个板块是从学生角度来谈的，体现以学生为中心的新理念。同时，这四个板块与课后探究练习的四个层次相一致，便于教师在教学中结合运用，使探究练习成为教学创新的一个支点。

四、教学模式的图示

　　为了保证教学模式是一个开放的体系，本节并未涉及具体的教学环节、教学方式和教学方法，教师可以根据自己的教学风格、教学目的、学生实际、教学内容等做出相应的变更和调整，如内容的多少、权重的大小、层次的有无都可以进行调整。为了使其更直观、更清楚，我特绘制了教学模式的示意图，如下。

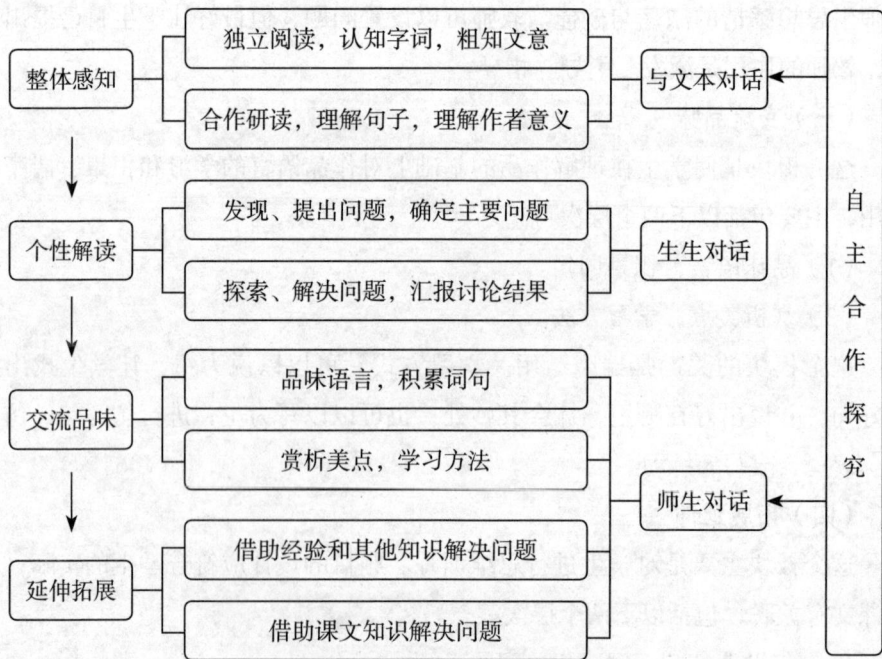

| 整体感知 | 独立阅读，认知字词，粗知文意 | 与文本对话 |
| 合作研读，理解句子，理解作者意义 |
| 个性解读 | 发现、提出问题，确定主要问题 | 生生对话 |
| 探索、解决问题，汇报讨论结果 |
| 交流品味 | 品味语言，积累词句 | 师生对话 |
| 赏析美点，学习方法 |
| 延伸拓展 | 借助经验和其他知识解决问题 |
| 借助课文知识解决问题 |

自主合作探究

新课标语文阅读教学模式示意图

参考文献

[1]朱慕菊.走进新课程：与课程实施者对话［M］.北京：北京师范大学出版社，2002.

[2]金振邦.阅读与写作［M］.北京：中央广播电视大学出版社，2001.

[3]洪宗礼.构建面向21世纪中国语文教材创新体系的尝试［J］.中学语文教学参考，2002（Z1）：24–27.

[4]任范洪.科学的教材呼唤科学的教法［J］.中学语文教学参考：教师版，2003（1）：F002，1，16.

[5]黄厚江.对语文教学几个关键词的设问［J］.中学语文教学参考：教师版，2003（11）：52–54.

多媒体课件：精彩的预设而非预设的精彩

——兼谈语文教学中的预设与生成

对于新课程教学，许多人在认识上至今仍有一个不应是误区的误区：教师教学理念新不新，看有没有运用多媒体课件；一节课上得好不好，看课件制作是否精美，教师操作是否娴熟。这仿佛是说，看一个人有没有学问，要看他口袋里是不是别着一支钢笔；看一个人有没有大学问，那就要看他是不是有很多支笔或名牌笔。这当然很滑稽。但认识上的错误导致了一些不正确的做法：有些教师不管什么课、什么内容、什么类型，一律制作课件到底。有些教师制作的语文课件一味求全，目标、内容、问题、答案、板书设计无所不包。这些教师在课堂上要做的就是组织学生热热闹闹地讨论，自己轻轻松松地点鼠标，而学生要做的就是配合教师，把教师想要的答案适时说出。一些教师在课件制作上一味求新求奇，追求画面的精美、声响的独特及内容的丰富，目的是"激发学生的阅读兴趣"，却不知道学生的兴趣和注意力差不多都转移到了课件上，忘却了眼前还有文本的存在。还有些教师，整节课的注意力都在课件上，以电脑为中心，忙得不亦乐乎，却忽视了与学生的互动与交流。凡此种种，不一而足。

这样滥用或误用课件，说到底是对课件的性质和作用认识不清，是对新课程的认识不到位。多媒体课件虽然是新事物，而且具有集成性、交互性、直观性等传统教学手段所不具有的优点，但多媒体课件也只是语文教学的一个辅助手段，它从属于课堂教学，服务于课堂教学，必须为课堂教学服务。它不应该也绝不可能凌驾于课堂之上，喧"宾"夺"主"，更不应该反"客"为"主"。教师上课用课件之类的新教学手段绝不意味着就是新课程教学，充其量只是穿了一件新技术的外衣。新课程之所以新，是因为新课程教学摒弃了过去那种"为教学的学习"，要求确立"为学习的教学"，其意是指教师不再是课堂教学的主体和权威，课堂教学活动从准备到实施再到检测与评价都应围绕学生进行，处处以学生为本，一切教学活动的出发点和归宿是学生。因此，语文教学"预设"的立足点，也不应是便于教师的"教"，而应是利于学生的"学"。

何谓"预设"？"预设"是新课标中经常出现的一个语词，简而言之，就是指教师备课时对教学的"预先设定"或"预先设计"，包括教学计划、教学目标、教学重难点、教学环节和步骤、教学方法、教案、板书等的预先设计。教学是一项复杂的活动，需要有周密的安排、详尽的计划和充分的准备。所以，预设对于教学目标的达成和教学任务的完成必不可少。它能避免教学的盲目、随意和低效率。多媒体课件是教师在课前，根据教学内容与教学设计制作的包含文字图片及视频声音的课堂要件，它可以生动、形象地描述各种教学问题，增加课堂教学气氛，提高学生的学习兴趣，拓宽学生的知识视野，近年来被广泛应用于中小学语文教学中。因其制作于课前，应用在课堂上，当然属于预设范畴。但与其他预设不同的是，课件一经制作完成，开始使用，便不能在课堂上随意变动。在使用多媒体课件的教师中，常有一些人怕操作失误，为图方便，就将课件设计成线性结构，上课时只需点鼠标，课件便按顺序"播放"下去。这样的课便成了"流水课"，教师总要想方设法将学生的思路引到预设的既定流程上来。更可笑的情况是，由于教师在操作电脑时不小心多按一次鼠标，电脑便上演"蒙太奇"手法，把问题的答案或后边的教学内容统统展示在学生面前。正是因为如此，不变的课件与多变的课堂才经常性地发生"冲突"，将课件使用者置于尴尬的境地。教师辛辛苦苦制作的课件变成了一件多余有时甚至碍事的"摆设"。

有这样一个课例。一位教师教学柳宗元的《始得西山宴游记》，要求学生用一个词概括柳宗元出游时的心情。学生回答"恐惧"，教师不满意，接着问有没有不同意见。另一学生又答"气愤"，教师仍不罢休。第三个学生回答"郁闷"，这时教师反倒真有些郁闷了，满脸无奈，听课者也一头雾水。教师只好一点鼠标，屏幕上飘出一个词"抑郁"。其实，学生的答案也都有道理。课文中说"自余为僇人，居是州，恒惴栗"，刀斧下逃生之人，恐惧担心自是当然。立志革新，反招灾祸，心中不平也在情理之中。至于郁闷，与抑郁本质其实无异。教师并非不知道这些，课堂上出现这样的难堪，就在于教师在备课做课件时，一厢情愿地预设"精彩"，忽视了学生阅读的主动性，忽视了课前预设与课堂生成的关系，没有灵活处理课堂突发事件，没有抓住机会适时"生成"。

何谓生成？生成是成长和构建。生成性学习是指在教学的展开过程中，由教师和学生根据不同的教学情况自主构建教学活动的过程，是根据课堂教学本身的进行状态而产生的动态形成的活动过程。动态生成是新课程理念下课堂教学的主要特征。传统的教学模式是重预设而轻生成的，学生被当作消极的读者，处在被动和次要的地位，教师是课堂教学的真正主体和绝对权威。传统的语文教学，教师要么从字词句、语修逻到段意中心写法无所不包、无所不教，要么想方设法引导学生亦步亦趋得出教案或教参上的"标准"答案。这样的教学使学生的阅读仅限于发现预设的知识，而这些所谓的知识仅仅是教材编纂者和教者对文本的理解和诠释，学生自身的理解与情感参与则被排斥在外。语文课程改革构建的语文教学要求教师重视课堂上学生的主动参与，重视学生积极参与下课堂的生成，让学生成为积极读者，教师由原来的权威解释者退居为平等对话者，从而实现以学生为主体的个性化阅读。学生作为课堂教学的主体，即学生带着自己的知识、经验、思考、兴致积极参加课堂活动，并成为课堂教学的主要角色，从而使课堂教学呈现出丰富性、多变性和复杂性。这就要求教师独具慧眼，驾驭课堂，善于捕捉这些动态生成性资源，并及时将其纳入临场设计。苏霍姆林斯基说："教育的技巧并不在于能预见到课的所有细节，而在于根据当时的具体情况，巧妙地在学生不知不觉之中做出相应的调整和变动。"生成的实质是调整和变动，即所谓的"随机应变"。

在新课程教学中，要处理好课前预设与动态生成的关系，而想让包括课件在内的预设都是精彩的可供生成的预设，就应该把握以下几点。

1. 预设要以学生为本

以学生为本，就要考虑学生的知识储备、知识结构、生活经验等，从学生的角度去思考、去分析、去设计，不追求答案的标准与统一，不追求课堂表面的热闹与精彩。这就要求教师弱化自己作为"第三者"的自由，转变权威解释者的角色，成为学生的平等对话者。只有这样去想、去认识，教学的设计与实施才会给动态生成留下足够的空间。

2. 预设要更加充分

这里的充分是指教师要把文本吃透，对学生充分了解，对课堂上可能出现的情况与问题做全面充分的估计。只有这样，课堂教学方能随机应变，得心应手，教师也才能把握住课堂生成的机会，在课堂教学中形成动态生成过程。如前边的课例，学生回答"恐惧"时，教师就应结合文章写作背景和文中语句引导学生探寻作者当时复杂的心情，进而理解作者在文中自比西山的真正用意。

3. 预设要留下足够的生成空间

预设当然要考虑周到，以达成教学目标，但预设也要有弹性和空间。课堂教学中教师必须摒弃过多的预设和计划、规范和机械，抓大放小，多些灵活，少些刻板，多些自由，少些确定。比如，课件的制作、视频的演示、文本的呈现、问题及练习的出示可以借助于多媒体，但问题的答案和学生讨论的结果，应少写或不写，给学生以思考的空间，给教师以回旋的余地。至于板书设计，也不宜用屏幕出示，最好还是在黑板上随课堂教学进程随机书写，这样更能引导学生学习，表现教师的教学机智。

4. 善于捕捉课堂偶发事件，抓住生成契机

课堂偶发事件常常是对教师课堂预设的创新，是学生在自主学习过程中个性的迸发。教师一定要抓住契机，点石成金，即时生成。例如，我在教学戏剧文学《威尼斯商人》选场时，让学生概括安东尼奥的性格特点，有个同学坚持认为安东尼奥假仁假义，缺乏公正之心，他认为收不收利息是人家的事，与安东尼奥无关，而且安东尼奥歧视犹太人，歧视异邦人，缺少人文主义者应有的慈悲与宽厚。针对这个课堂上突如其来的事件，我首先对于学生的敢于思考给予了充分肯定，顺势转变思路，将这个问题交由学生讨论，从而让学生明确人物的性格成因，了解莎士比亚笔下人物立体、多层面的性格特征。

5. 课件的制作要做到结构优化，增强其交互性能

现代化的技术必须有现代化的思想与之相适应。教师在设计课件的时候必须有"以学生为中心"的思想。在课件结构上，教师可采用模块化思想，变"线性结构"为"非线性结构"，将课件设计成学生学习的资料库，并注意增强课件的交互性，使其界面更加人性化，使课件流向能根据教学需要而随意调度。同时，教师要考虑各层次学生的接受能力和反馈情况，能力较强的教师还可适当增强课件的智能化。这样的教学才可以说是得到了多媒体教学的精髓。

6. 教师要提高自身的素质

生成性需要教师具有深厚的专业知识和广博的相关知识。教师具有深广的知识，上课才能左右逢源，挥洒自如。因此，教师应不断扩大自己的知识面，不断更新自己的知识结构，提高自身素质。教师不要只满足于做一个技术娴熟的教书匠，而应该努力做一个知识渊博、积极进取的学者型教师。

教学实践充分证明，预设是生成的基础，没有充分的预设，动态生成则难以把握；生成是预设的结果和提高，没有生成的课堂则徒有其表。我们要让课堂少些死板，多些生动；少些程式，多些变化；少些表演，多些激情。我们不要总期望那些独立于课堂生成之外的精彩。须知，只有精彩的预设，才会有精彩的生成，课堂不应只是一种可期待的美丽，而应是一种实实在在的精彩。

参考文献

[1] 张建杰. 语文，课堂教学的好课评价 [J]. 中学语文教学参考：教师版，2006（6）：6-7.

[2] 王鹏伟，教学体验观：基于学习的教学 [J]. 中学语文教学参考：教师版，2006（9）：6-9.

[3] 邓永祥. 不曾预约的精彩：《子路、曾皙、冉有、公西华侍坐》教学反思 [J]. 中学语文教学参考：教师版，2006（10）：42.

[4] 谢嗣极.《机会》失去机会之后：谈预设与生成 [J]. 中学语文教学参考：教师版，2006（10）：14.

[5] 饶爱京，马武，王金菊. 多媒体课件的制作流程和原则 [J]. 教育探索. 2003（2）：74-76.

[6] 语文课程标准研制组. 普通高中语文课程标准（实验稿）解读 [M]. 武汉：湖北教育出版社，2004.

立足人文 点滴渗透 全面发展

——浅论语文学科的德育策略

当今党中央全面倡导以德治国的方略，"育人先育德"已成为全社会的共识。新课程标准提出，在向社会主义市场经济转变过程中，加强思想品德教育，加强对学生的道德、行为、人生观、世界观、价值观及思想政治素质的培养，无疑有重大的现实意义和深远影响。语文学科作为传授母语的基础学科，更应发挥自身优势，走出一条启智育人的新路子。

一、语文学科的德育优势

汉语是我们的母语，是我们学习知识、交流思想、表情达意最重要的交际工具。它在振兴中华民族、提高民族素质方面有着其他学科无可替代的重要作用和无法比拟的巨大优势。

首先，语文的优势源于自身的历史传统。语言文字作为文化的载体，它蕴含着中国几千年的文化成果、历史传承，传递着民族信念与精神，以及作者的思想与人格。古语云，"文以载道""文道结合"。《中庸》中的"博学之，审问之，慎思之，明辨之，笃行之"，其实讲的不仅是学习，更多的还是道德修养。学习文天祥的《过零丁洋》，我们不仅感受到了诗句严整的格律、精准的用语，同时会被诗中表现出来的巨大精神力量所震撼。这种文道结合的传统在中国传承了几千年，产生了许多文质兼美的文学作品。它们本身就是对学生进行品德教育的鲜活教材，学生经过长期的耳濡目染，思想和灵魂自然会得到净化和升华。语言文字通过其背后隐含的德育内容，熏陶感染学生，从而达到点滴渗透、润物无声的境界。

其次，语文学科的人文性内涵丰富。新课程标准提出，语文课程性质的核心是工具性和人文性的统一，较之于以前的思想性、人文性的内涵更丰富、更富有时代特色。人文性不仅包括思想道德教育、爱国主义教育、理想人生教育、道德伦理教育，以及科学精神、审美情操、价值标准、多样文化态度等诸多方面，也包括要把学生放在第一位，尊重学生的需要、情感，关怀其人生的终极意义，弘扬道德价值和审美价值，培养学生欣赏美、创造美的能力及健全的人格。人文性反对空洞的说教和不切实际的拔高。所以，全面正确地把握人文性的内涵，立足于人文性，才能在语文教学中因势利导，因材施教，取得最佳的育人效果。

最后，语文学科拥有极为丰富的课程资源。美国教育家华特·B.科勒涅斯曾经说过，语文学习的外延与生活的外延相等。正如新课程标准指出的：语文是母语教育课程，学习资源和实践机会无处不在，无时不有。语文课程资源包括课堂教学资源和课外学习资源，如教科书、教学挂图、工具书、其他图书、报刊、电影、电视、广播、网络、报告会、演讲会、辩论会、研讨会、戏剧表演、图书馆、博物馆、纪念馆、布告栏、报廊、各种标牌广告等。自然风光、文物古迹、风俗民情、国内外的重要事件、学生的家庭生活，以及日常生活话题等也都可以成为语文课程的资源。语文课程资源具有开放性结构，它随着社会生活的发展而拓展。基于此，语文学科实施德育的形式也应视内容的不同而有所区别，如听说读写、演画唱比、传统现代、聆听欣赏、感受激发、揣摩品味、体验感悟等，不一而足。学科资源的丰富和德育形式的多样，为语文学科实施德育提供了更多的途径和更灵活的选择，从而可以对一个人多层面、全方位地施加影响、进行教育，全面发展和提高学生的思想道德水平。

二、语文学科的德育策略

学生思想品德的形成与发展是有其客观规律的。马克思主义德育论认为品德的形成包括教育者施加德育影响和受教育者的品德内化过程两个方面，而后者又可分为自我道德认识、自我道德评价、道德实践几个过程。语文学科可以充分利用丰富的课程资源优势，把握课程的人文内涵，对学生的品德形成进行全过程的影响，熏陶感染，潜移默化，点滴渗透，使学生形成健全的人格和高尚的品德。

1. 重视语文教学中"情感态度和价值观"目标的设置

有目的、有计划、有组织的德育影响是受教育者形成一定思想品德的主要源泉。这体现在语文教学中，首先要求教师为语文教学设定切实可行的情感态度和价值观目标。目标的设置应与教学内容的指向相一致，应符合学生的智力和心理发展水平。要达成目标，教师还需要对课程资源进行有效的开发和利用，挖掘语文课程资源中蕴藏的德育因素。让学生在点滴感悟中、在春风化雨般的浸润中成长，就是便捷地、高效地落实情感态度和价值观目标的重要而有效的途径。

2. 加强课内外阅读，让其成为对学生实施德育影响的主渠道

不可否认，对学生的人格形成最具影响力的当推阅读。正如一位哲人所说，读一本好书就是与许多高尚的人谈话。而现代意义上的阅读，对象不仅仅是书，也包括电子读物、网络文学等。在对话式阅读中，读者与文本两个主体在平等的基础上彼此将心灵与胸怀彻底敞开，进行道德人格、知识文化、情感体验上的交流和撞击，从而产生灵感与火花，使读者身心感到愉悦，产生道德人格上的净化和提升。加强阅读，具体要注意以下几点：

首先，要重视对语文阅读内容的选择。如今，语文资源极大丰富，各种媒体信息铺天盖地，良莠不齐在所难免，"开卷未必有益"。我们应重视对学生课内外阅读内容的选择，对于那些宣传反动、低级趣味、不健康的思想内容的读物要一律剔除。另外，在选择时，我们还要考虑文本的文化构成，给学生以多方面的营养。

其次，要重视学生阅读时的独特感受和体验，重视文本主题意义的新创造。我们要以学生为中心，确立其在阅读中的主体地位。

3. 重视写作训练中的德育实施，使其成为学生品德内化过程新的支撑点

对于学生来说，写作是他们精神生活的一部分，他们在作文中创造并表达真善美，鞭挞假恶丑；他们也在作文中不断审视自己，校正自己的精神航向，使自己的精神健康发展。所以写作是学生进行德道自我教育的最佳方式。学生在自己营造的世界里显现自己的人格修养、价值标准和人生观，完成了自身道德教育的一个新突破。所以，从学生个体发展来看，新课程强调写作的兴趣，要求始终把写作与学生身心发展统一起来。

写作中的德育实施，首先，要求学生不造假，讲真话，这是作文的起码要求，也是做人的起码要求。其次，要求教师对学生作文中表现出来的认识不清、是非不明的问题及时予以引导指正。最佳的引导指正方式莫过于写富有人情味的、有针对性的评语。好的作文评语不仅可以让学生提高写作水平，也可成为学生形成良好人格和正确人生观的指南针。

4. 积极开展语文综合实践活动，让其成为学生进行德育实践的"舞台"

语文综合实践活动由研究性学习、社会实践与社区服务、劳动与技术教育、信息技术教育等方面内容组成。语文综合实践活动设置的宗旨是改变学生的学习方式，培养学生的创新精神与实践能力，引导学生关心国家命运的爱国主义精神，使学生形成社会责任感，进而加强学校教育与社会科技、学生发展的联系，加强德育的针对性和实效性。

通过参加语文综合实践活动，学生可接触到纷繁复杂的现实生活，接触到许多鲜活生动的人和事，这些比书本上的内容更具体、更真实，也就更具有影响力和教育意义；学生还可以把在课堂上、书本上学习领悟到的知识放到实践中去运用、检验，形成自我道德教育的能力；在综合实践中，学生还可以培养团队精神，发展主动性、进取性，发掘潜能和价值功能，学会合作、宽容、谅解等，促进自身全面发展。

综上所述，语文课中的思想品德教育，既要注意语文学科的特点，也要体现德育的规律和原则，这样才能在潜移默化中收到良好的育人效果。德育是一项塑造人的复杂的系统工程，需要全社会的共同参与，更需要我们付出百倍的耐心与汗水。语文学科和语文工作者可以而且应该为此做出自己的贡献。

参考文献

[1] 语文课程标准研制组. 普通高中语文课程标准（实验稿）解读 [M]. 武汉：湖北教育出版社，2004.

[2] 宋灏江，刘正伟. 承传与创新：新课程与语文教学传统 [J]. 中学语文教学参考，2003（11）：6-9.

[3] 杨桦. 关于语文课程性质的再思考 [J]. 中学语文教学参考：教师版，2003（11）：10-12.

[4] 金振邦. 阅读与写作 [M]. 北京：中央广播电视大学出版社，2001.

语文阅读：以文本解读为主的个性化阅读

可以说，自从有了书籍，就有了阅读。有了阅读，时空之间的距离骤然缩小。但是，承认文字是工具，就要承认理解文字组成的文本是一项技能，也需要进行训练。因此，语文教学之中就有了专门的阅读教学。人们对阅读意义的认识不同，阅读的出发点、立足点、归宿也就各异，阅读教学也就呈现出不同的样式和特点。我们从现在的语文教学与教改出发，不做横的大面积的比较，仅就现在语文教学中存在的、与语文认识现状不相符的一些现象进行分析，从而对目前正在进行的语文阅读教学加以改进与完善，也是很有意义且必要的。

一、透视语文阅读现状

语文课程标准确立了"以学生为中心"的教学新理念，明确了学生在阅读中的主体地位，提倡自主、合作、探究的学习方式，强调"阅读教学是学生、教师、教科书编者、文本之间的多重对话，是思想碰撞和心灵交流的动态过程"。这标志着语文阅读进入了新时代。新的阅读教学重视学生个体的阅读体验，注重阅读的过程而非结果，这些相对于过去长期僵化封闭的阅读教学来说无疑是巨大进步，教师再也不能随意剥夺学生思考的权利，把权威的看法或思想硬性强加给学生，也不能包办代替学生进行一言堂式的解读。课堂上的新变化激发了学生对语文学习的新热情。

随着新课改的深入进行，对于阅读教学的研究和实践逐步深入，我们也发现了阅读教学中的一些不良倾向，主要表现为学生的多元解读与对作品的误读的界限越来越模糊，误读现象时有发生。具体说来有以下几种表现：一是对作品主旨的随意解读。比如，关于海子的诗《面朝大海，春暖花开》的解读，许多人没有读懂诗歌中的绝望与孤独，反倒大讲其明朗、乐观。二是浅尝辄止的肤浅阅读。一篇《我的叔叔于勒》，教师往往局限于资本主义异化了的人与人的关系这一说，却对身边发生的类似事件视而不见。三是教师干预下的被动阅读。教师严格按照教参进行阅读"指导"，在学生稍有不同意见时，就一概否定。四是随意进行拓展延伸，实则无解读。一堂《柳叶儿》，既没有对文字的研读，也没有对作者感情的梳理，一节课都用在了学生对童年的回忆和对家人童年的讲述上，热闹却空无语文。语文课堂没有对文本的关注与分析，也没有对语文技能的训练，只有各种各样的类似于政治课的讨论、科学课的探究、艺术课的展示，还美其名曰"创新"，确实不能让人恭维。

如何改变语文课学生被动阅读的局面，但又不坠入对文本误读的泥潭，从而真正体现以学生为中心的个性解读，确实还需要我们做很多工作。

二、对阅读与语文阅读的再认识

建构主义学习理论及接受美学观点认为，阅读是一种特殊的精神活动，任何作品的意义，不仅仅存在于作者的主观意图和文本的表现内容中，还产生于作者、作品、读者（读者群）构成的互动交流的、彼此交错影响的共生圈内。任何作品如果没有经历读者的响应、参与、判断等传递与推进过程，就不可能进入社会，作品只有经过读者的阅读、鉴赏才能成为审美对象。

我们承认文本所包含意义的深邃与丰富，甚至可能是"无限"的，这是读者对文本进行解读，发现和揭示文本意义的前提。读者在阅读活动中并不是一个被动的只作为接受认知的客体，而是一个个积极参与作品表达效果的构成，热烈响应作者主观期待的交流，并具有主观能动判断与扩展丰富联想的主体。每个读者都会基于自己的独特生活经验和阅读理解能力，选择一种特别的角度和方法来"感悟"并"发现"文本的意义。正因为如此，才会有"有一千个读者就有一千个哈姆雷特"这样的现象。但是，我们还必须承认文本的背景、结构和逻辑是客观的、确定的，这些绝不会因为读者的不同而有所变化。所以，读者眼中再多的哈姆雷特也还是哈姆雷特，绝不会变成安东尼奥或者阿Q。

还有一点我们必须清楚，专业研读、休闲阅读与语文阅读因为目的不同，阅读的侧重点和落脚点自然也有所不同。我们当然可以对一篇文章做茶余饭后的随意解释与阐发，但那与语文能力的形成并无必然关系。语文阅读的目的就是让学生学会阅读。语文阅读教学主要是通过一些经典篇目的阅读训练，使学生尝试建立起文本与主题之间的一种沟通与到达途径，掌握发现文章主题的一些固定的、常用的方法。学生的目的不是发现文本的前人未曾发现的新意义，而是学习如何通过对文本的处理发现作者的观点。当掌握了足够的技能技巧之后，学生才会有真正的个性解读，甚至是专业的研读。我们强调语文阅读教学的多元解读，并非指作品主题的不确定，而是强调文本阅读的自主性和阅读过程的学生参与性。《普通高中语文课程标准（实验）》在论述语文阅读教学时指出："整体把握课文内容，理清思路，概括要点，理解作者的思想、观点和感情。"课标提出的是理解作者的思想、观点和感情，可见对阅读的指向也是有要求的，并非漫无目的的随意解读。学生运用自己的人生经验、思想感情、社会知识，去尽可能地理解文本中作者的思想、观点、感情，从而达到对文本题旨的正确理解和把握。在此过程中，教师不能越俎代庖，包办代替学生去理解、感悟。叶圣陶先生说的"教材无非是个例子"，也是强调教材的运用要为学生阅读能力的提高服务，让学生能达到举一反三的效果。任何把教材当作阅读的试验田而随意开垦的做法都是不正确的。

因此，语文阅读不能重回教师只讲、学生只听的被动阅读老路，也不能让学生泛泛而读，蜻蜓点水，浮而不入，或者盯住局部，不见整体，做离题万里的解读与拓展，更不能完全放任自流，让学生对作品仅凭想象做天马行空般的随意阐释，寻求一种不顾文本与作品语境的自我满足。《普通高中语文课程标准（实验）》关于阅读教学是这样阐释的："阅读教学是学生、教师、教科书编者、文本之间的多重对话，是思想碰撞和心灵交流的动态过程。阅读中的对话和交流，应指向每一个学生的个体阅读。教师既是与学生平等的对话者之一，又是课堂阅读活动的组织者、学生阅读的促进者。教师要为学生的阅读实践创设良好环境，提供有利条件，充分关注学生阅读态度的主动性、阅读需求的多样性、阅读心理的独特性，尊重学生个人的见解，应鼓励学生批判质疑，发表不同意见。"语文阅读的目的是让学生透过文本阅读进行各种阅读技能的训练，探求贯通作品全文的意义，培养学生的语文能力，提高学生的语文素养。语文阅读应该是以文本解读为主，学生积极参与其中的个性化解读。

三、关于语文阅读教学的认识与实践

阅读中究竟如何处理文本的地位和作用，如何以学生为主体发挥学生的主观能动性而又不流于盲目和极端自由，这些问题值得我们认真思索和考虑，否则，语文阅读教学终将走入热闹却低效的迷途。

阅读是读者对作品的认知过程，读者、作品在阅读的过程中处于最重要的地位。阅读的主体当然是读者，阅读的客体，也就是阅读的对象是作品。这两者应该是阅读最重要的两极，哪一个都不能缺少，否则都会对作品的正确解读造成影响。阅读中如果过于强调主体的感受，往往会断章取义，无所凭依，离题太远。比如，海子那首著名的《面朝大海，春暖花开》，《海子诗全集》的编者西川说，实际上它背后是非常绝望的，是快要死的人写的诗。许多人却将它看成很乐观的诗，这就是典型的误读，不仅仅是望文生义，而且是脱离文本的自话自说。

当然，如果过于注重客体，完全屈从或者一味追寻作者的本意，那么阅读就变成了仅仅是对作家想法的再现，就丧失了阅读的意义，无法实现阅读的真正功能与价值。建构主义阅读理论认为，阅读是读者参与的对作品进行再创造的过程，读者可以依据自己的阅读经验自由解读。一部作品，作者天然地具有与之不可分割的联系，对于作者的个人情况，当然不能置之不理。另外，作者所生活的时代、作品所描写的客观环境对作品意义的影响也不能忽视。因此，首先是文本，其次是读者，最后是作家和作家所处的客观环境，这些因素的和谐统一才构成了作品意义发现与选择的基本途径，需要我们在语文阅读教学中予以特别重视。

1. 确立以文本解读为主的个性解读

首先，要明确，语文阅读必须关注文本，抓住文本。阅读必须是以文本解读为主，就是说要从文本的整体出发，把文本作为解读之源，细读文本，从文本中去感悟，去发掘文本语言要素、结构、文体、意象、表达方式、语言风格等所蕴含的丰富意义，在反复阅读中发掘文本中蕴含的"多面的全体的意义"。文本解读包括四个层次：一是紧扣文本的字词句进行解读，二是细致分析表达手法和修辞技巧，三是层层解剖文章内在的层次结构，四是全力开掘多侧面的主题意义。文本解读不能搞脱离文本的过分的阐释与发挥。有人认为解

读文本不应局限于文本，而应超越文本。此话当然没错。但超越文本只能以课文为基础，是对课文的充实（如适当地引进课外材料）和创造性处理，而不是脱离课文去另立一个与课文迥然有别的新文本。比如，一个关于《斑羚飞度》的课例，教师硬是从文章中挖掘出了文章"通过斑羚来写人，是人的故事，写人类在面临灾难时如何抉择"这样的主题。《斑羚飞渡》的作者沈石溪说："动物小说折射的是人类社会。动物所拥有的独特的生存方式和生存哲学，应该引起同样具有生物属性的人类思考和借鉴。"就《斑羚飞渡》而言，我们可以从老斑羚的自我牺牲反思人类在面临灾难时是否也能做出保护幼者、弱者和他人的选择。但这并不等于《斑羚飞渡》写的是人，斑羚勇于牺牲的壮举就是人的壮举。《斑羚飞渡》的故事确实值得"人类思考和借鉴"，但这种"思考和借鉴"只应在解读《斑羚飞渡》的基础上进行，而不能让"思考和借鉴"取代文本的解读。

其次，要给予学生充分的思考与表达空间。只有注重发挥学生的主观能动性，才能实现个性解读。所谓个性解读，其实就是要真正实现师生的平等对话，赋予学生绝对的话语权。如果教师事先做了精心的策划，学生就不可能享有自由思考的空间，而是自始至终在揣摩教师的意图，顺着教师指引的方向寻找答案。教师的居高临下和学生的谨小慎微形成了巨大的反差，那个性解读就无从谈起。切实发挥学生的主体作用，实现语文阅读的个性化解读，教师要做好四个方面的工作：一是运用各种教学手段和教学方法充分调动学生以往的审美经验（对文学类型、体裁、风格、主题、结构、语言等因素的理论储备和审美经验）和社会生活经验（对历史和现实社会人生的生活经验）进行文本解读。二是让学生获得足够的信息支持。信息的不对等是造成课堂上教师唱独角戏的重要原因，学生要参与就必须有足够的信息储存。为学生提供条件和时间，让他们通过网络等方式对作家及其相关作品进行了解，有助于开阔学生视野，激发学生兴趣。三是让学生拥有充分的表达自由，使学生之间、师生之间可以依据自身经验进行充分的对话。四是让学生运用掌握的阅读技巧与方法进行语文实践活动，包括层次清晰的朗读，独立进行的积累资料和处理信息的阅读活动，思考充分、阅读深入的品析活动，相似作品的对比阅读，等等，通过练习使学生形成语文技能。

2. 教师对学生的阅读进行必要指导

许多教师认为在教学中过多参与会弱化学生的主体地位，所以尽可能少说、少做。其实，语文的个性化阅读更应发挥教师的主导作用。不仅教学流程的设定、教学方法的选择、教学过程的展开等需要教师做大量的工作，而且教师要对课堂生成状况适时进行调控，才能确保学生最大限度地参与到学习过程之中，也才能实现最佳的语文阅读教学效果。教师的指导表现在对学生的阅读提出明确的要求，设定相关的问题，指导学生搜集、处理资料，适时组织讨论，引导学生进行质疑、分析、归纳、总结等。教师主动表达自己的看法，和学生共同交流、探讨，也是对学生进行阅读指导的一种有效途径。

3. 运用多种手段，提高教学效率

当然，在一节课中要实现诸要素的和谐并非易事。首先，课堂的容量、教师的备课量非常大，教学时间不足是一个较为突出的问题。这一问题可以从以下几个途径去解决：

第一，利用现代网络教育技术和资源优势，进行课前的信息搜集整理分析工作。网络信息量大，信息获取快捷，文件编辑易于操作，中学生网络知识相对较为丰富，合理利用网络可以有效扩展学生的知识面，同时锻炼和提高学生的信息处理能力。但是，教师要做好指导，明确范围与要求，否则，面对网络上的大量信息，学生往往会无所适从。

第二，充分利用多媒体技术，制作多媒体课件，提高教学效率。多媒体课件可以实现信息资料的快速呈现，也可以达到声情并茂的展示效果，还可以对学生进行诵读方面的示范与指导。

第三，利用集体备课的优势，做到备课资源共享、教学优势互补、教学方法共鉴，从而达到事半功倍的效果。

第四，建立一种较为成熟的教学模式。教学模式的好处是能够维持一种较为稳定的师生合作关系，形成一种良好的教与学的机制，有助于培养学生的自学能力，使学生及时做足课前预习及准备，做好课后练习和复习，真正发挥学生在语文学习中的主观能动性。

总之，文本阅读要提倡多元解读，鼓励学生发表不同见解，我们说多元有界，要打破传统文本解读固定、死板僵化的模式。但是，在这过程中我们一定要尊重文本，不能无中生有，更不能天马行空，必须把握好文本解读的底线。

阅读对话理论将阅读行为看作主体间的对话与交流，阅读是读者与文本相互作用的动态过程，是对文本的阐释和反应，读者与文本是双向互动的。我们在阅读教学中要尊重学生阅读的个性化行为，珍视他们独特的感受、体验和理解，达到客观文本与主观学生的有机统一。

参考文献

［1］中华人民共和国教育部.普通高中语文课程标准（实验）［M］.北京：人民教育出版社，2003.

［2］金振邦.阅读与写作［M］.北京：中央广播电视大学出版社，2001.

［3］徐同.阅读实质与阅读教学意义之我见（上）——接受美学视野中的阅读实质与个性化阅读［J］.语文教学通讯，2009（1）：7-8.

［4］李安全.文本解读：意义的发现［J］.名作欣赏，2009（A01）：4-9.

［5］邵志芳.促成语文课堂的有效生成［J］.语文教学通讯，2009（1）：24-25.

［6］徐同.阅读实质与阅读教学意义之我见（下）——接受美学视野中的阅读教学意义［J］.语文教学通讯，2009（2）：7-9.

［7］西川.评价海子让我很痛苦［N］.新京报，2013-12-6.

初中语文新诗教学备课四步走

新诗教学，一直以来都是初中语文教学的一个薄弱点。究其原因，有两个方面：一方面是教师对于新诗不感兴趣，不懂诗，也读不懂诗，这其实是语文教学中新诗教学得不到重视的重要原因。另一方面是指挥棒的作用，语文考试一般不考新诗，作文一般不准写新诗，教师和学生的关注点当然就不会在新诗上了。在这样的背景下，语文新诗教学的开展和效果可想而知。

但是，新诗作为一种文学样式，忽视它，或者简单化地处理它，肯定不符合语文综合素养培养的需求，也不符合《全日制语文课程标准（实验）》提出的"能初步理解、鉴赏文学作品，受到高尚情操与趣味的熏陶，发展个性，丰富自己的精神世界"的目标要求。

当然，不懂现代诗，不喜欢现代诗，并不代表对诗就是一窍不通、一无所知。古体诗的节奏与韵律、意向与手法同样适用于现代诗。所以，教师通过规范而有序的教学处理，完全可以完成对新诗的品评解读，完成课标的学习任务。

教师对新诗处理的第一步，就是教师读诗。当然，这是教师教授所有文本的前提和基础。以其昏昏，焉能使人昭昭？读诗，怎么读？当然需要从头至尾看三遍甚至若干遍以至于熟读成诵，但更重要的是，尽最大可能挖掘诗歌所蕴含的信息，感知诗歌，理解诗歌。有些人习惯于先翻阅教参和备课手册，或者上网搜索，我觉得这不可取。有人说教参明明都有注解，何苦走弯路？殊不知阅读就像吃饭，别人不能包办代替。文学欣赏从来都是个体的行为，必须自己亲身体验，才能有所领悟和感受。再声势浩大的集体朗诵，归结到最后还是每个阅读者自己的事，与别人无关。在心无旁骛的情况下读诗，可以避免许多观点的先入为主，也才会有不同于他人的独到见解。散文、小说等都是如此。教师至少要在读诗时考虑三个问题：写了什么？怎么写的？为什么这样写？如果没有答案，就需要反复诵读、领悟。如果教师在此基础上能完成一篇简短的赏析文章，那就更好，说明第一步的任务已经完成。

第二步，收集信息，弄清诗歌写作的背景。这是诗歌理解的第二步。中国文学讲究知人论世，因为一个人的作品一定和他的个人经历、兴趣爱好等有不可分割的关系。尽管有阅读理论认为，读者不是消极地面对文本，而是积极地参与到文本意义的构建之中，结合自己的生活阅历，在各自心中形成对文本的独特感受。但可以肯定的是，这种理解的基础还是作者的作品，这部作品与创作它的特定作家无法截然分开。因此，弄清楚与作品创作有关的背景，包括诗人自身对作品的看法，会让我们更接近作者创作当时的心态，从而全面、准确地把握诗歌的思想内容。当然，其他人的简介也可以参考，但是从文本教学解读的角度出发，我觉得对于诗歌文本意义的解读，教师不要做过多的阐释与生发，以免误导了学生。

第三步，设计好"读"。诗歌教学的课堂设计应该以读为主、以说为主，通过诵读理解内容和情感，通过表达体悟思想和主题。读，也有讲究。教师不要播放视频录音和名家范读，也不要绘声绘色地范读或领读，而是让学生自由读，边读边体味，边读边改进读的方式和技巧，这样的读才符合人们认知的习惯。对于读，要体现"低要求、高标准"，最少要读四次。第一次读只要求读准字音，不出现读错的字。但是所有人都要达标。可以分小组完成，教师抽查。第二次读要求可以稍微高些，读准节奏，重音可先不做要求，只要断句、停顿得当即可。每个学生都要达标。第三次读要读准轻重缓急，其实这已经和对诗歌内容的理解有关系了。因为轻重缓急的处理依据就是诗歌的内容和情感。第四次读出感情。这是最主要的环节，可以让学生边读边思考，边分析边说。这样逐层渐进深入地读，学生才能把握住感情与语音之间的联系，提高朗读的能力。

第四步，处理好"说"。有三个方面，一是说画面，二是说情感，三是说意境。先读，再想，最后说。想就是运用想象和联想构造画面，说就是将自己构造的画面用语言表达出来。我个人认为诗歌的画面解读是诗歌教学必需的一个环节。只有通过画面的构建才能打通感性和理性，才能打通文本和情感，才能打通作者和读者。只有进行了画面解读才算是对诗歌有了一个较为深入的理解，以文字呈现的诗句才会在学生头脑中留下鲜活、形象的印迹，也只有进行了画面解读，师生才能在画面的连缀中寻找诗人情感的轨迹，才有可能真正理解诗歌要表达的主旨和中心。接下来，说情感就应该是水到渠成的事情了。至于意境，学生可以根据自己的初步体验简单概括，慢慢形成积累与认识。这样由文本到画面，由画面到情感，由情感到意境，一步步由浅入深，循序渐进，每个阶段都与文本联系起来，加强学生对语言的理解运用，学习目标达成就是水到渠成的事情。

至于要不要讲诗歌的理论，我觉得结合学生阅读情况，适当补充些未尝不可，但只能是了解的范畴，不可大讲、滥讲，以致冲淡学习目标。就像深入学习理解了徐志摩的诗歌之后，教师提一下"三美"的主张，开阔学生视野也是可取的。但是教师绝对不可以理论先行，把语文阅读课上成诗歌欣赏课。

写作教学要善于营造教学现场

——一次基于深度学习的作文教学实践

初学写作者，必须有对现场强烈的画面感和情景再现意识，写景状物才会具体生动，这取决于学生是否有较为强烈而清晰的现场意识。深度学习理论告诉我们，营造相互倾听的关系，创设温暖润泽的学习状态，让每个学生都能体验到参与的乐趣，是实现深度学习的重要条件。教师要做的就是让体验在场，让快乐在场，让安适在场。一次作文教学给了我深刻的启示。

一、一个"老"题目：让学生产生安全感

说实话，七年级学生的作文让我吃惊。开学后前两次习作，大多数孩子无话可说，干巴巴的几句，能写满一页稿纸都算是长文章了。而且，有些作文明显不是自己所写，网上搜索也证实了我的判断。

问题还不仅仅是作文，他们学习的习惯也不好。大多数学生把学习当任务，草草应付，缺乏认真细致的态度。许多老师也反映，学生上课看起来认真，却不动脑筋思考，没有人愿意回答老师的提问，课后作业抄袭现象比较严重，有问题也不愿意问老师。学生学习的积极性、主动性到底是如何缺失的？我一直在思考这个问题。的确，许多学生厌学，缺乏学习动力，老师心急火燎，学生却安之若素。这个问题不解决，老师使再大的劲也是白费力气。

怎么办？面对一脸稚气的孩子，我知道错其实不在他们，把批评他们的话咽了回去。但是也不能就这么算了，要不以后的作文怎么办？初中的语文学习才刚刚开始，这个头必须开好！周记里，他们都写到了小学生活和小学老师，看起来，他们还是比较喜欢写人的作文，那就再写一次，如何呢？

"孩子们，本周的作文，是写自己最熟悉的人和事，写自己最想表达的情感和想法。本次作文就写《我的老师》，怎么样？"我的话音一落，明显看出他们的欣喜之情，因为我知道他们的小算盘——这是之前写过的，炒炒冷饭，任务很快就可以完成。

"今天的作文，只有一个要求：写现在的任课教师。哪位同学写老师能抓住特点，写得好，我请这位老师给你们发奖。"课堂出现了一阵小小的骚动，惊讶和兴奋的神情出现在了他们的脸上。我知道，和老师保持距离是他们接受最多的教育，写现任老师，对他们而言是前所未有的事情，但这也是建立新师生关系的契机。我要让他们知道，学生和老师其实不是上下级的关系。

二、一种"新"态度：让学生体会到写作的乐趣

当我打开学生的作文时，竟然不敢相信这些是学生的习作。

每个人都洋洋洒洒地写了两三页，不再是之前的枣核扯板——两锯（句）。而且孩子们都能用比较准确的语言来记叙，用生动的语言来描述，每个老师在他们笔下不再是一样的了——英语老师充满激情，数学老师和蔼、认真，体育老师幽默、负责，地理老师文雅、温柔，这些都一一呈现在我的眼前。最大的变化还是文章中不只有老师，他们还写到了自己，写到了自己和老师的接触，描写老师的行为、动作、语言和自己的心理活动。有些写法和修辞，还有词语都是刚刚学过的，他们也都能准确地运用。我知道，他们已经不再是仰视或偷看老师，而是近距离、大胆地、认真地审视老师，在老师的身上发现要写的特点。

比如，这篇《我的语文老师》，就让我对他们刮目相看。

我的语文老师

我的语文老师是校长，在学校很有权威。

他虽在学校有权威，却很和蔼，生得一副笑脸。他就算生气，也不会太可怕，但还是让人不敢直视，因为他的样子虽不太严肃，可眼神很严厉。学生看他，就如同妖魔看见天上的神仙，不敢与之对视。

他的头发有些稀疏，可能是为工作操了太多心。小学的校长头发也很稀疏，上一任校长没有头发，这就是当校长的代价吧，他们要承受这个职务带来

的压力。

他的声音是沙哑的，很独特，像鱼刺卡在喉咙发出的声音，不过正如此，他说起话来的声音好似没有任何情绪，从而建立起权威。

他的性格很开朗，待人和善。只要你不犯什么不可原谅的大错，他是不会责罚你的，也不会生气。

我的语文老师教书也很好，他是省级教学能手。上过他的语文课后，我的语文成绩从小学的一考就是五六十分，到了现在的八十几分，有了明显的提高。

他的课堂很真实，他不会把语文吹得天昏地暗，好似佛经或者武功秘籍一般，也不会把语文贬低得像路边五毛钱一本的小人书。他很真实地说语文很重要，没语文你生存不下去。这是实话。

我的语文老师和善却又严肃，他是我从幼儿园到小学，再到初中遇见的最特别的一位老师。

这，就是我的语文老师——杨老师。

这是学生心目中的语文老师。不光我，许多老师也说特点抓得很准，文笔不错。学生这样写老师，在以前是不敢想象的。我知道许多学生对老师敬畏多于爱戴，亲近就更谈不上。毕竟，我们时刻强调对学生要严格管理。如果说，我几个星期以来的做法已经赢得了学生们的信任的话，那么这次作文让他们真正意识到，面对初中的老师，初中的学习真正是一个全新的开始。老师并不可怕，这应该是他们对语文课最直接的一个感受吧。

当然，作文里边的问题也不少。但我觉得最为要紧的，是要让他们敢写，要让他们明白，写作文不是说有那么一个人或者发生了这样一件事，重要的是写出自己的感受和想法。感受从何而来？当然是细节，必须写出细节，否则作文永远都是干巴巴的，没有水分，没有味道。孩子们的文章总是表现出一种与所写人和事的疏离感——一切与"我"无关。生活、学习对他们而言，就是"与我无关"，完全不在场、不在线、不在状态。也许当他们写作时，所写内容已经成为过去，他们只是转述或者回忆，那是一种"离场"的真实状态。但这不只是技巧的问题。在帮助他们建立信心的同时，我必须让他们知道，怎样写，写什么，才是最重要的，要让他们写作时感觉在场，而不是离场。

开局还不错。

三、一次"深"讲评：构建彼此互学的关系网络

怎么讲评才能让他们有所收获呢？大家都是优点、缺点、范文老三篇的做法，不针对具体的人和文章，不解决具体的问题，效果欠佳。我还是按照自己一贯的做法，让每个人都参与其中，去体验写作文、改作文，在自己的动手过程中学会写作文。让学习者置身其中去体会、去操作、去互动，这不正是深度学习所提倡的理念和做法吗？今天的讲评就叫"深度体验式"作文评讲吧。

我设计的第一个环节是佳作共赏，让学生先读一读、听一听、议一议。一听说自己读自己的作品，大家都来了精神。第一个同学读完，学生们自发鼓掌。看出来他们对小作者的作品是认可的。我就问他们："你们觉得这位同学的作文好在什么地方？"小家伙们七嘴八舌："抓住了数学老师的特点。""脾气好。""个子高，篮球打得好。""教学很负责任。""这些特点抓得很准确，说明作者进行了认真、仔细的观察，但是你们有没有注意她是如何写老师的慈爱的？是不是有一段自己犯错之后的心理描写？你们觉得这样的描写有没有作用？"学生们马上就明白了写自己的心理活动就是为了表现老师的和蔼，这就是我们语文课上学到的反衬的手法。轮到下一个同学，读完之后，我故作惊讶地问他们："他作文中写英语老师在餐厅给你们讲英语，是真的吗？""真的！是真的！""那我怎么感觉大家好像没有在场，不知道当时的具体情况。谁能把当时的情景表演出来？要惟妙惟肖地还原当时的场景哦。"马上就有两个同学自告奋勇表演。李朝阳右手一挥："hello！"底下笑成了一锅粥。"注意，大家看一看李朝阳老师的动作和表情有没有问题？""不对，英语老师当时一只手举在半空，大声地用英语问：'今天吃的是什么？'""老师用英语怎么说的？你们的文章里怎么没有？谁能说出来？""What do you have for lunch today？"大家异口同声。"这么精彩的事例，在我们的笔下就成了简单的一句话：英语老师在餐厅教我们说英语。怎么教的？教了什么？老师的表情是怎样的？同学们是怎样做的？都没有写出来，我们的作文没有细节，就不生动了。"我看到许多孩子的眼里放出光来，我知道他们明白了作文要写什么。每读一篇习作范文，我都让他们说说这篇习作范文好在哪里，还有什么地方可以改进。学生们说对了的，我就加以肯定表扬；没有说到的，我进行补充。教室里没有一个同学是低着头的，就连平时一直不肯

抬头的同学，羞涩的脸上也放出了兴奋的红光。

我知道大家已经有了感觉，必须让他们的思维升级，让思想的马车配重前进，进行实战训练，否则只能是虚晃一枪。我让他们四人一组，相互传读习作，说说习作优点，提出修改建议。有了之前的实战演练，每个人似乎都知道怎样去倾听、去表达，虽然有些观点很稚嫩，但我要的不是他们的正确和优秀，而是他们对作文的亲近和感觉，要让他们有胆量犯错——不能怕了作文。敢于对文章和文字下手，才能写好作文，学好语文。课后，每个同学对自己的习作都进行了修改，这篇文章将会收录进他们自己的自选作品集。我鼓励他们将习作拿给所写的老师，听一听他们的看法。我从他们脸上的盈盈笑意看得出他们都很投入、很满意，也很放松。

写文章就该是这种状态，思维之马奔驰，身体之车舒坦，灵感的火花才会不断闪耀，这需要老师精心去营造适合学生写作的现场氛围。写作有方法，但是写作指导必须与学生的生活紧密结合，让他们生活中在场，作文中不离场，写真事，抒真情，说真话，如此才能写出真实、生动、有感情的文章。

初中文言文教学应充分挖掘课程资源

文言文教学一直以来都是初中语文教学的难点，主要原因是时空阻隔，学生在文言诗文的语言文字上有不小的阅读障碍，诗文所反映的内容远离学生生活实际，不能引起学生的阅读兴趣，难以引起学生的共鸣。因此，充分挖掘我们身边的文言文学习资源，寻找、建立文言文和学生认知的新联系点，让学生以现有认知为基础去感受、理解、认同文言文成为可能，是文言文教学创新的一条行之有效的途径。

一、利用成语等语言现象，帮助学生积累、理解文言语词

成语是语言中的"活化石"，它是语言中经过长期使用、锤炼而形成的固定短语，大多源于古代文献典籍，保留了许多文言词的读音、意义、用法，以及文言语法、修辞等。这些我们正在使用的"古汉语"是我们唾手可得的文言文课程资源。

成语中的古汉语资源极为丰富。古文中的一词多义、古今异义、词类活用的语法现象，在成语中都大量存在。

例如，关于古今词义不同，讲《送东阳马生序》"以是人多以书假余"中的"假"字，我们可举成语"狐假虎威"中的"假"字的例子，学生很容易就明白这里的"假"是"借"的意思。这样的例子还有很多，如在《陈太丘与友期》一文中，"期日中"和"不期而遇"中的"期"都是约定的意思，"太丘径去"和"去危就安"中的"去"都是离开的意思，"入门不顾"和"瞻前顾后"的"顾"都是回头看的意思。

古今异义是古代汉语中的常见现象，结合成语的语境来理解古今异义，不容易望文生义，以今解古。比如"赴汤蹈火"中的"汤"的古意就是热水、开

水，"运斤成风"中的"斤"的古意就是斧头，"破涕为笑"中的"涕"的古义就是"眼泪"。学生在成语学习中积累这些文言知识，既有兴趣，又很容易就记住了。

成语中的词类活用也很常见。形容词的使动用法，如"丰衣足食"中的"丰"和"足"，意思为"使……丰，使……足"；名词的使动用法，如"汗牛充栋"一词中的"汗"，意思是"使……出汗"；动词的使动用法，如"既来之，则安之"中的"来"字和"安"字就是动词的使动用法，可翻译为"使……安""使……来"；名词用作状语，在成语"蝇营狗苟"中的"蝇"和"狗"两个名词用在动词的前面，活用为状语，可翻译为"像苍蝇一样，像狗一样"。

成语中的特殊句式也很多。介宾短语后置，如绳之以法（以法绳之）、相濡以沫（以沫相濡）；宾语前置，如时不我待（时不待我）；被动句，如金石为开、见笑大方；判断句，如"草木皆兵"；省略句，如沧海（之）一粟；等等，不一而足。

对于成语资源的运用，教师既可以开展专题研究，也可以与课文内容相互比照讲解，还可以开展关于成语的语文课外活动，让学生学习文言文由点及面，触类旁通。但教师一定要注意，所举成语例子要通俗易懂，不能过于晦涩，否则会影响学生对文言知识的学习理解。

二、借助楹联等传统文化形式，让学生感受文言文的魅力

让学生感受优秀传统文化魅力，是当前许多学校都在开展的活动。传统文化进校园，目前有两种方式：一是国学经典进校园，体现在校园文化氛围上，就是各种儒家经典篇目、古典诗词被制成橱窗；二是各种传统文化的艺术家进校园，如戏曲艺术家、国画艺术家、书法艺术家、楹联艺术家等来到师生当中，宣传优秀传统文化。儒家经典、古典诗词本身就是很好的文言学习的素材范本，让学生耳濡目染，往往能起到润物无声的作用。而在传统文化形式中，楹联艺术应该是距离文言文最近的一种，它用词典雅，要求平仄，注重意境，和古诗韵文有很多相通之处。关键是对联这种形式在民间广泛流传、应用，学生在生活中能够广泛接触。因此，学习积累楹联，掌握楹联知识，对于学生学习诗词有很大的帮助。

开展此类传统文化进校园活动，可以是由专业人士举办讲座，也可以发

动广大师生积极开展楹联的创作。陕西省楹联学会在此方面有很多成功实践经验，许多学校成为楹联创作基地，许多老师和学生都成为楹联学会或者协会会员，并因此走上古典诗词创作之路。这充分说明，传统文化有其相融相通之处，我们可以借此拓宽我们语文教学的空间。

三、激活历史文物资源，增强学生文言学习新动力

文物古迹中的文言文资源众多，首要的当推碑刻和铭文，这些文物上镌刻的都是古代的语言文字，不仅体现为不同字体，而且与内容和材料相结合，比教科书上的更为直观，更具有历史的厚重感，让学生直接感受到来自古代的气息。不仅如此，这些文字中还有学生感兴趣的内容，或者与学生学习相关的内容，都能引起学生极大的探究兴趣，如学生感兴趣的人名、姓氏、地方、历史、文字意义的演变等。比如，游览陕西青铜器博物馆，许多学生都对展览的铜器中的"管辖""节约"很感兴趣，在这里就可以看到古今词义的不同，同时能感受到词语的现在义和本义的联系，从而很好地掌握古汉语学习的规律。

除了碑刻、铭文，文物古迹上的对联、题诗、题字等也是学生学习古文的一大资源。而且，许多文物古迹都和文言诗文有密切关系，如岳阳楼、醉翁亭等，学生身游其中，神追历史，更能加深对文章的理解。

中国是文物大国，每个省、每个县都有丰富的文物资源，而这些文物资源同样是文言文学习的强大资源。学生假日出游，或者研学旅行，都可以在游览之余，学习到文言文的相关知识，丰富自己的文言文积累，提高文言文的阅读能力。

四、挖掘方言中的文言语汇，建立文言学习新通道

方言作为语言的宝库，总会有一些文言词汇沉淀其中，成为学生学习文言文，进而理解语言演变的钥匙。语文老师要处处留心，找寻其中存在的文言学习资源，加以适当运用，定会有意想不到的效果。

我们以陕西方言为例。比如，古汉语中的"汤"，是热水的意思，其实陕西关中有些地方方言，把吃晚饭称为"喝汤"，即是此意；陕西地名"汤峪"，以温泉著名，也是此意。又如"乡党"，"乡"和"党"，都是我国古代的民户编制。据我国第一部断代史《汉书》记载，"五家为邻，五邻为

里，四里为族，五族为党，五党为州，五州为乡"。换句话说，五百户为党，一万二千五百户为乡。随着时代的推移，乡、党这样的农村行政区域单位不再使用，但"乡党"这一称呼沿用了下来。除了字义之外，方言中还保留了许多古音的读法，可以作为学生学习的参考。例如，"满面尘灰烟火色，两鬓苍苍十指黑"，"色"的读音，如果按照方言当读作"sei"，与"黑"押韵。

汉语的发展是一脉相承的，语文特别是文言文的学习也有规律可循。课程标准指出，各地都蕴藏着多种语文课程资源，学校要有强烈的资源意识，认真分析本地和本校的特点，充分利用已有的资源，积极开发潜在的资源，特别是人的资源和在课程实施过程中生成的资源。我们老师要做的就是通过鲜活的资源，让学生感受到语言的变化，掌握其中的规律，从而能更充分地领略中华优秀传统文化的无穷魅力。

注：文章是陕西省规划课题《初中文言文教学创新实践研究》（课题编号SGH17B291）一项研究成果。

参考文献

［1］刘云霞.陕西方言中的古文言文现象对翻译的影响［J］.华章，
　　　2012（24）：74-75.

［2］苟大权，糜玉梅.成语中的文言知识［J］.语文月刊，2010（4）：16.

［3］中华人民共和国教育部.义务教育语文课程标准（2011年版）［M］.
　　　北京：北京师范大学出版社，2012.

《醉翁亭记》说课稿

一、关于教材

1. 内容认识

《醉翁亭记》是北宋文学家欧阳修的山水游记名篇，文章以乐为主线，通过生动描写醉翁亭的环境、变幻多姿的自然风光，以及太守与民同乐的情景，表现了作者随遇而安的旷达情怀，抒发了与民同乐的政治理想，文辞优美，意蕴丰富。

2. 教材地位

《醉翁亭记》是一篇教读课文。本单元所选均为反映古代生活的文章，从内容上看都是山水游记。通过本单元的学习，学生能够了解游记这种文体的特点，联系各篇的写作背景和创作风格，体会不同作品的思想内容和艺术特色。本文是宋代山水游记的典范之作。学习本文旨在了解文言文的表达习惯，体会欧阳修山水游记的思想内容及艺术特色。

3. 教学目标

（1）理解课文内容，把握课文主旨。

（2）把握课文艺术特色。

（3）对比阅读，了解唐宋山水游记的共性特点和个性差异。

（4）熟读课文，背诵课文。

4. 教学重点

理解课文内容，把握课文主旨。

5. 教学难点

把握课文艺术特色。

二、关于教法

本文为文言文，所反映内容学生不熟悉。为了更好地完成教学任务，本节课我主要采用对话法、体会感悟法、总结归纳法、情境教学法、多媒体演示等一系列方法，使学生能够进入文本情境之中，从而理解作者所要表达的随遇而安、与民同乐的主旨，把握文章多样的艺术特色，达到欣赏古文、学习知识、愉悦心境、启迪思维的目的。

为了突出重点，我在教学中首先运用多媒体动画，使学生进入情境，然后通过介绍创作背景与文本对话，与作者对话，反复体会作者的创作意图和所要表达的主要意思，使学生通过体验、想象、联想、推理，自然而然地理解文章的主旨——随遇而安，与民同乐。对于文章的艺术特色，我首先让学生自由谈对文章的感受，找出优美、精彩的段落和句子，让学生说出这些段落和句子好在哪里，然后引导学生总结归纳，最后达到把握艺术特色的目的。

对于学生来说，对比阅读是一个比较陌生的话题，学生做起来也有一定难度。教学时，我首先把相关的内容分散在对内容及艺术特色的理解之中，让学生有一个较为明晰的认识，然后通过提问、讨论、归纳及分析指导，让教学难点有所突破。

三、关于学法

本节课要求学生在互动中学习，所以除了一些常用的学法，如查资料、做笔记等以外，我还采用了以下方法。

1. 诵读体验法

学生在创设的情境中反复读课文，结合作者的写作背景理解感悟课文主旨。

2. 质疑讨论法

学生对于阅读中遇到的问题，以及和老师、同学的不同看法，敢于提出疑问，并进行讨论，形成观点。

3. 比较探究法

学生对于相似的问题能够进行多角度的比较，从而发现异同，并形成自己的观点。

4. 总结归纳法

学生能在查找材料的同时，对材料进行归纳整理、抽象概括，形成明确的观点。

四、关于教学程序

这篇课文需要两课时组织教学。第一课时的教学任务是初读课文，了解作者，掌握重点字词的意义，翻译课文，在此基础上理解课文内容。第二课时的教学任务是理解课文的主旨，把握课文的艺术特色。我着重谈谈第二课时的教学设想。

（一）展示课题、复习引入

（1）出示目标、指导学法。

（2）复习：欧阳修简介。

（二）内容呈现、设置情境

朗读《醉翁亭记》，从课件画面中感受醉翁亭景色的迷人，进入文章情境。

（三）交流对话

1. 与文本对话

（1）作者在什么情况下写的这篇文章？你能想象出他当时的心情吗？

（2）作者在文章中表达了怎样的情绪？在文章中表达了怎样的情怀？

明确主旨：随遇而安，与民同乐的情怀。

2. 师生对话

（1）你认为本文最精彩的文段是哪一段？最美的句子是哪一句？说说你的理由。

（2）结合以前所学游记，你认为本文写法上有什么特点？

明确艺术特色。

3. 生生对话

在学习生活中你有过不顺心的时候吗？讲给同学和老师听，议一议，我们该怎么做？

（四）研究性学习

把本文与柳宗元的《始得西山宴游记》做对比，看看它们的创作背景、创作风格有哪些异同点?

（五）课堂练习

背诵全文。

（六）小结

本文以乐为主线，通过生动描写醉翁亭优美的环境、变幻多姿的自然风光，以及太守与民同乐的情景，表现了作者随遇而安的旷达情怀，抒发了作者与民同乐的政治理想。本文文辞优美，意蕴丰富，盛传不衰。

（七）作业

根据自己的感受，结合本课所讨论的内容，写一篇小论文，对本文加以评点。

五、关于教具使用

本节课制作了色彩艳丽的多媒体图画，采用多媒体演示系统进行教学，充分调动学生的视觉、听觉等多种感官，使学生犹如身临其境，增大了课堂容量，增强了课堂教学效果。

六、关于板书设计

本节课充分发挥多媒体系统直观、灵活的特点，设置了多个画面作为板书，新颖生动，表现力强。

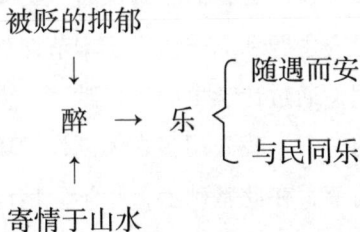

被贬的抑郁
↓　　　　　　随遇而安
醉 → 乐 {
↑　　　　　　与民同乐
寄情于山水

《故乡》第二课时教学设计

一、教材依据

统编2018版九年级上册第四单元《故乡》。

二、设计思想

本单元是小说单元，主题是"学会读书"，旨在要求学生通过感悟、品味、欣赏来阅读小说，在阅读中认识社会，掌握方法，提升能力。本文是本单元精读篇目。通过本文的学习，学生可以进一步掌握小说的相关知识及对小说的简单赏析，继续学习掌握从人物分析、推出小说主题的鉴赏原则，学习运用品味感悟等方法欣赏作品的艺术特色。本节课为第二课时，重在探究文章主题，品味文章语言。

本文篇幅长、内容多、难度大，需要两课时。第一课时完成整体感知和人物形象分析，第二课时探究主题和品味语言。本节课教学指导思想是以学生为中心，发挥学生主体作用，通过让学生朗读、默读、做圈点批注、讨论交流、分析归纳，完成本节课的学习。我先用多媒体创设情境，让学生依据对小说的整体感知简要复述故事情节，在此基础上，让学生精读最后几段，体会"我"回故乡前后的感情有什么不同，然后通过反复阅读品味，从人物关系入手探寻主题，从人物刻画入手品味语言，从而指导学生掌握阅读方法，让学生学会自己去读小说。小说的阅读，对主题的理解是重点。这篇小说所反映的时代距现在已近百年，小说又没有似一般小说那样注重对故事情节的叙述，所以对于小说主题的理解是难点。我在教学时抓住人物的变化及人物关系，以此为突破口，仔细分析"我"离开故乡时的心情感受及文末的议论句，引导学生探究小说主题。本文最出色的是对人物的描写，特别是白描手法的运用和精彩传神的细节描写最为人称道。所以，品味语言特色，特别是品味人物描写的语言，是本节课的重点，要让学生自己发现，自己品味，要能讲出来，还要模仿运用。

根据本教材特点，小说主题的凸显要抓住一个"变"字。我通过人物、环境的前后对比，培养学生比较思维的能力；通过人物性格的归纳，培养学生筛选重要信息、归纳思维的能力；通过对语言的品味分析，提高学生运用语言、运用文字的能力。我通过这种目标明确的阅读训练，教给学生获取知识的途径和思考问题的方法，使学生真正成为学习的主人。也只有这样，才能使学生学有所思，思有所得。

依据现代语义学和接受美学的阅读理论，根据学生认知的心理特点，结合课程标准对学生主体地位的要求，我对课堂教学的流程进行了大胆的改革。课堂采用板块式结构，设计基本遵循"创设情境、激发兴趣—阅读文本、整体感知—文本解读、探究拓展—品味语言、赏析美点"的顺序，共包括四个步骤。这样做，一方面是考虑语文教学中学生的阅读不能脱离原文，要让学生养成正确的阅读习惯；另一方面希望通过探究拓展，进一步发挥学生阅读的主观能动性，充分体现学生的主体地位。期望学生通过这种自主、合作、探究式的学习，完成三个层次的对话，即与文本对话、与教师对话、与同学对话，达到对文章的阅读理解，达成本节课的学习目标。这样的教学设计也使教师对语文教学易于把握和操作。

对于每个环节的教学，我主要采用问题引导的方式，提出几个主要的问题让学生思考。事先设计好几个有启发性的问题，既能引导学生运用正确的方法阅读课文，也能引导学生准确解读课文内容，还能积极主动地引导课堂教学进程。但对于问题的解决，主要依赖于学生自己的合作与探究，如问题的分解、资料的搜集、信息的整合等。我积极鼓励学生提出自己的疑问和看法，并根据情况作为课堂生成予以处理。

三、教学目标

知识技能目标：理解运用对比突出小说主题的写法，理解小说中议论的作用。

过程方法目标：通过分析人物情感及文中议论句理解小说主题，通过品味语言体会作者风格特色。

情感态度价值观目标：理解人物的复杂感情，树立为远大理想而奋斗的决心和信心。

四、教学重点

通过分析人物情感及文中议论句理解小说主题。

五、教学难点

理解小说主题。理解文章末尾的议论句。

六、教学准备

教师课前利用图书馆、网络搜集鲁迅创作小说《故乡》的相关资料，搜集素材制作多媒体课件；学生熟读课文，并做圈点批注，完成关于小说主题和小说人物描写的预习题。

七、教学过程

（一）创设情境，进入文本

1. 导入新课

上节课我们与文中的迅哥儿一同回到了故乡，见到了久违的亲人，但感受不尽相同。今天，让我们继续故乡之旅，探寻小说的主题，跨越时空与鲁迅先生对话。

2. 概述主要故事情节

播放动画，让学生边看边回忆上节课的内容，用简要的语句复述课文。

3. 人物形象回顾

根据课文内容在横线上填上合适的词或短语。

填空：记忆中，_____的闰土，现在，_____的闰土；

记忆中，_____的杨二嫂，现在，_____的杨二嫂。

同学回答后，播放人物图片，让学生归纳人物主要性格，依据课文内容，结合当时的社会现状，谈谈人物变化的原因。

（出示的图片包括少年闰土、中年闰土、年轻时的杨二嫂、现在的杨二嫂的图片。变化原因要引用小说原文回答，引导学生养成抓住原文解读小说的习惯。这一环节的学习，目的是让学生回顾课文中的相关内容，为本节课的学习做准备。同时，通过观看图片激发学生阅读思考的兴趣）

（二）研读课文，质疑探究

我们今天重点研读离开故乡的段落，深入了解"我"的内心感受和想法，探寻小说的主题。

谁能说说作者写这篇小说的目的是什么？谈谈你对小说主题的理解，并说出依据。

学生回答。教师组织学生探讨。

让学生从课文中寻找根据。

学生仔细阅读课文，教师提示学生思考以下问题。

1. 当离开故乡时，"我"对故乡感情如何？请找出文中词语来回答

当学生找出"悲哀、不留恋、希望、害怕"等语词以后，让学生依据课文讲出理由，只要言之有理即可。

请一名同学读相关段落，读出悲哀、失望等的语气。同学点评。

请一名同学读相关段落，读出希望的语气。同学点评。

2. "我"悲哀的是什么，希望的又是什么？出路找到了没有？

学生思考、交流、表达。

引导学生理解主题：故乡的变化使"我"悲哀，但最主要的还是故乡人的变化和遭遇让"我"心绪难平。人与人之间的隔膜，故乡人虽不同但都辛苦地生活，这无时无刻不在触痛着"我"悲天悯人的心。这一切充分表现了作者对劳苦大众命运的同情，表现了作者对这一切的深入思考。而作者对宏儿和水生的描写，对神异景色的描绘，对希望的议论，又无不反映出"我"改造旧社会、创造新生活的强烈愿望。

（可以让学生结合课前搜集的鲁迅先生生平资料来谈文中的"我"与鲁迅的关系，引导学生讨论，明确："我"不是鲁迅，但"我"身上有鲁迅的影子，"我"的所作所为在很大程度上也反映了作者当时的所思所感）

3. 理解重点句子，解读"希望"

请全班同学用充满希望的语气读最后一段。

理解文章末尾的议论句，谈谈"我"的希望，说说自己的希望，对学生进行情感态度价值观教育——路是人走出来的，任何时候都不要放弃希望。

（这一环节的学习，主要是体现学生对小说阅读方法的学习和实践。通过反复地读，让学生体味作者所表达的情感，体味作者对不同人所表达的不同情感，学习抓住关键的句子理解课文主题。通过有感情地读，训练学生的朗读技巧，让学生体会作者寄寓其中的深沉感情）

（三）品味语言，学习拓展

本文人物刻画很成功，运用了多种手法，如正面与侧面描写、语言描写、肖像描写、动作描写、心理描写、细节描写等，找出一点，进行赏析，做出批注，与同学交流。

（让学生写批注，能养成学生勤于动手、动脑的习惯。要求"找出一点"，可以降低难度，每一个学生都可参与其中。学生批注赏析可以从描写的手法、描写的作用等方面来进行，教师要在归纳的基础上给学生以写作的指导）

仿照此写法，描写一个人物。

学生可选取最熟悉的人，如爸爸、妈妈等，也可选取教室中的人，如同学、老师，要求至少用到文中一种描写手法，表现所写人物的性格特点。

（本环节设计的"品味"与"学习"主要体现了文学作品阅读时"赏析"的主要要求。其中一个主要方面就是对写作技巧的赏析。阅读最直接的作用就是对学生作文的示范与指导。有目的的模仿训练有助于学生在作文时有意识地运用课文中的写作技巧和方法，从而快速提高写作水平）

（四）小结课文，自我评价

让同学自己总结这节课的内容。

（参考：《故乡》以"我"回乡迁居的见闻感受为线索，描写旧时代中国农民的生活遭遇与精神疾苦，抒写了作者对现实生活中人与人之间相互隔膜的深沉忧虑，以及打破彼此隔膜、探求人生新路的执着信念）

让学生谈谈自己在这节课有什么收获，对学生的提高与进步给予充分肯定。

（本环节包括学生对学习内容的总结回顾和对自己学习状况的回顾总结。设计此问题，目的是让学生对自己的学习情况进行整理反思，主要是看到自己的收获和进步。让每个学生都能感觉到自己的进步，有助于培养学生语文学习的积极性和主动性）

（五）课外练习

给鲁迅先生写一封信，结合这节课所学内容谈谈学习鲁迅先生作品的感受，与大师进行跨时空的交流对话。

（六）板书设计

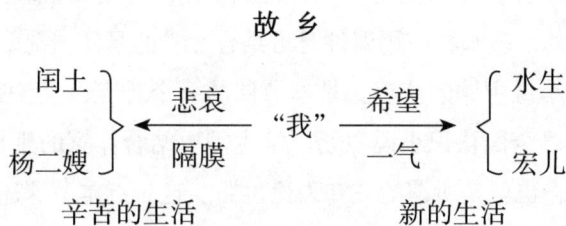

（板书设计可以根据课堂教学的情况灵活调整，如"悲哀""希望"等词语可以用其他词语替换，只要符合条件即可。板书使用时先体现人物关系，再体现人物情感，最后通过整体体现小说的主题）

八、课后反思

本节课是一次尝试。我用一种比较开放的方式处理语文课的预设，包括教学环节的设计、多媒体课件的制作、关键问题的提出、板书的设计等。我通过这种灵活性较大的设计，给学生留出了更大的阅读和思考空间，使语文课堂成为精彩纷呈的生成性课堂，使课堂真正成为学生的课堂，使语文的阅读真正成为学生自己的阅读。我在教学中安排了多种读的方式，如默读、单个读、集体读等，突出语文教学中阅读的重要地位，同时通过复述、概括、交流、评价等方式对学生的口头表达能力进行训练，通过片段练习对学生的写作进行训练。如此，使学生通过对文本的阅读与探究，掌握阅读小说的基本方法，同时在听说读写方面得到全面的锻炼。让学生真正参与到学习过程中，而不是被动地接受，这也是课程标准对语文教学的新要求。

通过教学实践的检验，证明这样的想法是可行的，效果也是显著的。对学生的限制少了，学生的思维活跃了，思路也开阔了，常常有意想不到的见解出现。但是，学生更多地参与，课堂更加灵活多变，也出现了新的问题需要我们思考和解决。

第一，学生的自主、合作、探究需要有足够的时间做保证，而这又依赖于教师问题设计适度、引导得法、重点突出，否则，课堂教学任务无法按时完成。

第二，语文课件的制作运用一定要为课堂生成留下足够的空间，课件一定要体现开放性、互动性。否则，容易使学生的思维受到限制，教师在课堂上也会陷于被动。课件，可用就用，不可用就不用，一定要视教学的具体情况而定，不能搞一刀切。教师在应用课件时可结合教学的具体情况临时做出调整。

第三，对于小说主题的认识，是本节课的一个难点，仅仅通过对人物关系的分析，学生很难全面认识小说主题。学生需要结合作家的生平、时代背景进行更深入的探讨，也就是所谓的"知人论世"。这一点本节课还贯彻得不够。

第四，圈点批注作为非常有效的读书方法，一定要和课文的预习结合起来，否则就很难发挥它应有的作用。特别是对于《故乡》这样篇幅比较长的文章，学生更应该做好预习工作，否则，课堂学习的效率就很难提高。

《我为什么而活着》说课稿

一、说教材

　　《我为什么而活着》这篇文章是部编版语文八年级上册第四单元的一篇自读课文。本单元的单元主题是情感哲思，语文要素是阅读不同类型的散文，把握其共性和个性。单元写作训练主题是"语言要连贯"。这篇文章是英国哲学家、数学家、作家罗素的一篇哲理散文，语言凝练含蓄，富有哲理，同时作为《罗素自传》的序言，带有自传文章本身具有的娓娓而谈的真诚与简洁。作者在文章中讲述了自己的人生追求，激情满怀，感情充沛，表现了作者博大的胸怀和人生境界，带有极强的个性化色彩。学习本文，首先要通过文本阅读，理解作者独特而深刻的人生感悟，通过感受作者澎湃的激情来感受作者的博大胸怀，同时要通过对关键语句的反复品味，体味哲理散文凝练而意蕴深刻的语言特色，并能够用简练的语言表达对自己人生的认识和思考。

1. 教学目标

（1）通过自读能够整体把握文章的结构和内容。

（2）通过品味重点词语和句子把握文章的感情，并且读出这种情感。

（3）分析语段，结合背景知识，感受作者的博大胸怀和高远的人生境界。

（4）能够用简练的语言表达自己对人生的思考。

2. 教学重点

（1）自读文本，通过关键句把握文章的结构和内容。

（2）通过品味重点词语和句子把握文章的感情，并且读出这种情感。

3. 教学难点

（1）分析语段，结合背景知识，感受作者的博大胸怀和高远的人生境界。

（2）能够用简练的语言表达自己的对人生的思考。

二、说学情

八年级学生已经有了一定的生活阅历，开始思考人生的某些问题，但是并不全面，欠缺深刻，要依据十二三年的生活阅历去理解四五十年前的一位九十八岁老人的人生阅历，理解其中蕴含的人生哲理，难度非常大。基于前一课《永久的生命》的阅读学习，学生对于哲理性散文有了一个初步感性的认识，本节课要加深认识，自主进行阅读，还需要教师指导帮助。我把起点定在让学生能够依据文本理解作者独特的人生体验和感悟，把握本文简洁、坦诚而又耐人寻味的语言特色，了解文章由总到分、以清晰结构保证文章整体连贯的特点，并且学习这种写法。

三、教法

方法指导、示范引导、适当点拨。

四、学法

自主阅读、整体感知、语段品析、诵读体验、交流探讨。

五、教学过程

（一）导入新课

导语：语文课堂就是一条时光隧道，在这里，你会观赏到许多奇异的风景，体验到许多奇特的经历，遇见许多出众的灵魂。语言的魅力和魔法就在字里行间。今天我们要认识一位有非凡成就的老人，听一听他在九十岁时的内心独白。（板书：我为什么而活着）

1. 热身

对比中英文，提问学生：我为什么而活着，是追问活着的原因还是目的？
（学生讨论）

明确：为什么活着是问原因，为什么而活着是问目的，活着要干什么。

我们学习语文一定要品析语言，理解和表达要精准。

2. 罗素简介及其生平

多媒体出示罗素简介及其生平，学生阅读，教师提醒学生与课文进行对比。

教师：这是我们许多人眼中的罗素，他少年时家遭变故，一生经历多次婚姻，著作等身，功成名就，是人们眼中成功人士的典范。他是如何评价自己的一生的呢？

（二）把握内容

教师范读。学生思考以下问题：在经历了近百年的人生历程之后，哪些在罗素心中才是最重要的呢？

作者的人生追求是什么？文章还写到了与这些追求有关的哪些内容？

板书明确：对爱情的渴望、对知识的追求、对苦难的同情。

引导学生讨论课文第一段比喻的表达效果。

（三）品味情感

学生找出自己最喜欢的文段，品味所蕴含的情感，读给同学听，明确以下内容。

一段：坚定地、急切地。

二段：狂喜、欢愉、美好——满意。

三段：热切的、强烈的——欣慰中有遗憾。

四段：痛苦的、愤怒的——无奈、伤心。

五段：平静、满足——期待。

明确：作者借助表达强烈感情的修饰语，运用比喻句，形象生动地将自己的人生追求写出来。

学生自己进行朗诵练习。教师选一名学生对第一段进行朗读，同学评价，教师指导，顺便完成板书：痛苦、喜悦、热情、忧伤、无奈等，让学生重点体验"平静"。（顺便讲解比喻句）

（四）学习方法

每段之间有什么关系？全文是怎样连贯起来的？

明确：前后内容统一、合理的顺序、衔接过渡。

教师示范其中一段的分析，如第二段，先写追求爱情的原因，照应开头，再写追求的结果怎样。学生完成其他段落的分析。

板书：总—分—总。

（五）对话罗素

作者说："这就是我的一生，我觉得我活着值得。"他为什么说"活着值得"？

拓展：罗素《怎样变老》中的句子——"人的一生就应该像一条河，开始是涓涓细流，被狭窄的河岸所束缚，然后，它激烈地奔过巨石，冲越瀑布。渐渐地，河流变宽了，两边的堤岸也远去，河水流动得更加平静。最后，它自然地融入了大海，并毫无痛苦地消失了自我。"

明确：精神的追求、崇高的胸怀和境界。

（六）回顾小结，积累名言

今天我们学到了自主学习哲理散文的方法，希望大家在今后的学习中运用。

今天我们也领略了伟人罗素的高尚情怀。每个人都有自己独一无二的人生，在这一点上，我们和罗素、严文并没有区别。因此，我们要学习罗素的自信，对生活充满热情，对世界满怀爱意，那样的大我、大爱、博爱，尽情地活出自己的精彩人生。

（七）作业

（1）以《我想这样活着》为题，写出自己学习这篇文章的感悟。可以仿照本文的结构，运用比喻句增强表达效果。

（2）课外搜集罗素的名言，选择喜欢的记下来。

请将你们的学习成果以电子文档的形式发给老师。

六、板书设计

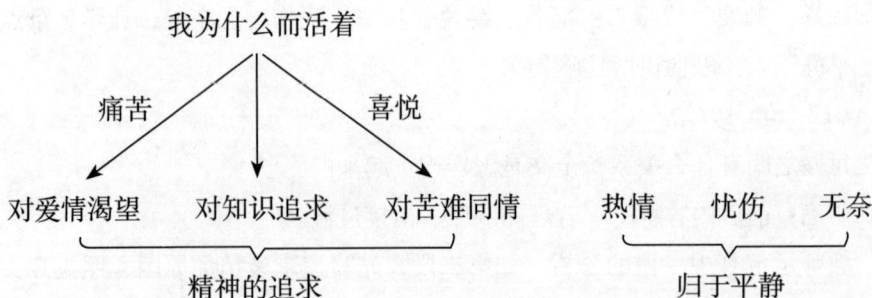

七、教学反思

按照王荣生教授的观点，阅读教学的起点就是学情，就是学生自己阅读的时候会是什么状态；终点就是目标，就是教师希望学生上完这堂课以后怎么样；从起点到终点，设置两到三个环节。关于散文的教学内容，专家指出，一是体认作者在散文中所传达的独特经验，进而丰富自己的人生体验；二是通过学习散文，提升自己阅读散文的知识与能力，即提升自己的语文经验。

因此，首要的是确定这篇文章的教学内容。按照王荣生教授的观点，一篇文章的核心教学价值的确定，要考虑四个方面：既要考虑课程性质，又要考虑阅读特质，还要考虑文体特点，更要考虑学生实际。

课程性质来自课程标准和教材。我们分析一下这篇文章编者的编写意图和课标要求。这是一篇自读课文，又是一篇哲理散文，教学设计之初，主要考虑了以下几个因素：一是把握教材的双线组元，体现单元主题要求和语文要素，体现单元写作训练点。二是注意运用好教材的助学系统，按照自读课文的要求，从阅读提示、旁批出发设计三个问题。三是期望在语文学习中让学生进行深度思考。四是尽量紧扣文本，让学生语文学习回归语文性，体现核心素养"语言的建构与运用"的要求。

这篇散文的特质是什么？这个问题要求教师借助学科知识解读课文：文章短小，却回顾了作者九十年的人生历程，语言含蓄，意蕴丰富，饱含对人生的激情，对人生意义的思考充满哲理，引人思考。作者善用比喻，文章结构精巧、严谨。

这篇课文的教学要点是什么？——比喻句的表达效果、作者的精神追求与崇高人格、文章语言的连贯。

再看文体特点。这篇文章是一篇哲理散文。所谓哲理散文就是不以严密的逻辑论证自己的观点，以理服人，而是重在展示个人在某问题上的独到感悟和思考过程。这篇课文曾经编选在人教版高中必修五中，是高二学生学习的内容，现在编排在八年级，而且是学生自读篇目。不同年龄的学生的个人生活经验、语文经验相差很大，学习同一篇目所要达成的目标一定不同。所以，对于八年级学生而言，从人生观的角度去体验与感悟，超越了学生的知识和思想现状，教师应该重新考虑这节课的教学内容，也就是确定这节课教学的起点和终点。原则一是依据文章体式来确定教学内容，也就是教学终点，即这种文体的文章该如何阅读，关键词句在哪里，怎样去把握。二是根据学生学情来确定教学内容，也就是教学起点，即学生自己能看懂哪部分内容，看不懂哪部分内容；自己能体会的是什么，不能体会的是什么。教师教学生自己看不懂、理解不了、不能感受、不能欣赏的地方。

学情怎样？关于作者的人生追求，学生通过阅读文章就可以概括出来三个方面，但是文章讲述人生的目的，学生不一定能分辨清楚；文章中蕴含的作者的复杂情感，学生可以体会出来，但对人生的激情和人生到达终点时的趋于平静，学生理解感受上有困难，这也是文章的主旨之所在。对于文章的结构和语言的连贯，学生自己不能欣赏，需要老师指出来。

我们首先要弄明白教什么，其次要弄清楚怎么教，也就是这篇文章教学的路径是什么，怎么达成目标。阅读教学一般有三种路径：一是唤起、补充学生的生活经验，把看起来是生活经验的问题转换为阅读方法的问题；二是指导学生学习新的阅读方法；三是组织学生交流和分享语文经验。

这是一篇谈人生的哲理性散文，其中讲到的爱情、知识、同情心学生都有所认知和体验，但是对于作者对人生所抱有的巨大热情、对人类命运的持久关注以及对自己人生所持的满足与平静的态度，初中学生未必能够完全理解，理解更多的是概念意义上的要为了他人、要有高尚的情操等。这就需要补充学生的生活经验。我交代作者写作的背景，补充作者的成就及生平，拓展作者的其他文章，让学生设身处地去想象，帮助学生理解，就是必需的。而对于阅读方法的指导，基于文章既有散文重情感表达的特点，运用比喻句，语言形象化，又富有哲理，可以借鉴议论文的学习方法。有所不同的是，本篇文章的阅读一定是通过对作者情感的把握去理解其中蕴含的人生哲理。这是新的阅读方法，对于文章结构的关注来学习语言的连贯，也是学生需要学习的新方法。对于文章感情的体味和文章主旨的理解需要学生通过对文本的阅读，从词语以及词语的声调中去体会、去感受，然后进行交流分享。

这篇文章从最初的教学设计到最后的课堂教学，都做了较大的调整。一是导课时关于题目的深度理解受学生理解水平的限制，学生对语言的把握精准度并不高，往往需要用大量的时间，所以最终我采取了变换问题角度的方式，降低了难度，让导课新颖而有语文性。二是关于文章内容的把握，自读课文属于学生自学达成的内容，但是为了使过渡自然，引导学生进行深入探讨，我设计了两个问题，既保证学生参与的广泛性，又具有可拓展性，只是实际效果没有想象中好。因为学生课堂的生成往往是随意的，我的意图是让学生完成对文章内容的全面理解，特别是对于几个比喻句的关注，但是很难聚焦，最终我以提问的形式完成对第一个比喻句的探讨，但我讲解过多。三是关于作者在文中情感的把握，是指导学生品味与朗读结合进行课文阅读的环节，学生基本能对文段的感情进行概括，但是读的效果不佳，没有读出明显的情感变化。四是文章的连贯性是我在教学中所做的尝试，有难度，所以我设计以讲解为主，但是因为文章典范度高，学生参与度高，效果较好。

实际的教学效果如何呢？

整体来看，这节课的成功之处就是问题的设计，难度可控，让学生有参与的机会，而且对内容、情感、语言、结构都有所涉及，破题很新颖，对文章结构的把握很到位，从头至尾注重学法指导，把阅读、写作相结合，紧扣文本，从文本起，回归文本，挖掘文本深意。这节课的缺点就是学生的积极性还没有被充分调动起来，我的讲解引导过多，学生自主学习体现不够，学生也没有提出高质量的问题。由于时间的关系，我也没有设置学生提问的环节，没有实现教者与学生的双向互动，也就没有真正将课文按照自读课文来处理。

《骆驼祥子》思辨阅读教学设计

一、学习目标

（1）通过对祥子周围人物关系的梳理，把握祥子的人物命运。

（2）通过多角度思考，探究祥子悲剧命运的根源。

（3）学习依据文本进行主题解读的方法。

二、教学重、难点

（1）梳理书中主要人物的关系，明确其对祥子的影响。

（2）探究祥子悲剧命运的根源，进一步把握作品的主题：个人命运与社会环境的复杂关系。

三、教学方法

知识梳理归纳，合作讨论交流，师生共读共研。

四、教学准备

学习任务单、教学PPT。

五、教学过程

（一）导课

让我们再读《骆驼祥子》，以现代眼光审视一下这个一百年前的"北漂"的人生。

（二）练习热身

（1）祥子是_____的长篇代表作《骆驼祥子》中的一个人物形象。这部作品描写来自农村的淳朴健壮的祥子，到北平谋生创业，_____次买车又_____次失去，并终于堕落到生活的谷底的故事。_____是这部小说的基本线索，是祥子的妻子，也是人和车厂的主人的女儿。

（2）祥子原本是个_____的人，他一心一意地_____，人生的最大愿望就是_____，往远处想就是_____，娶个清白的好姑娘，过上好日子。这个愿望并不高，可是处在那样黑暗的社会中，一个卑微的车夫"买车"的希望也成了奢望。他一次又一次为希望而奋斗，一次又一次陷入失望，最终连生活的希望也破灭了。

（3）《骆驼祥子》还写了其他各色人物，如残忍霸道的车主_____，大胆泼辣而有点变态的_____，一步步走向毁灭、被逼上吊的_____，以及受到政治迫害的大学教授曹先生，等等。

（三）检查预习

（1）阅读重点章节，完成下表。

影响祥子人生的关键人、事梳理

人物	身份、地位或与祥子的关系	重要事件或遭遇	对祥子产生的影响

（2）你认为谁是祥子最大的噩梦？说说理由。

（四）主题研讨

老舍先生在小说中写道：

（1）雨下给富人，也下给穷人；下给义人，也下给不义的人。其实，雨并不公道，因为下落在一个没有公道的世界上。（18章）

（2）爱与不爱，穷人得在金钱上决定，"情种"只生在大富之家。（20章）

（3）人把自己从野兽中提拔出，可是到现在人还把自己的同类驱逐到野兽里去。祥子还在那文化之城，可是却变成了走兽，一点也不是他自己的过错。（23章）

这些句子表达了什么观点？你同意老舍先生的说法吗？说说理由。

明确：（1）作者认为祥子的悲剧的根源在于不公道的世界，其实就是恶魔般的社会环境，祥子是受害者，没有过错。

（2）祥子没有真爱，是因为没有钱。这也是上述观点的佐证。

（3）但是必然的结果之中也有偶然的成分。祥子自身的局限，在处理人物关系和关键事件方面表现出来的性格局限和人性弱点也是不可忽视的因素。个体的局限在很大程度上也是时代和社会造成的。

（五）小结

（1）文本大于作者。

（2）读懂祥子有什么用？如何对待复杂的社会环境？如何处理错综复杂的社会关系？如何更深刻地认识人性的弱点？这其实是我们每个人都要读的一部大书。

（六）课后练习

（1）撰写祥子悲剧根源的研究报告。

（2）祥子给我的人生启示。

六、板书设计

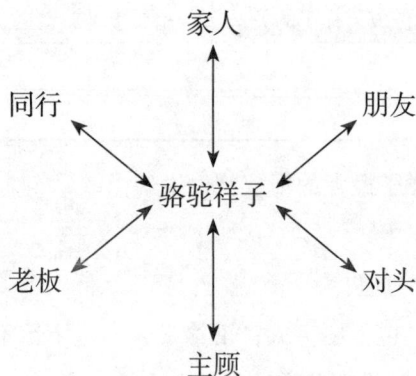

附：

《骆驼祥子》深度学习自主任务单

1.阅读重点章节，完成下表。

影响祥子人生的关键人、事梳理

人物	身份、地位或与祥子的关系	重要事件或遭遇	对祥子产生的影响

2.根据上表分析，你认为谁是祥子最大的噩梦？说说理由。

3.老舍先生在小说中写道：

（1）雨下给富人，也下给穷人；下给义人，也下给不义的人。其实，雨并不公道，因为下落在一个没有公道的世界上。（18章）

（2）爱与不爱，穷人得在金钱上决定，"情种"只生在大富之家。（20章）

（3）人把自己从野兽中提拔出，可是到现在人还把自己的同类驱逐到野兽里去。祥子还在那文化之城，可是变成了走兽，一点也不是他自己的过错。（23章）

你同意老舍先生的说法吗？说说理由。

4.本节课的收获。

基于深度学习的《朝花夕拾》
阅读指导课教学设计

一、教情分析

《朝花夕拾》整本书阅读的要求是消除与经典的隔膜。《朝花夕拾》是鲁迅唯一一部散文集，共有10篇散文，前边有小引，后边有后记，各篇文章独立成篇，各篇之间并没有紧密的联系。学生可以借助单篇文章的阅读经验进行阅读，在此基础上再进行篇章之间的贯通，由单篇到整本，由主旨到主题。全书大部分内容写的是鲁迅先生童年及青少年时的经历，充满童趣童真，与学生的年龄和经历比较接近，学生易于理解。

二、学情分析

七年级学生已经初步具备了默读的能力，正在学习运用圈点勾画、做批注等一系列阅读方法进行文本阅读。这是学生进行整本书阅读的起点和基础。但是阅读的隔膜仍然存在。开学后，教师安排学生初读《朝花夕拾》，阅读效果很不理想。学生普遍反映读不懂。具体有以下几个方面的原因：

一是鲁迅语言本身的特点——语句结构复杂，叙述上常有言外之意；

二是文章内容丰富，行文中插叙较多，引用较多，史料较多；

三是现实与回忆交织的叙述方法，让学生感觉难以适应；

四是学生习惯了老师对课文的精细解读、条分缕析，离开了老师的指导，学生不习惯自主阅读；

五是乡村学校学生普遍阅读基础较差，没有达到课标要求的阅读量和阅读水平；

六是时空的阻隔，近百年前的人和事，加上南方和北方环境、风俗等差异，学生较难理解。

三、教学设想

根据陈静静博士的《学习共同体：走向深度学习》，深度学习教学设计要注意做到以下几个方面：充分理解学生的原有知识基础、生活经验、学习困难、认知策略，设计恰当的学习任务；让学生掌握学习的方法；设计评价标准和脚手架；设计预习单、学习单、作业单及评价量表。

鉴于此，为了在不降低阅读目标的前提下降低阅读难度，让学生对《朝花夕拾》有较为全面的认识，我们确定了小台阶、多指导，做示范、授方法，知背景、解文意的思路开展导读。我们先指导学生独立进行单篇阅读，让学生运用课内学到的圈点勾画的方法去读，读懂文章大意，学习做读书笔记，记录阅读时产生的问题。在此基础上，我们让学生开展小组内的合作学习，共同解决问题，最后进行篇章之间的连缀，按照一个主题对信息进行筛选、提取和整理，完成对专题的深入探究。

为此，我们设计了《朝花夕拾》系列阅读指导课，让学生走进名著，走入文本，掌握方法，形成能力。具体有以下几方面：

（1）基于单篇内容理解的读书笔记和手抄报设计。

（2）基于问题提出的小组阅读交流。

（3）基于思维导图应用的篇章内容连缀阅读。

（4）基于双重视角的整本书内容分析：儿童和成人、回忆和现实。

（5）基于主题阅读的深度探究：鲁迅的童年、鲁迅的成长历程、鲁迅的儿童观等。

四、基于篇章内容连缀的阅读教学设计（一课时）

（一）教学目标

（1）学习运用思维导图对鲁迅求知经历的相关信息进行提取和整理。

（2）学习运用前后连缀、贯通不同篇章的读书方法分析幼年鲁迅的特点。

（3）通过自己与鲁迅的对比思考，消除对名人和名著的畏惧感、陌生感，培养正确的读书心态。

（二）教学重点

学习运用思维导图概括归纳信息，进一步深入理解《朝花夕拾》的文本内容；学习掌握前后连缀、贯通全篇的整本书阅读方法。

（三）教学难点

思维导图的认识和准确运用。

（四）教学方法

讲解示范法、引导点拨法。

（五）学习方法

跳读法、小组合作法、勾画批注法。

（六）教学过程

1. 我想说

说说阅读《朝花夕拾》的感受。

复习：根据文章填空。

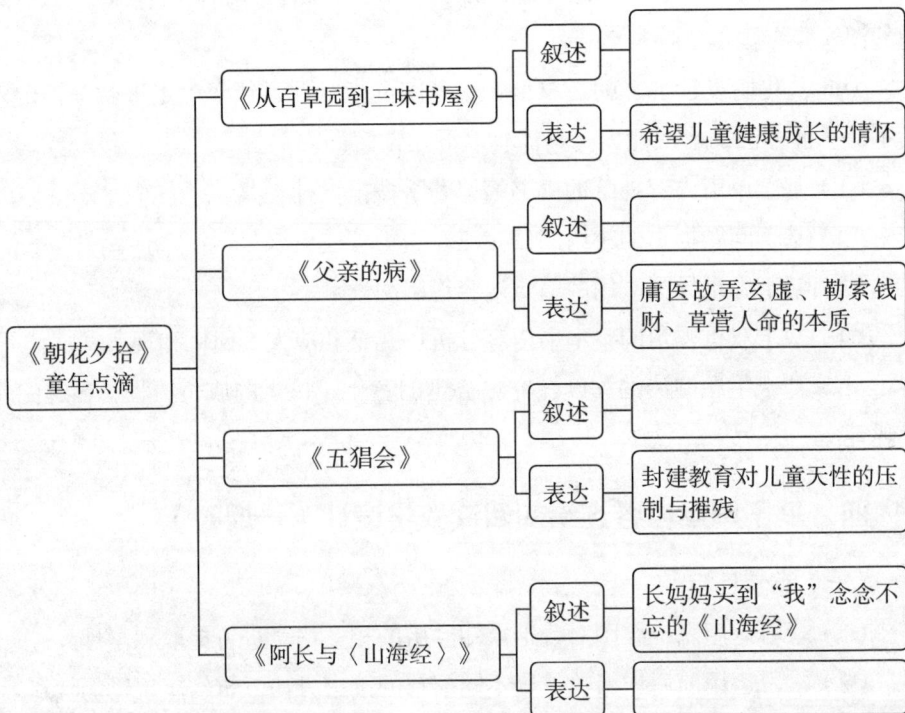

明确：父亲要求"我"在看五猖会前读书，使"我"没有了看会的兴趣。

对长妈妈的感激与怀念之情。

父亲的病。

"我"在百草园自由玩耍，在三味书屋读书求学。

2. 我会填

我们在阅读《朝花夕拾》这样的整本书时，不仅要熟知单篇文章的内容和主旨，还必须将文章前后勾连，作为一个整体去理解。这就需要我们将相关的信息进行整合，这是整本书阅读经常用到的方法。我们今天学习一个常用的工具——思维导图。

（1）小试身手。自己看书，独立完成。

鲁迅的读书经历从＿＿＿＿开始，他的启蒙老师是＿＿＿＿，他是一位＿＿＿＿的老师。

父亲病故之后，由于家境的关系，他只好前往南京去寻"无须学费的学校"。第一个进去的学校，是＿＿＿＿，学校办得"＿＿＿＿"，他只得走开。接着考取了＿＿＿＿，在那里，他最喜欢看的一本书是《＿＿＿＿》。毕业后，还是一无所能。随后他被派往＿＿＿＿留学，就读于＿＿＿＿，遇到了＿＿＿＿，这是一位＿＿＿＿的老师。

（2）试着完成下图。

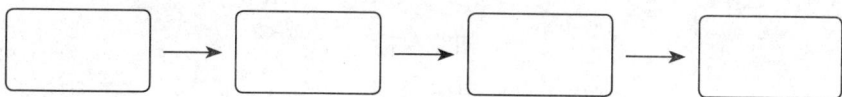

我们还可以这样表示：

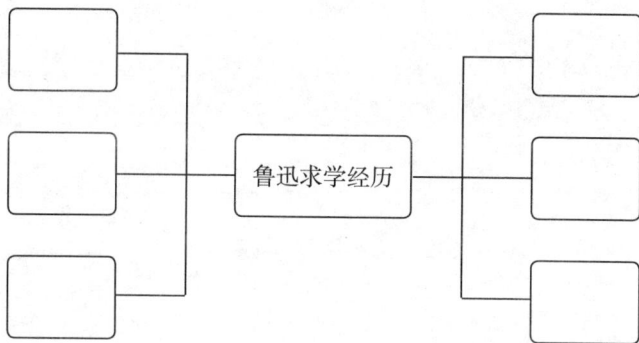

3. 我会画

走进名著。小组合作完成以下内容。

（1）童年的鲁迅与我们有什么不一样吗？

明确：一样，也不一样。

一样：贪玩，充满好奇心，喜欢游戏和画画，喜欢玩具。

不一样：有强烈的求知欲，爱好广泛，善于思考，敢于质疑，有批判意识。

（小组完成思维导图——气泡图，进行展示）

（2）思考：鲁迅是普通人吗？我们该用怎样的眼光看待名人、阅读名著？

4. 我来讲

《朝花夕拾》，我们是仔细端详、有所收获呢，还是走马观花、不甚了了？这就要看我们是不是用心读。用心读，就要关注细节，注重整体，学会思考。《朝花夕拾》单篇成文，但是我们可以进行前后连缀，将相关的信息进行整合，在梳理思路时，可以借助思维导图进行。这是整本书阅读经常用到的方法。

5. 我来做

请你用本节课学到的方法，完成专题"鲁迅记忆中的人"思维导图，要用简练的语言概括人物的特点及相关的事件，小组内进行展示。

（七）板书

朝花夕拾

思维导图

单篇 ——→ 整体

幼年特点　鲁迅　求学经历

附：

《朝花夕拾》思维导图练习

班级：　　　姓名：

一、根据文本内容填空

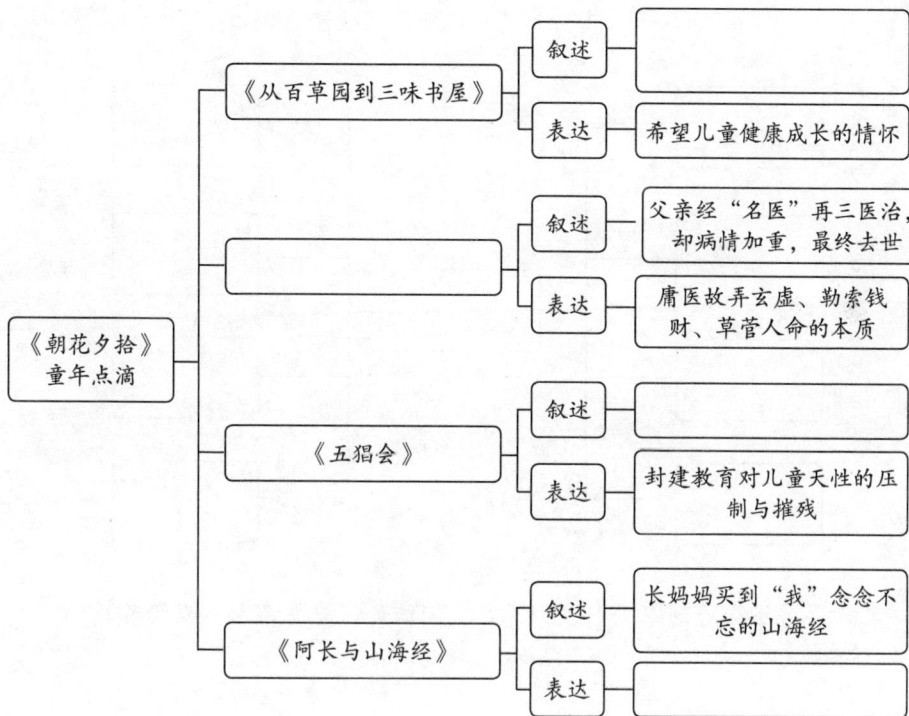

二、填空并完成思维导图

鲁迅的读书经历从＿＿＿＿＿开始，他的启蒙老师是＿＿＿＿＿，他是一位＿＿＿＿＿的老师。

父亲病故之后，由于家境的关系，他只好前往南京去寻"无须学费的学校"。第一个进去的学校，是＿＿＿＿＿，学校办得"＿＿＿＿＿"，他只得走开。接着考取了＿＿＿＿＿，在那里，他最喜欢看的一本书是《＿＿＿＿＿》。毕业后，他还是一无所能。随后他被派往＿＿＿＿＿留学，就读于＿＿＿＿＿，遇到了＿＿＿＿＿，这是一位＿＿＿＿＿的老师。

	→		→		→	

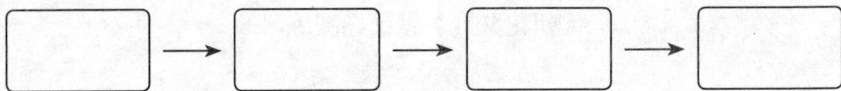

三、想一想，幼年的鲁迅有什么样的特点？用简洁的词语概括，完成思维导图

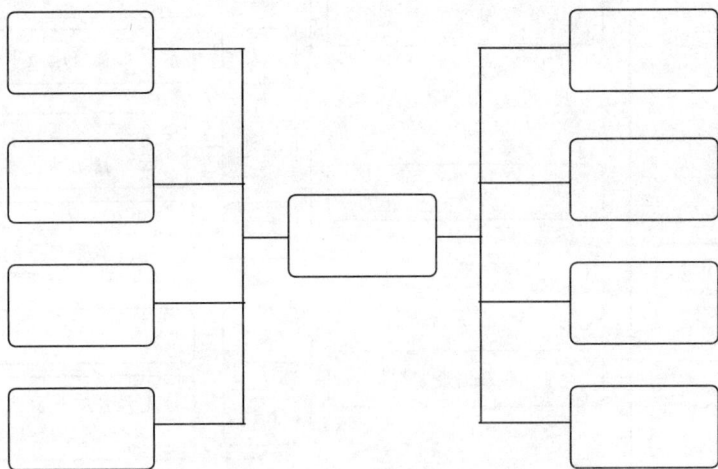

思考：鲁迅是普通人吗？我们呢？我们该如何看待名人、阅读名著？

基于深度学习的《骆驼祥子》
三课进阶教学设计

一、设计思路

整本书阅读要让学生从被动阅读转变为主动阅读，就要改变阅读的思路和模式。要变"让学生知道"为"让学生体验与思考"，就要开展"基于情感体验与思维发展"的主动阅读，要变"学生读、老师讲、学生听"的阅读教学模式为"学生自读、学共体验、师生共读、深入思考"的阅读模式。阅读经历初读、略读与精读几个环节，但是每个环节都以学生为主体，老师进行引导、指导、组织、分享，用任务充分调动学生的情感体验与思维参与，用有深度的阅读问题与阅读任务调动和激发学生阅读的积极性和主动性。导读教学要与学生的阅读进度相一致，按导读激趣、助读释疑、展读深研的三课进阶模式进行设计。每节课都包括学生的学习共同体学习单和教师的教学设计两个部分。

二、问题解决

本教学设计初衷是实现学生的自主阅读、深度学习。有这样几个问题需要我们通盘考虑。

一是教师的指导、引导如何实现。我们的做法是：①结合作品背景、影响，教师指导读法，上一节导读激趣课（兴趣激发）；②结合阅读产生的问题组织学生开展讨论，上一节助读释疑课（情感体验）；③结合初读后的专题研究与阅读活动任务，进行师生共读展示，上一节展读深研课（思维提升）。每节课都以学习共同体的形式组织教学，以学生的互帮互学、交流沟通为主要形式，以学生的自主体验、实践为主，以教师讲解、辅导为辅。

二是学生阅读如何开展。

（1）提前安排。每学期分为两部分，开学到期中考试前完成第一部名著阅读，期末考试前完成第二部名著阅读。

（2）自主规划。统一要求进度，学生根据个人情况自主安排阅读的时间和地点，制订阅读规划。

（3）带着任务阅读。教师明确阅读每个阶段要完成的任务，可以是笔记、圈点勾画、批注，也可以是信息的搜集、提取与整理，但主要是提出阅读产生的问题。

（4）自由组成阅读同伴共同体。共同体成员共同研究、解决问题，完成主题研究任务和其他阅读任务，在班级的阅读课上进行展示分享。争取每个人都参与展示。

（5）综合评价。共同体成员对阅读情况进行评价，老师评价后，综合评价以等级方式呈现，体现在语文成绩之中。（语文综合评价方案：阅读综合评价+作业完成+课堂表现+质量检测）

三是师生共读如何进行。

（1）教师领读，把握作品的内容、特色与主题，结合学情与教材语文素养的要求，确定学生阅读指导的重点。

（2）教师及时收集学生阅读中的问题，及时调整阅读指导的方案，提供必要的辅助资料，帮助学生解决阅读中的问题。

（3）在共读展示中，教师与学生一起分享自己的阅读感受、体验和思考，同时，为学生提供阅读范例。

（4）教师收集学生阅读任务文档，组织学生开展阅读活动，对学生阅读情况进行调控，做出评价。（阅读评价量表）

基于这样的思路，我设计了一组三节《骆驼祥子》整本书阅读指导课。

三、《骆驼祥子》导读激趣课教学设计（教师用）

（一）教学目标

（1）通过介绍《骆驼祥子》的特色及影响、价值，激发学生阅读兴趣。

（2）了解老舍及《骆驼祥子》创作的时代背景，为学生阅读打下基础。

（3）明确阅读时限，指导学生完成《骆驼祥子》阅读规划。

（4）指导学生学习运用做批注的方法进行整本书阅读。

（5）下达阅读任务，明确考评机制，形成阅读愿望。

（二）教学重点

激发学生阅读兴趣，完成阅读规划，学习做批注阅读方法，明确阅读任务。

（三）教学难点

激发阅读兴趣，学习阅读方法。

（四）教学方法

讲授法、示范法、体验法、实践法。

（五）教学准备

导读PPT、阅读规划单、阅读任务清单（必选和自选）。

（六）教学过程

1. 导入

如果生在一百年前的旧中国，你会有怎样的生活？你会如何选择自己的人生道路？人生不可假设，但是我们可以通过阅读穿越时空，去体验、去感悟。今天开始，我们一起与一位叫祥子的青年去北京城，做一次"北漂"，看看他的人生际遇。

2. 了解作品和作者

请大家翻看《骆驼祥子》，把你得到的信息告诉同桌。

书名：《骆驼祥子》；作者：老舍；目录：共有24章。

请大家相互分享关于老舍先生的简介。

3. 方法指导

古人说，不动笔墨不读书。读书就需要圈点勾画，在关键处做批注，随时把心中所想记录下来。那么，什么是批注？我们应该怎样做批注呢？

批注，即批语和注解，指阅读时在文中空白处对文章进行批评和注解，作用是帮助自己掌握书中的内容。

（1）批注的分类。

① 注释：在读书时，遇到不认识或难懂的字、词，查字典、找参考书，弄清词义，指明出处，写在空白处。

② 提要：边看边思考，用简练的语言概括中心思想，把握文章脉络，提示

语言特点。

③ 批语：读书时，会有各种思想、见解、疑问产生，这些内容可随手写在空白处。

④ 警语：在读书时，发现优美语句、典范引文、重要段落、新颖说法及特别值得注意的地方，为提醒自己，可批注上"注意！""重要！""用心记住！""抄写笔记"等字样，使自己注意力集中，并为今后重点阅读提供指引。（注意：不能在图书馆或从他人处借的书上做批注）

（2）批注的位置。

可以是"眉批""首批"（批在书头上），也可以是"旁批""侧批"（字、词、句的旁边，书页右侧），还可以是"尾批"（批在一段或全文之后）。

（3）批注符号的作用。

"〜〜〜"波浪线（曲线），画在文章精辟和重要的语句下面。

"○○○○"圈，标在文章的难词下面。

"——"直线，标在文章中需要着重领会、加深记忆和理解的语句下面。

"？"疑问号，用在有疑问的语句末尾。

"‖""/"分开号，用来划分段落与层次。

（4）批注举例。

① 写感想式批注。

边读边想。这些感想式的批注，不仅能帮助学生深入地理解文本，把握文章主旨，还有利于培养学生的阅读敏感性，这对于写作也是相当重要的。

② 质疑式批注。

"学者先要会疑。"有了疑问，才会真正地走入文本，与文本、作者进行对话。这种阅读方法用得最多，也用得最广，适合于各类学生及各类文体。

③ 联想式批注。

培养学生的联想能力，让他们能够由此及彼，能够自觉地由文本迁移到文外。这样的批注能对知识进行归纳整理，做到触类旁通，真正地把知识学活，内化成为自己的一种能力。

④ 评价式批注。

对阅读做出或褒或贬的评价。这种评价式阅读极大地调动了学生阅读的积极性，因为他们成了课堂的主人，成了阅读的主人，他们有权利来评价书本和作者了，这不能不说是对他们人格的一种尊重！

⑤补充式批注。

学生顺着作者的思路，依照作者的写法，为作者补充。这种批注方式称得上仿写、续写，它能活跃学生的思维，开阔学生的视野，提高学生的写作能力。这种批注方法不适合所有学生，因为有一定难度，但对能力较强的学生是很好的锻炼。

4. 阅读任务

（1）按进度进行自主阅读，记写读书笔记，如摘抄好词好句，概括文章大意，记录阅读感受。（必做）

（2）为每章拟写一个标题。（必做）

（3）提出并记录阅读中的问题，完成问题单，每章至少提出一个值得探究的问题。（必做）

（4）选择书中的一个人物，为其写小传。（必做）

（5）话说洋车夫。（选做）

（6）探究祥子的悲剧的原因。（选做）

（7）京味小说特色。

5. 阅读规划

全书24章，计划8周时间完成一轮阅读，时间为3月1日—4月30日。其中第一遍阅读为3月1日—4月10日。最后20天为专题精读。

学生根据总体安排制订自己的阅读计划。

学生自主组成阅读小组，并且选定专题，交流研讨，形成展示海报，进行课堂展示。

6. 课堂小结

小说阅读需要专注，要进入小说所描写的世界之中，设身处地地想象主人公当时的所见所想，才会产生丰富的情感体验，同时深入思考人物的命运、情节的发展所表达的主旨，透过现象看本质，提升自己的思维水平。

7. 导读评测

（1）《骆驼祥子》是作者_____最钟爱的作品，讲述的是一个普通的_____的辛酸故事。

（2）祥子是作者笔下一个被侮辱、被损害的下层劳动者形象，他本是农民，进城后以拉洋车为生。_____是祥子的妻子，也是人和车厂的主人_____的女儿。

答案示例：（1）老舍、人力车夫；（2）虎妞、刘四爷。

8. 课后作业

完成关于《骆驼祥子》的阅读规划和读书笔记，按时提交阅读问题，内容包括：①人物；②情节；③主旨；④细节；⑤观看电影《骆驼祥子》，写出自己的感想和体会。

四、导读课同伴共同体学习单（学生用）

（一）课前学习规则与方法

（1）小组内与同伴按次序交流，优先倾听，不插话，明确达成共识的答案。

（2）争议的点，与同伴讨论后记录分歧。

（3）共同将"共识"与"分歧"呈现在小组海报上，每组选一句学生在课堂上阐述。

（4）老师不插话、不打断，每组分享交流结束后，集中解答。

（二）学习任务

（1）准备好名著书籍和读书笔记本。

（2）搜集与作品和作家有关的信息，并做记录。

（3）先翻阅所持书本，快速阅读前言、后记、封面、目录等，搜集记录所得信息，小组内分享交流信息。

（4）将做好的阅读规划与组员分享，并修改、完善自己的阅读规划单。

五、《骆驼祥子》助读课教学设计（教师用）

（一）教学目标

（1）针对阅读难点，解决学生阅读中提出的问题。

（2）借助关键性问题，帮助学生把握小说的情节。

（3）通过给人物写小传，初步把握主要人物的形象。

（二）教学重、难点

（1）解决阅读中的问题，准确把握小说的情节。

（2）通过情节和细节，理解把握主要人物的形象。

（三）教学方法

引导点拨法、讲解示范法。

（四）学习方法

合作探究法、小组合作法、自主阅读法。

（五）教学准备

PPT课件及《整本书阅读自主问题单》。

（六）教学过程

1. 导入

我们已经完成了《骆驼祥子》整本书的阅读，小说中人物的命运牵动着许多同学的心。今天我们进行集中研讨交流，主要集中解决阅读中出现的问题，汇报阅读的体会和感受，把握小说中主要人物的形象，为进行专题阅读探究主旨打下基础。

2. 汇报

（1）分小组汇报阅读情况。阅读中记录下来的疑难问题，每人提出2～3个；其他同学帮助解决，无法解决的记录下来，准备在班级内征询答案。

（2）老师的问题：

①祥子为什么要逃回城里？祥子到底是一个怎样的人？你敬佩他吗？

②祥子为什么要屈从于虎妞？你感觉虎妞是一个怎样的人？她值得同情吗？

③在那样一个社会，什么才是正确的出路？是曹先生，还是其他人？

（3）小组分享章节标题，着重谈一谈自己感受最深的章节和情节。一人分享时，其他同学做好记录。不准打断同学的发言，轻声细语地交流。小组制作并展示海报。

3. 共研

分小组选定一个人物写小传。

示例：虎妞

车行大小姐—没妈的孩子—车行的当家—祥子的相好—祥子的妻子—与父亲决裂—难产而死

4. 检测

（1）《骆驼祥子》是_____的长篇代表作，描写主人公祥子_____次

71

买车又＿＿＿＿＿次失去，并终于堕落的故事。

（2）《骆驼祥子》中对祥子的人生命运有很大的影响的几个人物，有人和车厂的老板＿＿＿＿＿，车厂老板的女儿虎妞，被逼上吊的＿＿＿＿＿，以及大学教授＿＿＿＿＿等。

（3）虎妞死后，祥子接着到＿＿＿＿＿家去拉包月。

答案：（1）老舍、三、三；（2）刘四、小福子、曹先生；（3）夏先生。

5. 课后作业

（1）思考：骆驼祥子中的"骆驼"有什么含义？

（2）在课本所给四个专题中选一个，进行精读，完成展示海报，在下节课上进行展示。

六、助读课同伴共同体学习单（学生用）

（一）学习规则与方法

（1）完成《骆驼祥子》整本书规定内容的阅读，记录阅读中存在的问题，并在书上进行圈点批注。

（2）各自带着问题参与小组活动，问题表述要简洁，记录清楚产生问题的页码，以及自己的疑惑与初步的思考，问题要有价值。

（3）小组内研讨个人记录的问题，筛选出有价值的问题进行讨论并记录，有分歧的也要记清楚，选择一个有价值的问题和一个有争议的问题向全班展示。

（4）小组内与同伴按次序交流，优先倾听，不插话，明确达成共识的答案。

（5）争议的点，与同伴讨论后记录分歧。

（6）共同将"共识"与"分歧"呈现在小组海报上，每组选一名学生在课堂上阐述。

（7）老师不插话、不打断，每组分享交流结束后，集中解答。

（8）发言完毕后，其他组的同学仍有不解可举手提问。

（二）学习任务

（1）通读后对内容进行概括与梳理，自主释疑。

（2）完成第一遍略读，对重点章节进行批注。在小组内交流。

（3）提交《自主阅读问题单》，将问题在小组内进行讨论交流。

（4）小组解决不了的问题，提交全班，师生共同解决。

（5）组员认真倾听，并对好的见解和分歧进行记录。

（6）每个组推荐一名同学进行展示汇报。

七、《骆驼祥子》展读深研课教学设计（教师用）

（一）教学目标

（1）结合精读，自选专题进行研讨。

（2）通过探寻悲剧产生的原因，把握小说主题。

（3）以小组为单位展示阅读成果，其他小组质疑，培养学生读书思考的习惯。

（4）整理、提交阅读成果，进行自评、互评，促进阅读持续开展。

（二）教学重、难点

（1）探寻悲剧产生的原因，把握小说主题。

（2）进行专题研究，培养学生自主探究意识，让学生掌握借鉴与分享的阅读方法。

（3）学生进行小组合作探究、展示，在学习小组中培养阅读兴趣，养成交流分享的读书习惯。

（三）教学准备

《整本书阅读成果单》《整体书阅读综合评价表》。

（四）教学过程

1. 谈话导入

《骆驼祥子》中的许多人物都有着不幸的结局。探究悲剧产生的原因，有助于我们理解小说的主题，深入思考小说带给我们的启示。今天，我们通过专题研讨和成果展示的方式进行集体阅读分享。

2. 专题研讨，成果展示

学生分小组展示阅读成果，选代表进行汇报，其他同学做好笔记，每组汇报完后其他组可进行点评提问。

（1）给祥子写小传。

完整勾勒出祥子的经历。力求准确无误，要有详略，突出重点。

要点：农村后生祥子—勤快能干的车夫祥子—白得了三匹骆驼的祥子—被

虎妞诱骗了的祥子—虎妞的丈夫祥子—失了家、心里喜欢小福子的祥子—举报阮明的祥子—行尸走肉的祥子。

明确：一个小人物的心酸奋斗史，一个奋斗者的落败史，一个黑暗社会的牺牲品。

（2）话说"洋车夫"。

从职业特点、人员构成、生活状况等方面介绍。

要点：祥子之流——年轻力壮拉整车的；

岁数稍大，身体关系跑得差点劲的；

年纪太大、太小的——老马、小马；

另成派别的。

明确：靠力气挣小钱，食不果腹，衣不蔽体，没有尊严和保障，处在社会最底层。

（3）探寻悲剧原因（本节课的重点）。

问题一：既然是社会因素，那么，你认为祥子的结局是必然的吗？

社会环境的影响、自身思想认识的局限。

自身的局限、偶然的因素让社会的影响被放大。

问题二：如果你是祥子，你能不能做得比他好？

他少说多做，有自己的想法，他知道自己该怎么做。

他有奋斗的目标：一千天，一万天也好，他得买车！

他有执行力：忍辱负重，不怕吃苦。

他也有心机：多留神，少争执。

他处处小心：在车场义务干活，讨好老板。

他自信：对自己的优点有清醒的认识——"他晓得自己的跑法很好看"。

问题三：为什么要读祥子？

这个问题所探讨的，不光是旧社会和旧社会的人，也是任何时代、任何人，是个体与环境的共存与矛盾以及人是如何被生活改变的。

既然社会因素是我们个人无力改变的，那么我们还要不要努力拼搏？

3. 小结

读小说，重要的不是找到标准答案，而是要有自己的体验和思考。就像真实的生活一样，有的人选择读书，有的人选择外出打工，有的人选择回家务农，每个人都有自己选择的理由。小说里是丰富的生活，我们要读出自己对生活的感受，得出自己的看法和观点，要有充足的理由。

4. 自主评测

（1）祥子一生命运的三部曲是（ ）。

A. 精进向上—自甘堕落—浪子回头

B. 精进向上—不甘失败—自甘堕落

C. 不求上进—精进向上—自甘堕落

D. 不求上进—有所发愤—精进向上

（2）下面关于《骆驼祥子》内容表述有误的一项是（ ）。

A. 作品围绕着祥子的最大梦想，写他三起三落的人生经历，突出当时社会人民的苦难生活

B. 祥子第一次拉包月的主人是曹先生，他和他的家人对祥子很不好

C. 小福子是祥子最后的精神寄托，但当小福子上吊自杀后，祥子开始变得麻木、自私，逐渐成为一个无恶不作的人

D. 虎妞是老舍精心设计的一个人物，作者对她的态度是既同情又批判

（3）虎妞难产时，连着守了虎妞三天三夜的是祥子、小福子和（ ）。

A. 收生婆　　　　　　　B. 陈二奶奶

C. 刘四爷　　　　　　　D. 曹先生

（4）在被侦缉队跟踪之后，曹先生一家第二天早上去了（ ）。

A. 苏州　　　　　　　　B. 上海

C. 南京　　　　　　　　D. 杭州

（5）虎妞死后，小福子表示想与祥子一起过日子，祥子为什么没答应？
（ ）

A. 想到负不起养着她的两个弟弟和一个醉爸爸的责任，因而没有答应

B. 因为怕对不起为他难产死去的虎妞

C. 怕刘四爷责怪

D. 不喜欢小福子

（6）祥子脸上那块疤是怎么来的？（ ）

A. 被孙侦探打的　　　　B. 拉车时不小心摔的

C. 被阮明陷害的　　　　D. 小时候在树下睡觉，被驴啃了一口

（7）根据文章内容，人们叫祥子为"骆驼祥子"的理由最准确的一项是（　　　）。

A. 他有三匹骆驼

B. 他的性格像骆驼

C. 他长得和骆驼相似

D. 他与三匹骆驼的关系由梦话或胡话中被人家听了去，人们都叫他骆驼祥子

（8）祥子不拉刘四爷的车却能住在人和车厂的原因是（　　　）。

A. 刘四爷想招祥子为女婿

B. 祥子很勤劳，常帮刘四爷干活

C. 虎妞爱上了祥子

D. 祥子死皮赖脸硬要住

（9）关于《骆驼祥子》的评价不正确的是（　　　）。

A.《骆驼祥子》是一部京味小说

B.《骆驼祥子》的语言俗白、亲切

C.《骆驼祥子》是中国古代文学史上优秀的长篇小说

D.《骆驼祥子》的语言是从地道的北京市民口语中提炼出来的文学语言

答案：BBABADDBC

5. 课外作业

（1）请根据本节课讨论结果，完成《骆驼祥子》读书报告。

（2）提交读书成果单和评价表，整理《骆驼祥子》阅读档案，填写《整本书阅读成果单》。

（3）由自己、小组、家长对阅读情况进行评价，完成《整本书阅读综合评价表》。

八、展读课同伴共同体学习单（学生用）

（一）学习规则

（1）课前，小组在四个研讨主题中确定一个作为研讨任务，据此开展精读，形成自己的观点和认识；在读书笔记上形成自己的研究报告。

（2）在小组内分享自己的研讨心得；组员之间小声地交流，充分倾听，记录同伴观点，不打断对方，待对方表达完毕后再交流；组内成员轮流发言，相

互尊重，形成共识性观点，小组不能解决的问题一并记录下来。

（3）小组内综合大家的研讨心得，形成课堂展示海报并进行分享；全班同学认真倾听、记录、整理，不打断他人。

（4）同学陈述完成后，可以补充、质疑、回答问题。

（5）课后完善研究报告并提交，作为小组整本书阅读评价的主要依据。

（二）学习任务

引导学生积极参与、合作探究，多角度思考小说主题。

（1）给祥子写小传。完整勾勒出祥子的经历。力求准确无误。

（2）话说"洋车夫"。介绍"洋车夫"的职业特点、人员构成、生活状况等方面。

（3）探寻悲剧原因。（本节课的重点）

问题一：祥子的结局是必然的吗？

问题二：如果你是祥子，你能不能做得比他好？

问题三：为什么要读祥子？

（4）课后提交《整本书读书成果单》和《整本书综合评价表》。

在春意盎然中感受语言的典雅之美

——《春》备课一得

统编版七年级语文第一单元第一课是朱自清先生的经典佳作《春》，是学生秋季入学后的第一篇课文。作为一篇经典散文作品，如何教出新意？作为初中学生语文第一课，如何让学生领略朱先生散文之美？在九月这个秋高气爽的时节，如何让学生从文字中领略到春天的美丽和魅力，感悟祖国语言文字的魅力？这确实是一个不小的考验。传统讲法中的对结构的把握手段：盼春—绘春—赞春，自然要让学生明确，文章中五幅生动鲜活的春天图景也是最为直观的把握文章内容的方式。但是，如果将散文佳作的学习简单处理为结构加图片的方式，未免失之于浅显和简单化。当然，过于深入地知人论世，而不考虑学生的理解能力和人生经验，也是一种故弄玄虚的过度解读，不利于学生语文素养的形成。

我觉得最好的做法就是遵从教材双线统一的编排特点，实实在在地考虑本文学生需要学习掌握的知识点和人文点，在对文本的诵读中积累、背诵，在对文本的深入品味中体会感情。

一、关于本文的学习目标

知识目标，包括对作家朱自清的了解，以及对文中出现的多音字、常用词的掌握，这些都是语言积累与运用的重要内容，学生可以通过教师指导自学完成。作者通过多角度、多种修辞手法抓住特征描写景物是本文的一大特色，这些方法技巧也是学生语文学习必须掌握的内容。学生在小学期间虽接触过修辞手法，但并不系统。现在他们不仅需要体悟到修辞的妙处，还要在写作中熟练运用，就需要加以适当练习，这可以作为语言积累运用的一个目标。而文章典雅优美的语言，带有中国古诗的韵味，传递着国人对自然的亲近愉悦之情。以此激发学生亲近热爱自然、热爱生命之情，作为情感态度价值观目标，是落实学生传承与理解文化这一核心素养的较好角度与方式。通过对美景的赏析，最终达到对景语所蕴含感情的体味与感悟，是培养学生进行审美的鉴赏与创造的体现。至于对文章结构的整体把握，对于句子之间关系的理解，又是发展与提升学生思维的训练。通过这样的目标设置可以看出，不管是知识与能力、过程与方法、情感态度与价值观的三维目标，还是语文的核心素养四个方面，其实本质上是统一的，是一脉相承的。

结合单元的目标——"领略景物之美""感受汉语声韵之美""体会比喻和拟人等修辞手法的表达效果"，以及文本的特点，我们确定教学的重点就是体会比喻和拟人等修辞手法的表达效果，领略景物之美，学习运用比喻的修辞手法描写景物，体现景物特点。结合学生的知识积累和生活经验，我们确定本节课的教学难点为通过诵读、品味，感受文章优美的语言，逐步学习掌握散文的阅读方法。

二、关于本文的教学方法和学习方法

1. 学习方法

诵读法。教师范读，学生朗读，熟读成诵。在诵读中要注意语句中的重音和停连，养成正确的阅读方式和习惯。教师纠正学生唱读的错误读法。

圈点勾画法。在诵读的过程中，用笔在文本上做标记：一是不认识的字、不理解的词，二是难以理解的句子，三是自己喜欢的词语和句子，四是给每段标上序号。

联想想象法。根据文章描写，想象画面，并进行口述。

讨论法。同桌之间、小组之间可以进行讨论，形成共识并进行展示。

2. 教学方法

示范讲解法。对于作家作品的补充，对于修辞手法的讲解，对于较难理解的字词句的解释。

引导点拨法。对修辞手法的表达效果，可以在讲解例句之后，让学生仿照完成。对五幅美景的赏析，可以在集体完成一个之后，让学生自己完成，教师补充。

对比赏析法。将不同的描写春天的作品，以及将文章和古代写春的诗句进行对比学习，让学生领略文章的特色。

三、关于导课

导课方式有以下几种：

一是借助文章预习的题目进行提问导课：你读过哪些描写春天的诗文？给你留下了怎样的印象？朱自清先生的《春》又会给我们怎样的印象呢？

二是由学生导课：一年四季，你最喜欢哪个季节？说说你的理由。朱自清先生笔下的春天又是怎样的呢？

三是由现实情境导课：现在是九月，进入了秋季。唐代一位诗人说过："自古逢秋悲寂寥，我言秋日胜春朝。"秋天和春天其实各有特色。我们今天学习朱自清先生的美文《春》，借助想象和联想，在萧瑟的秋天重新体验一下春天的滋味。

四、关于文章内容的解读

关于写景的顺序。文章中的五幅春景图顺序可以调换吗？从语言的前后连贯，以及描写景物的范围、高低来看，是不可以调换的。看描写对象，从低到高，先写小草，再写草之上的花，再写将青草味、花的香酝酿着的春风，视野逐渐升高、拓展，及至由天而降的春雨，覆盖了城里和乡下。这样的顺序显得非常自然。

而且，最重要的一点就是关于所写景物——草、花、风、雨、人的春景图，其实并不是五幅春景图，因为这春景其实是一体的，是不可分割的。作者就像用一架可以拍摄远景的摄像机，由低到高、由近及远地向我们展示眼中的春景。每幅图画中都有着丰富的景物，草中有人也有风，花下有蜂也有蝶，风里有香更有曲，雨中有城也有乡。每一幅图景其实都离不开最重要的对象——人。有些人是风景的一部分：草地上的人，尽情享受着草地的绵软、春风的悄柔；树下的人也在闭眼感受着满树的丰收气象；风中的牧童，听笛的人；雨中慢慢走着的人、地里的农夫，还有看雨的人。这些人是舒适的、悠闲的，是自在的、静默的，也是忙碌的、精神抖擞的。风景中的人如此，看风景的人何尝不是这样？作者将迎春图放在最后，其用意明显不过——春天是人的春天。

所以，作者由衷地发出赞叹，用人来比喻春天：春天像刚落地的娃娃，像小姑娘，像健壮的青年。春天具有这三类人的优点，让人振奋、激动。这是写春天，其实就是写人；写对春天的喜悦之情，其实就是写对人的喜悦、赞美之情；写对大自然的亲近，其实是写对人们的亲近、希冀之情。这是一种近乎童话般纯真的情感。在这里看不到春寒料峭，看不到冷暖交替，更看不到落红之悲。作者选取的都是让人温馨、舒适的景色和场景，但绝不是一时一地的景象。最明显的就是桃花、杏花、梨花并不是同时开放，"都开满了花赶趟儿"，桃花先开，杏花次之，梨花最晚。但在作者的笔下，它们就是你不让我、我不让你地竞相开放。跨越时间，超越空间，作者用语言文字将实则不相干的事物集中呈现，达到一种极富感染力的效果，这就是一种对现实生活的文学化处理，其实也是一切观景人带有浓郁情感色彩的主观化表达。在爱春人的眼中，春景就是如此的美丽！

这五幅图，都让人不自觉想到了古诗。春草，偷偷地从土里钻出来，那不是"草色遥看近却无"吗？园子里、田野里，瞧去，一大片一大片满是的，不禁让人想到"远芳侵古道，晴翠接荒城"，想到"天涯何处无芳草"。写花，让人想到"黄四娘家花满蹊，千朵万朵压枝低"，想到"百般红紫斗芳菲"。写春风，古诗有"迟日江山丽，春风花草香"，还有"留连戏蝶时时舞，自在娇莺恰恰啼"。写春雨，有"南朝四百八十寺，多少楼台烟雨中"，有"天街小雨润如酥"，还有"随风潜入夜，润物细无声"。短短几十句的文章，却和古典诗文有着如此密切的联系！这篇散文，有诗一般的语言，更有诗一般的意境。

五、关于教学过程设计

第一课时，初读课文，学习生字词，了解作者，正确、流利地朗读课文，把握文章结构。

主问题设计：这篇文章，作者围绕春天都写了什么，有什么样的特点，表现了作者怎样的情感？通过这些问题整体上把握文章的结构。

作者直接表达盼望时的急切，借助对景物的描述表现春来时的欣喜，直抒胸臆表现对春天的赞美，表达对生活的热爱和希望。

第二课时：品味语言，把握多角度多手法写景的方法，学习比喻的修辞手法；在深入理解文意的基础上有感情地朗读并背诵全文。

主问题设计：

（1）"一切都像刚睡醒的样子"，这句话在文章中起什么作用？"欣欣然"在每幅图景中如何体现？

（2）作者笔下的春景和你印象中的春景有什么不同？说说你印象中的春景，试着用不同的感官和修辞手法。

空灵的心境　温润的时光

——品析《济南的冬天》的情景交融

　　老舍先生的写景名篇《济南的冬天》，是人教统编本七年级语文上册第一单元第二课。本单元的主题是四季美景，培养学生亲近自然、热爱生活的情怀。本单元要求学生重视朗读，领略景物之美，把握好重音和停连，感受汉语声韵之美，通过揣摩和品味语言，体会比喻和拟人等修辞手法的表达效果。

　　朱自清的《春》可以说是展现力与美的春景图册，每一段都是由各种角度、各种景色的图画所组成的一组立体图景，包含了大量的信息。有的一句话就是一幅图画，有的一句话就是一个场景，读者如游览于春天的博物馆，各种美景让人应接不暇。不仅景物多，而且所有的景物都是热烈的、积极的，似乎急不可耐地要展示自己的美丽与活力。置身于如画春景中的人，他们或跃跃欲试，或激情满怀，或蓄势待发，似乎充满无穷力量。文章充分写出了沉寂了一个冬天之后，万物复苏的勃勃生机。《济南的冬天》则不同，作者展示给我们的是一幅静止的、安宁的冬的画卷，营造的是一种闲适、悠然、宁静的气氛。

　　你看，没有大风，没有烈日，只有温情的天气，一切正好。有小山在守护，有老城的依恋，更有城里人的惬意与满足，一切充满浪漫的情调。济南的冬天是"慈善的冬天"！因为冬天的慈善，所以人也温和而满足。济南的冬天连下的雪也是最妙的小雪，薄雪在城里人的眼中就是最美的花衣，让小山更加秀气。没有雪的冬天，没有大雪如被的北方，往往是会被人诟病而嫌弃的，作者却发自内心地赞美这样的景色，不能不说是作者独特的感受与体验。可以想见作者当时愉悦的心境。

正因为如此，作者行文饱含感情。作者在开篇就通过对比的写法，用北平和伦敦作为陪衬，直言济南冬天的非比寻常，"真得算个宝地"，让读者心生向往。而后作者又饱含感情地描摹了一幅由老城、山水、蓝天组成的暖和安适的冬眠图，直言"是个理想的境界"。行文中，作者忍不住直呼"最妙的""就是下小雪吧，济南是受不住的""对，这是一张小水墨画"，欣喜、赞美之情溢于言表。

文章不仅有作者的直抒胸臆，作者笔下的景物也都脉脉含情。拟人手法的运用，让通篇文章都充满了人情味。山像小摇篮，可见作者的怜爱之意；山会如母亲对于婴孩一般低声地诉说，让人心中生出无限的亲切与依恋。而作者笔下的城中人更是对山多了几分依赖与信任，对济南的冬天有着无比的喜爱与自豪。人与山、天气与山仿佛达成了某种默契，形成了心灵上的沟通和感应，连小雪都知道给山穿上带水纹的花衣，落日也要给山涂上一点粉色，一切都像妙手将山打扮得更秀气，这是多么默契的配合！这种从情感角度描写景物，对冬季特点的细腻描摹让人读来深受感染。

文中最妙的是关于水与天的描写，给厚重的山与城的水墨画中增加了灵性，一切突然透亮起来、通畅起来。那是冒着热气的湖水，那是终年不变的绿藻，那是无尽的长枝垂柳，那更是水天一色的清亮、浑然一体的空灵。这里边有红的屋顶、黄的草山、灰的树影，全融化在这无尽的空灵的蓝水晶中。

在这样蓝色的空灵美景中，作者的心灵自然是通透的，是澄澈的，是宁静而平和的。作者的目光一定是温暖的，是慈祥的，是满含爱意的。

简单的景物，细腻的笔触，缓慢的描述。冬天似乎凝滞了一段奇异的时光。在这块蓝水晶中，在这幅水墨图画中，景物是静止的，时间停住了脚步，一切都似乎在相互欣赏中品味，在慢时光中等待，等着某种美丽的到来。

这是作者笔下冬天温润的济南，何尝不是济南老城贮藏的作者的一段值得回味的温润时光？当浸润了作者的情感之后，文字就变成了有神奇力量的魔法杖，几番挥舞，便可让景色宜人，让时光暂驻，让心灵舒坦。文字之美真是妙不可言！

深情地礼赞　诗意地表达

——《雨的四季》写景探秘

　　写景文章对于七年级学生而言，理解内容不难，学习写法就有些难度了。第一单元的几篇文章各有特色，但是著名诗人刘湛秋的《雨的四季》较为独特，全文不仅写雨，也写出了作者对雨饱满而细腻的情感。作者除了选取丰富且具有季节特征的景物，采用了诗化的语言之外，还有什么奥秘呢？

　　我们先从探寻题目入手。题目为什么不是四季的雨？文章写雨，也是在写四季，似乎雨的四季就是四季的雨，但其实着力点是有所不同的。四季的雨，中心词是雨，但限定词"四季"表达的意思，似乎是雨分属于不同的季节，是四种"不同"的雨；而"雨的四季"，雨是跨越四季的，是有生命的，是不断成长的。在作者笔下，雨是四季的百变精灵，春季柔美，夏季热烈，秋季宁静，冬季飘逸，就像女人的四个人生阶段，不同阶段有不同的美丽，但任何时候，她都是让人爱恋的雨，是自然的公主，是作者一直爱恋、思慕、赞美的情人。作者通篇运用拟人化的写景方法，达到了情景交融的艺术境界。

　　雨的四季，就要写出雨的特点和季节的特点。写季节就离不开四季的景物，作者选取了具有代表性的物象，发挥自己的想象和联想，赋予景物以情感，极尽对雨的赞美之情。在作者笔下，雨仿佛是一位有神奇魔力的百变女神，她让四季有了不同的样貌。

　　这不，春雨登场，她是楚楚动人的少女，虽然粉面微启，却让世界为之动容。作者极其细致地描摹了春雨妹妹让树产生的神奇变化：每一棵树都睁开特别明亮的眼睛，树枝也顿时柔软了，叶子起伏着绿茵茵的波浪，花苞里的水珠子比少女的眼泪还娇媚。一棵树在春雨的洗淋下发生了让人难以置信的变化！一切都是美好的，一切感觉都是畅快的，是因为春雨拥有化腐朽为神奇的魔力。

夏天的雨就是一位热情似火、活力四射的辣妹子，热烈而粗犷，让人心生向往。作者对夏天的雨的描述，非常符合夏姑娘风风火火的脾气：直截了当，干脆利落。作者直接写雨来时的情景，"豆粒大的雨点就打来了"，雨与爱雨的人的一场轰轰烈烈的热恋开始了，燥热的人们急切盼望着雨的冲刷、雨的洗涤、雨的浇灌。夏雨的活力与激情也传递给了大地万物，大地万物也在热恋之中，一切都丰满，一切都敞开，到处都是诱惑——那是对生命的召唤！花朵、树叶、杂草、荷叶、鸣蝉、鼓蛙，在这激情而狂野的季节，都在恣意地生长，在释放，万千声音交错，那不是夏天的雨的交响曲是什么？

秋天的雨终于成长为一位端庄沉稳的少妇，楚楚动人，却含蓄雅致。她悄悄地来，不动声色。秋雨是缠绵的，是深情的，她的爱是悠远而持久的。你看，她在窗外徘徊，在田野倾诉，在屋檐下与梦中的你相伴。她是何等的一往情深！秋雨的稳重、成熟也让人不由得沉静而心生怀想。在秋雨的洗涤下，灵魂也会变得纯净。成熟的季节需要的是智慧，是经历风雨之后的沉思，是收获之后的品味，是激情之后的持久，是灵魂升华之后的期待。

冬天的雨虽然迟暮，却真正是雨的精灵。这不，作者说，她经常变成美丽的雪花，飘然莅临。她已超脱了世俗，归于平静、自然。她显露出最质朴的颜色，甚至变得透明，她不再追求，不再热烈，她显出一种清冷的温柔。然而，她是高贵的，是无私的，她用自己纯洁的身体为南国的城市和田野带来异常的蜜情，把自己作为送给人类的最后的一份礼物。

这雨，充满灵性的雨，与我们的生命融为一体的雨，让我们感悟人生的雨，怎能不让人心生爱怜？！所以，作者说，只有在雨中，才真正感到这世界是活的，是有欢乐和泪水的，因为那是身体的一部分，那是生命的一部分！

《雨的四季》简直就是作者写给雨这个情人的一封情书。篇头，作者说"喜欢雨"，结尾两段，反复地诉说"爱恋的雨"，可见其对雨的喜爱之情。中间的四段，作者或侧面烘托，或正面描写，或诉诸比喻，或化物为人，或通过各种感官来细致描摹，言语间满是爱恋和依恋，值得我们细细品味。

无路走时且看花

——《秋天的怀念》备课手记

　　《秋天的怀念》是统编版语文教科书七年级上册第五课，作家史铁生用深沉的语言、精准的词句、精巧的构思，将平凡而真挚的母爱细腻地展现在我们眼前，激起了无数读者的情感波澜。文章中母爱的无私、强烈和毫无保留的爱，让人每次读到都会潸然泪下。母亲爱儿子，这也许是每一个母亲的本能，但并非每一个儿子都能感受到母亲的爱，都能用细腻的笔触进行描摹和叙写。这就是史铁生的高明之处，这也是文学的魅力之所在。

　　阅读这篇文章，"花"可以作为解读文章的一把钥匙。母亲为什么固执地让"我"去看菊花？课文第一段写了母亲提议去北海公园看花，"我"拒绝，母亲黯然神伤。第三段母亲又一次提起，"我"同意，母亲欣喜万分。最后一段写来年"我"与妹妹在北海公园看到了盛开的菊花，想起了母亲。惜字如金的散文，几次写到菊花，应该不是作者的无心之举。

　　母亲爱花，养的花却因为"我"的病都死去了。母亲养的花死去了，她却一心想着让病重消沉的儿子去北海公园赏花。爱花的母亲肯定懂花。在落叶满地、万物萧瑟的秋季，也许没有比蓬勃旺盛的菊花更能给予人生命的活力与激情了。母亲其实也最懂自己的儿子，她想到的唯一能给儿子以启示和宽慰的东西，就是五彩斑斓的花——这是母亲对生活的领悟。也许母亲仅仅是找一个借口想让"我"出去散散心，转移注意力，释放心头的愤怒与烦闷，走出心灵的阴霾。但是，出去的理由可以有很多，母亲执意去看花，几次三番，一定不是随意的想法。母亲的坚持没有白费。因为母亲的坚持，"我"觉得没有答应去看花是对母亲最大的亏欠，于是"我"在母亲故去的第二年专程去看花，于作者而言，是完成了母亲未了的心愿，在菊花盛开的秋天重拾生活的信心与勇气，在逆境人生中重新发现生活的美好；于母亲而言，自己的坚持终于有了希望的结果。这一切都来自母亲爱的支撑与鼓励，来自母亲重病中的不屈与坚强给儿子的示范。从这一点可以看出，文中的花是生命的光，是生命的希望，是活下去的力量，是母亲对儿子的一片深情。

读懂文中母亲的爱，就不难读懂文中的花。母亲的爱是体贴入微的。她会在儿子暴怒发泄时悄悄出去，却偷偷观察以防发生不测。母亲的爱是敏感的，她会在儿子看窗外唰唰啦啦的落叶时挡在窗前。她还会在说了"跑"和"踩"时又一次难过地悄悄出去，但她没有呵责，没有抱怨，甚至没有一句话，其实她是一直在尽心竭力地呵护儿子的自尊啊。母亲的爱是无私的，在她的世界里只有自己的孩子，没有自己。在自己的孩子面前，自己的爱好不重要，面子不重要，身体不重要，甚至生命也不重要。母亲的爱是深谋远虑、富有智慧的。母亲知道需要尽快让儿子走出阴霾，树立信心，因此她一次又一次地规劝"我"看花，出去走走。她一次又一次用爱意和执着将儿子努力托举出人生的阴影。她知道，必须让儿子明白，没有了母亲，也要好好活下去。那菊花，在萧瑟的秋季，虽然严冬即将来临，却依然故我地灿烂绽放，这不就像是重病的母亲，人生即将谢幕，面对身患绝症、儿子重病的双重打击，却依然顽强面对，奋起抗争，迸发出强大的生命力吗？作者对花的不理不睬，对花的视若不见，发展到对花的感悟与赞美，和作者从对母爱的熟视无睹到对母亲的理解与思念，又何其相似？作者去看花，难道仅仅是看花吗？不，他在花中看到的是母亲。

读懂了花，我们就能读懂儿子的自责与悔恨。"自私"的儿子被突然降临的灾难冲昏了头脑，他知道母亲在看不见的地方偷偷听着自己的动静，他知道母亲对于"跑"和"踩"一类的字眼比自己还敏感，他也看得见母亲憔悴的脸色和央求的神色。但是他任性地在母亲面前发泄自己的怒火，乱甩东西，断然拒绝母亲。母亲做得越多，"我"的态度越糟糕。形成的反差越大，回忆时的自责与痛悔就越明显，最终对"我"的教育与激励就越强烈，文章的感染力也就达到了最大值。深沉的叙述却有着无比感人的力量，正是缘于此。

这篇文章的高明之处正在于，作者写的是最朴质真实的母爱，既有对母亲关爱儿子的层层渲染，也有自己对母亲和母亲对自己的态度不着痕迹的对比叙述，还有儿子知晓真相后的愧疚与振作，更有母亲与菊花若隐若现的隐喻，使读者进入了强烈的阅读场之中，深受感染。

　　爱是生命的源泉，爱也是我们生命存在与发展的不竭动力。母亲爱儿子，所以尽其所能地鼓励儿子好好活；儿子爱母亲，所以在接二连三的人生打击面前才会乐观面对，书写人生壮丽辉煌的篇章。无论怎样弱小的人，都会因为爱而迸发出巨大的生命潜能，创造出绚丽灿烂的生命奇迹。这也许就是我们一次又一次歌颂爱，一代接一代追求爱的原因。史铁生的人生就是一部催人奋进、教人觉醒的爱的巨著，对生命的爱，对人生的爱，对亲人的爱，在其中交织，变幻出无与伦比的美丽。

恰似雪夜孤独的湖心亭

——《湖心亭看雪》备课一得

《湖心亭看雪》一文，短短159个字，张岱不仅描写了让人神往的雪夜美景，也充分展示了自己丰富的内心世界。

一读赏奇景

这篇文章是张岱的一篇写景小品文，记叙了他雪夜独游湖心亭的经过，文笔简练传神，字字珠玑，写出了作者独到眼光里的雪夜奇景。

作者张岱真是个怪异之人。怪异在哪里？首先是行程怪异：大雪三日人鸟声俱绝时前往，时机异于常人，是一异；更定之后，专挑夜深人静之时出发，是二异；无朋无伴，独自前往，是三异。其次是举止的怪异：一是独往人迹罕至处观景，所去之地是远离人烟的湖心亭；二是与自己有同趣者，却不是相谈甚欢，而是强饮三大杯匆匆而别；三是去湖心亭看雪，却未写在亭中所见之景。

这样的怪人，看到了怎样的人间异景？跟随作者的文字，我们仿佛也来到了茫茫大雪覆盖下的西湖。湖上碧波无声，四野寂寥冷清，天地一色，湖上长堤、湖心亭、小舟，只有模模糊糊、迷迷茫茫的一片，不甚清楚。但奇妙的是，在作者眼中，迷蒙的天地间，隐约的长堤、亭子、小舟，竟然可以看见。细思量，这哪里是观赏之景，实在是想象之景。注意作者的视角，他不是在地上看景，而是在空中观景。人在舟上，仿佛灵魂来到了浩瀚虚空之中，环视天宇，俯瞰大地，目之所及是天云山水一色的无垠广阔宇宙，是若有若无的一痕长堤，是如墨点般隐约而微小的湖心亭和草芥一般细小的舟，还有舟上芝麻粒似的作者自己！这是何等奇特的写法！

这是真实的雪景又非真实的雪景，这是写眼中的雪景也是写心中的雪景。这是在写景，也不仅仅是在写景。作者似乎是要写出在无人的茫茫旷野中灵魂出窍、独立物外的感受。作者看景，自己也在所看之景中成为看的对象，我即物，物即我，这种主观与客观的融合，营造了迷离虚幻的情境。醉翁之意不在酒，观雪之人又岂在雪乎？写景短短42个字，有虚有实，有大有小，有高有低，有远有近，最绝妙的是"天与云与山与水"的三个"与"字，一气呵成地写出了天、云、山、水浑然一体、浑然一色的苍茫与阔大，真乃神来之笔！

二读识张岱

但凡古人写景，文字无不有所寄托，抒发感慨；思绪无不联通宇宙，情游天际。王羲之游兰亭思"人之相与，俯仰一世"而叹人生短暂、盛世不常，苏轼临赤壁有"自其不变者而观之，则物与我皆无尽也"的感慨，而自得其乐。张岱，一个喜欢夜晚无人之时观赏雪景的"痴人"，一个观景却没有把心思放在湖心亭雪景上的人，他的痴的表象之后，又隐藏着什么呢？

舟子说"莫说相公痴"，细细推敲，是谁道相公痴？舟子说"莫说"，从语气看，是转述，舟上只有舟子和张岱，转述的当是张岱所言。那么，作者自认为的痴，是否是舟子所说的与亭上二人相似的痴呢？表面上，张岱与亭上二人都是雪夜游湖心亭，如果张岱也认为真的"痴似相公"，就不需要通过舟子之口表达了。因为短短一百多字的小品，当惜字如金，前文已经写与亭中人痛饮，就能充分表达两者心意相通，后文就不会再浪费笔墨通过舟子之言进行显而易见的意思重复。那么，作者借舟子之口说出"痴似相公"，一定是要表达另外的意思。

明明有舟子陪伴，作者却说"独往湖心亭看雪"，为何呢？在作者眼中，舟子根本不是同伴，更不是同道，不能与作者心灵相通，自然不能欣赏作者所赏之景，也就无法理解作者怪异行为背后的复杂情感。这样的人再多，于作者而言都是可有可无的。可见作者并不是把赏雪现场出现的人都视为与自己有相同志趣的人，包括已经在岛上的两人。

作者在文中写舟子，但舟子愚钝，不能理解作者的真意，故作者并未将其视为同伴。由此可以得出，舟子认为的"痴似相公"，作者并不认可。由此进一步推出，作者自认为自己与亭上二人并不相似，那二人并非作者萍水相逢的知音。首先，作者只写对方"见余大惊喜"，却并没有说自己高兴，可见作者的想法与对方不同，有论者说是作者"借对方之口"，也只是猜测罢了。其次，"强"饮，并非痛饮，可见作者被动之态，足以证明作者内心的不悦。当然，"强"字作"尽力"还是"勉强"解，一直有争议，但是从贯通上下文来讲，我认为"勉强"更符合文本表达的意义。作者本来是独游，想独享这深夜的无边雪景，与天地游，与万物通，却不想碰上了另外两个人，扫了兴致，只得匆匆作别，打道回府。所以，同样的怪异行为，在舟子看来，是"痴似相公"；在作者看来，其实是大相径庭的。

三读知人生

每个人都是一个个体，活在人世，难免孤独，即便居于闹市，身处人群之中，内心的孤独之感也不会消逝。黎巴嫩作家纪伯伦曾说过："孤独，是忧愁的伴侣，也是精神活动的密友。"古往今来的许多文学作品都表现了孤独这个永恒的主题。张岱的《湖心亭看雪》，表面写作者的"痴"，其实背后的孤独也清晰可见。

还是来玩味写景的佳句吧。"湖中人鸟声俱绝""千山鸟飞尽，万径人踪灭。孤舟蓑笠翁，独钓寒江雪"，相似的景色，也有着相似的情感基调，透过纸背仍能感觉到由字里行间洇晕而出的无边的、深深的凉意。

千山万径，鸟尽人灭，孤舟独钓，是何等的孤独！冬夜万物俱寂，四野无声，比诗中的景象更多了夜的冷寂和昏暗，拏小舟，独往看雪，是同样的无人相伴。再看景色，"上下一白"，天水一色，一样的四野茫茫，还有在广阔无垠的背景下，愈加渺小模糊的一痕长堤、一点湖心亭、一芥小舟、两三粒人影。只让人感觉到了自然的神秘、伟大、寥廓，感到了人的微不足道与渺小。

在天地万物面前，孤独的人的灵魂在高处俯瞰人间，俯瞰自己的孤独出行，体味人与自然万物的大小之理，其实是找到了自己的位置，找到了与自然的共通之处。形体孤独渺小的人，他的内心却装着广阔的世界，能反观自己的孤独，所以能够超然物外，神与物游，那才是另一种强大，那样的心境才是一个不为外人道、不被外人知的大世界！但现实世界没有能够与"我"同游者，作者的孤独可想而知了。

　　作者为何孤独呢？当亭上人相邀喝酒时，作者勉为其难"强饮三大白而别"。作者为何要敬而远之呢？联系文章的写作背景，结合文章中作者"崇祯、金陵"的用法，我们至此可以对作者写作本文的目的有一个比较清楚的了解。文章前段写景，景语皆情语，紧扣题目。但是文章后半部分丝毫不提赏雪之事，其实是作者别有用心。试想，有舟子同行，却不解相公之痴，故二三人也是"独往"；偶遇雪夜赏雪两人，却非自己知音，"强饮三大白"，匆匆离开，不正是神游天地而不尽兴、思念故国而无法排遣时，更加的不快与孤独吗？也许作为一个明朝遗民，作者念念不忘前朝旧事，但是已经改朝换代，物是人非，这一点让作者感到了透彻心扉的孤独。也许，作者就像许多内心丰富的伟大人物一样，在这苍茫的冬夜湖上，思接天际，神游古今，感悟到了人的渺小、人生的孤独。我们每个人都像这孤独存在的湖心亭一样，在这苍茫大地上，渺小但坚实地存在着。这样的孤独存在正是作者遗世独立、卓尔不群、孤傲出众的充分体现，也是每一个生命个体存在的真实意义。

致命的邂逅　必然的结局

——领读《骆驼祥子》一得

一、绰号"骆驼"

大家都知道"骆驼"是祥子的绰号。骆驼与祥子的关系，如作者所言，就是为了引出祥子。但事情也许不是这么简单。骆驼是作者创作小说的缘起，给了老舍先生以灵感和启示。实际上，小说并非从骆驼写起，可见骆驼之于小说，并非由头或引子，也并不是话题。

当祥子遇上骆驼，他倒霉的人生忽然有了一丝亮光，祥子便有了一个响亮的名号"骆驼祥子"。当骆驼遇上祥子，它们命中注定要成为祥子赖以为生，重燃希望，决定留在城里的那三十块大洋。骆驼懵懂地被祥子由西山牵进城里，交到一个老者手里，然后不知所踪。祥子遇见骆驼，确是偶然，祥子被称为骆驼，看似意外，但是作者的安排似乎大有深意。卖掉骆驼时的祥子不知道，此时骆驼的命运就是彼时自己的归宿。骆驼无法选择命运，只能任人处置，祥子同样无法选择与抗拒降临在自己身上的命运。于祥子而言，骆驼便是人生最为神秘的启示。

从情节来看，骆驼出现在祥子三起三落的第一季"兵匪夺车"中，是祥子由被抓到燃起生活的希望的基础。单从关联度来看，三匹骆驼救了祥子，是绝望中的祥子的救命稻草，为祥子换来了继续生存的三十块大洋，外加人们送他的一个连他自己都不喜欢的绰号。仅此而已。

这种看似偶然的情节，作者将其作为小说的题目，怎么看都不像是作者的无意之举。当小说中的人们将祥子与骆驼联系起来时，一定注意到了祥子与骆驼之间的某种相似性，而不仅仅是有关系。作者只是将这种被大家发现并固定下来的相似性顺手取来，当作了小说的题目。或许这种相似性又带有某种暗示或者隐喻的意味。

二、恰似骆驼

祥子其实与骆驼有太多的相似点。

外形高大，是祥子与骆驼最直接的联系。祥子身高超过常人，体格健壮，走在人群中，自然是鹤立鸡群般的存在。骆驼相对于人，也可以称得上是高大的动物了。

脾性相似。从农村出来的祥子，本性质朴诚实。他相信凭力气可以生存，凭努力可以过上好日子，所以他省吃俭用、吃苦耐劳，对所有的主顾都和气，对所有遇见的人都客气，拉起车子来一路飞奔却不知疲倦。这一切像极了一匹极富耐力，能在恶劣的自然环境中顽强生存的骆驼。祥子不善言谈，不善交际，内向木讷，但有自己的想法，有自己的目标，而且向着目标毫不动摇地努力，这一点也像骆驼，虽然行动缓慢却不惧长途跋涉。从某种程度上说，刚进城的祥子就是一匹行进在生活之路上的骆驼，高大有力，思想单纯，对未来充满希望，而且老老实实地拉车干活，不惜气力。

相似的成长环境。骆驼长期生长在高原乡野，它适应了乡野简单的环境。就如在乡间田野里长大的祥子一样，农村给了他强壮的身体和质朴的心灵，这成为他安身立命的根本，也是他自认为最大的优势和本钱。但这也预示着祥子的成长与生存的困境。城市在可以提供给祥子活命的机会，但城市的一切与祥子的本性格格不入，导致矛盾重重。他由不习惯、不适应到逐渐被城市同化、侵蚀，最后被城市吞噬。城市在接纳了他的同时，也在毁灭他。就如那三匹骆驼一样，城市不是它们生存的场所，环境的变化对它们而言是一场真真切切的灾难。

相同的命运。骆驼有生存的本能却不能掌握自己的命运，遇到军匪就为军匪运送物资，碰到祥子就被祥子牵回城里，不管它们愿不愿意，骆驼的命运一直被改变。对于人类而言，这是再正常不过的事情了，因为骆驼只是为人类服务的工具而已，没有权利可言。祥子，一个活生生的人，在强大的社会面前，在不公平的制度面前，又何尝不是一匹无法左右自己命运的傻骆驼？他所遇到的每一个人几乎都想利用他，把他当作满足自己私欲的工具。他对美好生活的愿望在与别人利益的一次又一次冲撞中被粉碎，最终破灭。他淳朴的本性也在和这些人的交流中一点点丧失殆尽，直到他也变成了他们中的一员，只为自己而自私地活着，为了活着不择手段，哪怕伤害别人也在所不惜。

三、真是骆驼

祥子无力左右自己的命运，他也无法理解自己所遭受的一切，就如一匹没有头脑的不觉悟的傻骆驼一样。

祥子的"傻"表现在，他不能对自己所遭受的不公有清醒的认识。骆驼没有思维，无法认清自己的生存现状，也就无法反抗人类；祥子也一样。他的"三起"是对美好生活追求的努力抗争，更多的是出于一种生存的本能——想过上好日子，像人一样生活。但是他对这个残害他的社会没有认识，对自己的不幸遭遇没有认识，对他遇到的人没有认识。所以，在接连遭受三次命运的打击之后，他无奈认命，甘于沉沦，到死也不觉悟——当然就更不可能找到出路了。从这个角度说，祥子的悲剧结局是必然的。他不遭受虎妞的诱骗逼婚，也一定会遇到另外的陷阱和灾难；他逃脱孙侦探的敲诈盘剥，也可能遇到李侦探、王警长。他的命运也许是四起四落，也许是一蹶不振，就像小说中的小马车夫一样，过早殒命，或者像那些年老的车夫一样一头栽倒在马路上，凄惨死去。是车夫，就逃不脱沉沦、堕落，或者悲惨而死的命运。有力气的时候，被社会榨干血肉；年老体衰之时，就是他们厄运降临之日。这就是"祥子们"毫无尊严与价值的一生的必然归宿，这也是旧社会的固有逻辑。

也许在祥子心中，骆驼是动物，是可以用来变卖钱财以谋生的东西，这样的认知本没有错——在任何时候，人的生命远比骆驼的生命重要。但是祥子不也是别人眼中的傻骆驼吗？他们不仅叫他"骆驼"，还诱骗他、玩弄他、欺侮他，把他真真切切当动物对待。

其实，祥子自己也好不到哪里去。他在骨子里歧视女性，瞧不起虎妞，他不愿意为自己的行为负责，虎妞的死他难脱干系。到最后，任何一个人、任何东西都可以是落魄祥子手中的骆驼——他的朋友、他的老主顾，甚至于他自己的名声与信誉，他都可以把他们变卖。这是一个把人不当人的社会，一切就只是为了苟且地生存。二强子可以逼女儿小福子去接客，刘四因为钱财利益可以与唯一的女儿虎妞狠心绝情，学生可以因为老师不给及格便去告发老师……满街道的人都为争着看死刑犯游街而拥挤叫好。对于那样一个社会而言，谁不是骆驼呢？

在那个社会，人如动物一样没有尊严、没有价值、没有自由，低廉如草芥，任人宰割。骆驼尚有祥子可怜，而祥子最终只能被人唾弃，连骆驼都不如，可悲可叹。这样的社会，活着才是受罪！

思索篇

吃透学情　转变观念　转移重心

——关于构建高效课堂的几点思考

高效课堂作为课改的最新成果，正在被更多的学校和教师所接受。高效课堂实施初期，进行相互的学习是必需的步骤。但是如果仅仅停留在对形式的模仿上，而不在实质问题上进行深入研究、分析，不做过细的工作，高效课堂将变得名不副实。

一、构建高效课堂的前提是对学生学习现状的清醒认识

任何一项革新，都需要身处其中的人自身有所觉醒、有所要求，方能顺利实施。作为构建高效课堂的主力军，学校管理层和教师首先应该对课堂教学的现状进行反思。没有搞清楚我们教学中存在的问题和课堂低效的原因，就大谈导学案，大谈自主合作探究，无异于隔靴搔痒，高效课堂的实施也难免雷声大雨点小，变成热热闹闹走过场。

许多人对实行高效课堂有顾虑，主要是害怕影响教学成绩。这其实已经反映出了教学中存在的一些问题。以某校期中考试一个年级的数学成绩为例，学生达标率低于50%，30分以下的人数占到近1/6。可以看出，大多数同学并没有通过课堂教学掌握基本知识，各种数学能力目标也远没有达成。这样的情况各年级各学科基本上都存在。明明是讲过的知识、练习过的题目，考试时学生照

样不会做，照样失分，教师也觉得委屈。教师辛辛苦苦，学生忙忙碌碌，付出与回报却很不成正比。教师没少讲，学生没少做，但是教师讲的学生没记住，学生的练没效果，何谈知识理解的深化与拓展？

有效的教学在教与学之间必须建立起良性的互动，而且学生必须摆脱被教师包办代替的被动状态。有这样一个例子。数学测试中有一道选择题，是考察中点四边形的问题。有几个班90%的学生选了错误答案。多数教师认为问题在于学生没有养成良好的学习习惯，审题时没有关注全部选项，还有教师认为学生没记性，这道题已经讲过了，还抄了笔记，但就是没记住。而有一个班级90%的学生选择了正确答案。这位教师讲了自己课堂教学的做法：他没有一讲了之，而是让学生自己讨论、总结中点四边形到底与什么有关系，经过探究，学生发现中点四边形与原四边形的对角线有关，结果学生很容易掌握了这个知识的内涵。

教师认真地讲，学生只是作为旁观者去看、去记，教学效果很差。教师让学生自己思考其中的道理，从原理上理解掌握，最终效果很好。这就很能说明学生学习主动与被动的结果的差异。有一篇关于学习金字塔的文章，讲的是美国学者、著名的学习专家埃德加·戴尔对不同教学模式下学生对知识的平均吸收率的研究。这个实验研究很直观地说明了学生通过听和看被动学习，效率低下，而学生通过鼓励，积极地学习，学习效率会大幅提高。

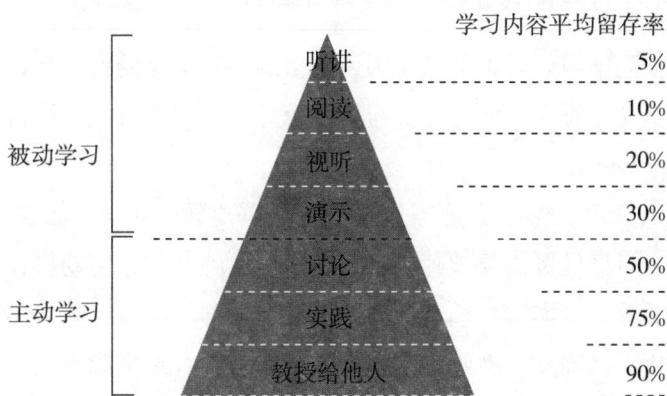

	学习内容平均留存率
听讲	5%
阅读	10%
视听	20%
演示	30%
讨论	50%
实践	75%
教授给他人	90%

被动学习：听讲、阅读、视听、演示
主动学习：讨论、实践、教授给他人

美国学者埃德加·戴尔的"学习金字塔"

由此，可以得出两点启示：一是只有教师的讲，即使再全面，学生的接受也非常有限；让学生自己讨论，哪怕再肤浅，每个学生也都会有收获；教师少讲，学生自学，并不会降低教学成绩，相反成绩还会有所提升。二是满堂灌的课堂，学生没动起来，没有真正投入到知识的学习之中，没有积极地参与到对知识的理解掌握之中，这才是课堂效率低下的主要原因。要想让课堂达到高效，从教学活动一开始，学生就必须参与到学习过程中来，自己去学，而不是等着教师"喂给自己吃"。反思以前的教学，我们也搞学生的自主、合作、探究，但是所有这些花样都是教师讲解的点缀，是陪衬，是为了"配合"教师的讲。而现在，完全应该倒过来，学生的自主、合作、探究才是课堂上最主要的活动，教师的讲解必须退居次席，否则学生的主体地位就是假象，学生永远无法进入对知识的理解与掌握的核心位置。

教学中的其他现象也能印证同样的观点。学生抄袭作业的现象极为普遍，学习成绩差的同学抄，是因为作业不会做；学习好的同学也抄，是因为不愿意动脑筋。教师用尽各种办法，但学生就是不买账、不配合、不照办。似乎是学生越来越顽劣，其实是学生越来越处在了学习活动的边缘，从课内到课外，自觉或者不自觉。课堂上，教师以讲为主的教学设计使学生处于次要地位，听不懂课或者听懂了不会用；而课内听不懂的结果必然延伸到课外，就是抄作业。课内养成的不愿动手动脑的习惯也助长了课外坐享其成的懒惰习性。我想，这才是学生抄作业的主因。

二、构建高效课堂的关键是教师真正地转变观念

教师一谈到学习效果不佳的原因，更多的是对学生的抱怨和指责：学生不主动学习，不独立思考，没有好的习惯，等等。却很少有人深层次反思学生为什么会出现这些问题。

学生怎么学习，学生自己当然不清楚，需要教师指导。课堂上，时间需要教师安排，目标任务需要教师设定，程序由教师掌控，主动权在教师，而学生学习习惯的养成其实也有赖于教师的指导和培养。所以，我并不赞成教师对学生的一味指责。当然，教师的这种做法并非教师有意推脱责任。只有一个解释，我们的教师对自身存在的问题还缺乏清醒的认识，对传统教学的弊端还缺乏清醒的认识。

有学者指出传统教学的弊端主要表现在两个方面：其一，仅仅把学生看作

一个认知性的存在……忽视了对学生完满精神世界的建构。其二，只是把人当作"工具"和"人力"来生产……注重对学生"何以为生"的本领的训练，忽视了对学生进行"为何而生"的启蒙和熏陶。传统教学是在主知主义及教师中心观指导下的教学，传统教学只重学不重用，只重结果不重过程，只重教师不重学生，只重认知不重情感，只重计划不重开放。探究这些弊端的成因，非常复杂，有体制的原因，但与教师自身也有很大关系。有些教师讲得太多，痴迷于个人的教学艺术；有些教师经验至上，醉心于研究考试、试题，教学上舍本逐末；还有些教师目中无人，靠作业练习提成绩，效率极低。

因此，在任何教学改革推行之初，我们总能听到许多来自内部反对的声音，遇到来自改革实施者自身的各种阻力。所以，推行高效课堂，首要的是解决教师的思想问题，更新教师的观念。

高效课堂的实施要求教师最起码确立以下观念：一是教师不仅仅是教知识，更重要的是教方法、教习惯、教态度，知道学生对于探求知识过程的参与比学习知识本身更重要。二是课堂教学的主角不是教师，而是学生。学生学什么、怎么学、学得怎样应该是教师教学时始终关注的焦点，而不是教师讲什么、怎么讲、讲得怎么样。三是评价一节课好坏的标准不再是教师的表现是否精彩，而是要看学生的表现好坏和是否有收获。教师讲得头头是道、口若悬河，充分地展示，学生反应淡漠、无所适从，消极地应对，这样一头热的教学应该被完全否定。四是教学的组织方式和教师的态度在某种程度上决定着学生的反应方式，而不是相反。主动学习的学生不是天生的，而是教师指导、引导的结果。教师应该对学生的冷漠负一大部分责任。五是学习本身不是吃苦，也不一定就必须苦学。不遵从规律，就要走弯路，就要多付出，这就是所谓的事倍功半。就像我们许多教师不厌其烦地讲，让学生十几遍地抄写，其结果是零一样。

教师要转变的不仅仅是观念，还有态度。有些教师害怕讲的少学生听不懂，这听上去像是对学生不放心，其实是对自己不自信。就像许多老教师讲的，做自己没把握的事，心里没底，还不如走老路稳当些，哪怕多费些事，多出些力。但是，没有尝试，就永远不会有创新、改变和提高。

三、构建高效课堂的核心是达成学生的自主学习

自主、合作、探究作为学习方式贯穿于新课改的始终，就是因为它将学生

学习的自主权还给了学生，它对于培养学生的创新意识和合作精神意义重大。这三种学习方式之中，自主是第一位的。只有自主的学习才会有真正的合作和探究；没有自主，一切都无从谈起。因此，让学生自主学习是我们构建高效课堂的核心之所在。

自主学习是指学习主体有明确的学习目标，对学习内容和学习过程具有自觉的意识和反应的学习方式，表现为主动学习和独立学习。但是，让学生自主学习并非易事。试想一下，如果我们的学生在生活的其他方面都完全被动，却在课堂上主动积极，似乎不大可能。

因此，自主学习需要在学习之外做更多的工作。首要的是推行民主教育。只有民主平等才能形成宽松、和谐的交流氛围，学生才能大胆地进行讨论，从而自主地解决问题。民主教育有利于师生之间建立平等和谐的讨论氛围，有利于学生向教师提出自己的疑问，有利于学生接受教师的指导与帮助。民主教育必须有民主的教师，只有充满民主意识的教师，才能进一步培养起学生的自主意识。

自主意识的培养应该贯穿于学校生活的各个方面。首先，应该培养学生的自主管理意识和能力。特别是班级管理，必须体现"面向全体、主动参与"的原则，从培养学生自主管理的自信心入手，促进学生角色的转变，最后由"他律"变为"自律"。其次，要创新学生自主管理的形式和途径，如班务承包、小组合作等形式。我们通过家校携手、多维评价等途径，实现对学生自主管理的引导和培养。

具体到课堂教学，对学生自主学习的培养，要注意以下几个方面：一是预习任务具体、明确，如印发预习案，便于学生操作和教师检查。二是对课堂时间的科学分配，保证学生自主学习的时间不少于65%。三是让学生明确学习目的，有的放矢。四是对学习小组进行培训和要求，确保组内运行顺畅、有序。五是各个环节的问题设置有层次性，确保所有人都有机会参与到课堂学习过程中来。

高效课堂的实施是一个系统工程，需要学校从上到下统一认识，需要各个部门通力协作，这是所有课改学校的共识。高效课堂的形式可以多种多样，但其核心就是贯穿"以学生为中心"的教育理念，实现整个教学重心的转移。唯有如此，我们的教学才是真正为人的教学，我们的工作才会取得更大的成绩。

参考文献

［1］［美］艾玛·麦克唐纳，戴安·赫什曼.如何打造高效能课堂［M］.车蕾，龚锐，译.北京：中国青年出版社，2011.

［2］李炳亭.高效课堂22条［M］.济南：山东文艺出版社，2009.

［3］吴良根.传统教学的弊端与矫治策略［J］.教书育人：教师新概念，2005（8）：63.

［4］胡全斌.在学生自主管理上多下功夫［N］.中国教育报，2012-08-28.

让每一个学生在课堂上都动起来

——永寿县监军中学语文高效课堂的点滴做法

从2012年下半年开始，监军中学在七年级开展了高效课堂教学教改实验工作。经过一年的努力，高效课堂教学教改实验工作取得了阶段性成果，形成了具有我校特色的双三环六步高效课堂模式。特别是七年级语文学科，在教学中坚持以学定教、以教导学、先学后教的原则，在课堂上给予学生更多阅读、思考、感悟、交流的时间和空间，让学生在课堂上真正处在学习的核心位置，让每一个学生在课堂上都动起来。这样的课堂给每一个学生都创造了机会，促使每一个学生不断进步成长，学生的语文综合素养得到了很大的提升。

一、开展教师培训，更新教学理念

高效课堂的关键是教师。教师必须有先进的教学理念，认同所有为保障学生主体地位而采取的做法，包括分组、积分、限定教师讲授时间等。为此我们采取了走出去和请进来相结合的办法，带领教师赴礼泉、咸阳学习，请咸阳师范学院的教授来校指导，让教师亲身体会高效课堂的魅力，促使教师转变教学观念。许多教师主动要求进行高效课堂的试验，并且学习尝试运用高效课堂的授课模式组织教学。在学校开展的"我看高效课堂"大讨论中，教师反响热烈，撰写论文一百多篇，其中不乏真知灼见，有20篇论文在县教研室组织的高效课堂论文评选赛中获奖。

二、加强集体备课，提升专业素质

学生的高效学习有赖于教师高效的指导与引领，否则只会南辕北辙，适得其反。而这一切，都需要教师对教材有正确的把握和处理，对学情有深刻的了解和认识。因此，我们大力开展以组内研讨为主的校本研修，将集体备课、听评课、传帮带等教研活动都按照学科备课组进行安排，结束过去单兵作战、各自为政的局面。每一节课的教学设计都经过备课组的讨论、修改议定之后才付诸实施。集体备课定时间、定地点、定主持人、定内容，备课组成员和包级抓组领导全部参加，集体备课电子稿上传群共享，实现资源共享。每周一节的研讨课雷打不动，每位教师一学期一节观摩课雷打不动。而且，我们从听课评课发展为观课议课。我们要求观课多关注学生，少关注教师，议课少说套话，多说问题，教师通过互相交流探讨，解决疑难，形成共识。浓郁的教研氛围，让许多年轻教师的教学能力在短时间内得到了提升和发展。

三、利用学案导学，引导自主学习

学生的自主学习是高效课堂的保障。但是，如何引导学生开展自主学习需要我们深思。我们的做法是先学后教和问题引导。所谓先学后教就是教师不讲或者少讲，由学生借助自己的社会阅历和经验，通过阅读、思考、交流、讨论，达到对文章主旨的理解、对语言的品味，以及对人生的感悟。而学生的先学，要由教师设计一系列有层次的问题，用问题在课前和课堂上加以引导完成，这就是问题引导。问题设计得是否合适，是否巧妙，是否有启发性，是学生能否完成学习目标的关键。因此，导学案的编制显得尤为重要。集体备课就是要设计出高质量的导学案，教师利用导学案指导和引导学生完成学习任务，达成学习目标。问题设计的层次性也很重要，既要照顾不同层次学生，也要注意体现语文学科以读为主、听说读写结合的实践性学科特点。

四、实施小组合作，激发学习热情

在一节课中，不可能有太多的学生发言，一个班级的每一个学生都被关注到的概率很小，因此一些学生的注意力难以集中，学习效率低下。为了提高学生的参与率，我们实施小组合作的学习方式。每组6～8个同学，组间同质，组内异质，不同层次的学生相互组合，形成一个团队，组内互相帮助，组间进行竞争，这样既可以照顾到每个学生，还可以激发学生的学习兴趣。小组建设的成败很大程度上决定着课堂的成败。所以，我们对学生进行培训，让学生知道每个人在组内所承担的责任，知道怎样与同学合作完成一项学习任务，知道怎样在组内讨论时表达自己的观点、倾听别人的观点。教师对课堂上小组的活动予以充分关注，积极参与到学生的小组讨论之中。对于小组学习的结果，教师适时组织学生予以公开展示，把回答和评价的机会留给学生，锻炼学生的口头表达能力。教师对于学生的课堂表现以积分的形式予以评价，激发每一个学生课堂参与的热情。

五、当堂达标检测，查漏补缺纠错

对学习效果及时进行检测，教师才可以进行有针对性的课后辅导与巩固。所以，当堂检测就是必需的工作。检测题要根据学习目标分层设计，教师对于不同层次学生提出不同的达标要求，对于不能达标的学生，要安排不同方式的查漏补缺，可以是学生自己的自我纠错，可以是学生之间的兵教兵，也可以是教师的个别辅导和讲解。同时，我们对每一学科的作业、练习进行整合，提出要求，保证高效课堂，让学生的学习减负提质。总之，一定要让学生完成当天的学习任务，实现堂堂清、日日清，这样就不会出现越学越差、越学越不想学的现象，学生以后的持续学习才能有保障。

当然，相似的模式也可以有多变的教学设计，不同的教学内容往往采取不同的教学模式，高效课堂从来都不是死板和机械的教条。总之，一切可以提高学生的语文素养，减轻学生学习负担的教学，都是高效的教学，也都是我们要积极追求和提倡的教学方式。我们的目的只有一个，让每一个学生在课堂上都动起来，让我们的学习过程充满发现和成功的乐趣。

对乡村学生课外阅读的几点思考

课外阅读的重要性毋庸置疑，人所共知，但是乡村学生课外阅读的弱化也是不争的事实。统编语文教材教读、自读、课外阅读"三位一体"的设计，本意就是为了贯通语文课内与课外，以课内的指导带动课外的阅读实践。但事实是，许多学校的名著阅读沦为教读"第二"，教师可以在学生的阅读行为没有发生的情况下，滔滔不绝地讲解情节、分析人物、赏析美点、概括主题，完成名著阅读的教学。以前苏教版如此，现在人教版照样可以这样做。毕竟对教师来说，最现实紧迫的任务，就是保证语文考试时名著阅读的题目不失分。

语文教师其实也明白这样简单化处理名著阅读教学的弊端，但是又不得不这样去做。仔细分析课外阅读实施的要素，就不难理解乡村学校语文课外阅读落空的原因了。

阅读离不开以下几个因素：一是有可读之书，二是有读书的时间，三是读书之人有阅读的需求。至于读书的方法、技巧都是读书行为实现之后锦上添花的部分，可先不考虑。

有书读是基础，但现实情况不容乐观。据我掌握的情况，每个学校都有图书室，而且达到生均40册的省颁标准配置是没问题的。问题是，这些书是学生要阅读的书籍吗？那倒未必。一个班级50名学生上阅读课，人手一本同种名著，大多数乡村学校图书馆都无法满足。因为学校购买图书一般考虑藏书的种类和总量，单本数量是不在考虑范围内的。由于经费有限，学校图书一般都是一次购入，很少会随着教材的变更而更新。当然，如果家长重视教育，主动给孩子买阅读用书，这个问题也可以解决，毕竟课外阅读，家长投资也合情合理。但农村一部分家长认识不到位，不愿意买，一部分家长确实因为经济原因买不起，导致接近一半的学生对于课本要求的名著无书可读。拓展阅读的部分更不用说。即便是有书的学生，拿出来的书也是五花八门，有绘图版的，有少儿版的，有简装的，有精装的，有缩编的，有拼音版的，甚至盗版的也有，根本没有办法统一实施阅读指导教学。

有时间读是保障，但情况复杂。按理说，课外阅读是不必强调时间的，毕竟学生课外自己灵活掌握，挤时间去读就行了。但是，乡村学校的特殊校情决定了课外阅读实施起来困难不小。对于寄宿学生而言，周一至周五全天24小时都在学校，安全是学校要考虑的头等大事，教学质量是中心工作，双重压力之下，学校和教师不约而同选择了用时间换分数。学生在家有自由支配时间，但家长的监管很不到位。许多孩子是留守儿童，父母外出打工，爷爷奶奶能照顾孩子吃饱穿暖不出事就很不错了，学生的时间大多数用在了玩手机上，实在可惜。

学生想读书是关键，但情况堪忧。读书从来都是个体自主的行为，只有内心有强烈的读书愿望，才会觉得读书有趣，才会自己去找书读。但现在的学生喜欢玩手机，不喜欢读书。超过一半的学生迷恋手机游戏，还有的学生受社会风气的影响，玩各种视频社交软件。在这个传媒技术极大丰富、信息极度膨胀的时代，学生的兴趣往往被能提供更强烈感官刺激的新媒介、新媒体所吸引，对读书的兴趣不大。农村家长教育孩子缺乏耐心，不能正确引导孩子，对孩子在家的行为缺乏管束，让孩子养成了不好的习惯。

乡村学校学生的课外阅读就走进了这样一个死胡同：一边是学生对阅读不感兴趣，一边是学校阅读书籍极其有限，再加上学生可自由支配时间少，最终造成了语文教师通过讲解名著来帮学生完成阅读任务的无奈选择。

课外阅读，往小里说，是语文学科教学的一部分，是语文教师的一亩三分地，语文教师要尽心竭力地去推动课外阅读的开展。但是细细分析，要把学生课外阅读真正按照课标要求做实在，做出成效，以语文教师一己之力很难完成。这项工作涉及学校、人、财、物等许多方面，需要学校、教师、学生、家长多方携手，共同应对。

各方统筹，解决有书读的问题。学校层面要在经费上倾斜，在采购图书时，按照语文课标要求予以考虑，最少满足一个整班的教学需要。政府也可以将指定阅读书籍列入地方指定教材目录，强制让家长购买，一次性解决无书可看的问题。至于推荐阅读的名著，可以考虑实行学生共同出资购买，建立班级书架，共有共享，共同使用，达到资源共享的目的。学校图书管理工作也要改进，把书籍从书架上解放出来，让学生能真正亲近图书。社会各界也可以考虑给学生捐赠图书，帮助解决学生无书可看的问题。

大家共同努力，保证学生阅读的时间。学生的时间其实是学校、教师、家长让出来的，而不是学生自己挤出来的。学校要重新考虑各科的权重，重新分配学科时间。寄宿制学校每周有必要设置专门的阅读时间，培养学生阅读的兴趣和习惯。教育行政部门考核学校工作，一定要遵循教育规律，不能一边讲改革评价标准，不唯分数，一边用分数作为考核的唯一依据。给学校空间，学校才会给学生时间，学校和教师才有动力去做如阅读之类事关学生长远发展但见效很慢的工作。

社会动员，教师带头，家长参与，激发学生阅读兴趣。这个问题其实最为关键、最为重要。因为没有书还可以借，没有时间还可以挤，但是不愿读书一切就都无从谈起。对于学生阅读习惯的培养要趁早，从幼儿班、小学抓起，但一定要注意阅读内容的选择。家长抓孩子阅读这件事，首先要控制学生使用手机，不要让孩子形成手机依赖。学校要创建书香校园，营造好读书、读书好的氛围，让环境影响学生。政府要营造良好的社会环境，教育家长不仅自己读书，也关心孩子读书，倡导社会各界都来关心、帮助孩子读书。学校教师要为学生读书带好头，做好表率。阅读教学实施可以借助信息技术和新媒体平台，开发基于学生名著阅读的微课程，用学生喜闻乐见的形式吸引学生，助推课外阅读的开展。

阅读虽然是学校工作中的细枝末节，但是对于学生的长远发展至关重要，因此，学校要在其中承担更多的责任，做更多的工作。创建书香校园，绝不仅仅是几句口号、几幅标语，而是一项实实在在的系统工程、德政工程、惠民工程。把书从书架上解放出来，把读书的活动开展起来，把读书的时间还给学生，这些最基础、最基本的工作才是最有用的，也才是最好的方法和最佳的路径。

主动阅读：学生情感体验与思维发展的一体化策略

农村学生整本书阅读教学过于重视方法传授、信息获取而轻视学生的情感体验与思维提升，普遍存在化繁为简、以点"代"面、任务第一的阅读虚化问题。基于深度学习的整本书阅读应将学生的情感体验与思维发展相结合，在示范中指导，实现学生自主阅读；在共读中共享，激发学生真情体验；在理解中品评，促进学生独立思考；在一体化阅读实践中实现个体语文素养的发展与提高。

一、农村初中整本书阅读存在学生阅读虚化的问题

统编语文教材应用以来，关于整本书阅读的研究日渐深入，教学实践日趋活跃，整本书阅读状况持续改善，教师领读名著，研究教法；学生认真阅读，积极参与；家长购买书籍，大力支持，一改师生都不读书、家校都不重视读书的状况。但是必须承认，整本书阅读教学还处在全面启动、努力提高的起步阶段，大部分农村初中学生整本书阅读的质与量还达不到语文课程标准的要求，学生读得少、教师导得多、整本书阅读虚化的倾向较为明显，主要表现在三个方面。

一是化繁为简。这种阅读指导教学在农村学校毕业年级比较普遍。一方面，因为学生阅读时间少、阅读基础较差等客观情况，教师为了应付考试，进行"化繁为简"的处理；另一方面，教师自己没有进行深入阅读，根据教参、网络或者专家学者的看法，对整本书的情节、人物、主题、特色等内容进行概要式梳理、讲解，以教师的讲解代替学生的文本通读。

二是以点"代"面。许多教龄较长的教师不指导学生深入阅读原著，不将章节内容作为切入点引导学生关注整体和全局，只选取一些精彩片段进行重点分析，旨在讲解阅读方法，按照单篇课文的阅读方法来处理整本书教学。这种以点"代"面式的阅读表面上看起来省时、省力、效率高，但学生除了收获了一些信息，思维水平并没有得到相应的提高。

三是任务第一。新教师喜欢给学生布置各种各样的阅读任务，如记读书笔记、摘抄好词好句、办手抄报、写读后感等，学生进行浅尝辄止完成任务式的阅读。学生花费在这些任务上的时间远远超过阅读和思考所用的时间，有些学生甚至采取抄袭的手段作假，任务成了阅读的目的。

二、整本书阅读教学要重视学生的情感体验和思维提升

课程标准明确指出，语文课程是实践性课程，应该让学生多读多写，日积月累，在大量的语文实践中体会、把握运用语文的规律。虽然农村学校有特殊的校情、学情，但遵循语文教学的规律和基本要求，保证整本书阅读教学价值的实现，这是最基本的要求。整本书的主要教学价值不仅是语文知识的理解和掌握，更重要的价值体现在改变学生的观点态度，提升学生认知能力，促进学生的思想发育和精神成长，引领学生成为更好的自己。整本书阅读的主体是学生，教师的教是为了学生的读，为了让学生学会阅读。作为阅读主体的学生没有实施自主阅读实践，整本书阅读的教学价值就无法实现。因此，整本书阅读教学只有教师的导，没有学生的读，就不是教学意义上的整本书阅读。教师导得认真，学生读得匆忙，也不是学生需要的整本书阅读。整本书阅读中虚假阅读的问题反映出部分教师在学生主体地位和整本书阅读价值上存在模糊认识和不正确做法。

深度学习理论认为，深度学习是基于学习者自发的、自主性的内在学习动机，并依靠对问题本身的内在兴趣维持的，一种长期的、全身心投入的持久学习力。不可否认，阅读也是学习。整本书阅读需要学生对阅读投入持久的阅读力，从而实现深度的阅读。具体来说，就是在认知领域表现为高阶思维和问题解决，在动机情感领域表现为全身心投入和自控策略，在人际领域表现为自我接纳和协同合作。学生只有读得认真、读得投入，读出自己的感悟与见解，方能实现自主、能动的深入阅读。同时，我们要认识到，感情、愿望及潜在的激

情在学习行为中具有战略性地位，情感和认知是一种机能的两面。学生在阅读过程中有深入的情感体验才会读得投入，思维水平才会得到提升，才会形成持久的阅读力，我们追求的主动阅读才会真实发生。

目前，整本书阅读中学生的深度阅读难以实现，原因很多，其中教师没有重视学生情感与思维的同步发展，进行不合理、不适当的指导是主要原因，表现在以下几个方面：一是教师缺乏教学民主的理念和做法，对教学和学生的管理表现出的是"控制"，而非"民主"，在教学中"我说了算"；二是教师在教学策略选择上多依据经验盲目行事，对学情的分析想当然，缺乏深入的观察分析，教学随意性大；三是教师的教学欠缺精细，不能为学生，特别是学习有困难的学生提供及时而有效的帮助指导和情感上的激励，用机械的阅读任务挫伤了学生阅读的积极性。许多教师将在短篇文章教学中惯用的做法直接迁移到整本书阅读指导之中，大而化之地指导，笼而统之地讲解，不积极构建适宜学生学习的阅读共同体，不通过有创造性的问题激发学生的阅读兴趣，用大量的传授、讲解剥夺了学生阅读、体验、思考的机会，同时使学生养成了不愿思考的惰性，最终形成了整本书阅读中学生虚假阅读、肤浅阅读甚至不愿意阅读的情况。

三、整本书阅读指导的情思发展一体化阅读策略

学习者不是单纯的学习"参与者"，而是他所学的东西的"创造者"。真实发生的学习不是学生机械、被动地从教师的讲解中获取信息，也不是学生为完成学习任务而进行消极阅读，而应该是学生主动参与的、富有挑战的、充满诱惑的过程。落实到整本书阅读之中，深度阅读一定是学生主动而非被动的阅读，是真实的阅读而非虚假的阅读，是能够实现学生情思发展的体验和实践过程，而非单纯的信息接收和存储的过程。要让学生的阅读真实发生，就要将外部的导与内在的读相结合，将课外自读与课内共读相结合，将学生情感体验与思维提升相结合，在主动的一体化阅读实践中实现学生自我的提高与完善。

（一）在示范中指导，实现学生主动阅读

开展整本书阅读教学首要的是激发学生阅读兴趣，培养学生阅读习惯。兴趣来自心理上的舒适感与情感上的认同，习惯的养成依赖于环境、氛围、安全感、发生频率等。因此，教师要做的不只是讲解、督促，更重要的是示范；同

伴要做的不是竞争，而是互助分享；家长要做的不只是物质的支持，更要做到过程的陪伴。

1. 教师最好的指导是阅读示范

要让整本书阅读真实发生，教师就必须摒弃一味讲授读书方法，或者先行解读文本的做法。教师首先要做的是自己真实投入地阅读。鲁迅先生记忆最深刻的不是童年时所读书的内容，而是教师投入而陶醉的神态，这就是感染的魅力。教师用自身阅读带动学生阅读，用自己的感受启发学生去思考，只有这样的良性互动，才会让学生亲近阅读。教师最好的阅读指导就是与学生一起阅读一本书，亲自示范如何圈点勾画，怎么做批注，让学生一看就会，简单明了。

2. 学生最有效的合作是共读分享

对于学习而言，解决问题很重要，但是学会学习更重要。建立同伴之间的友好互助关系是最为有效的学习方式。被集体带动，在集体中得到信息，体会到集体间相互帮助的润泽与温暖，这是最为理想的学习模式。但是，阅读又是极其个人的事情，阅读的感受是个体独有的体验，因此，共读共享的阅读需要精心的规划与组织，要选择恰当的时机和方式；要创造学生相互交流、共读共研的条件和氛围；要让学生自由组合形成阅读共同体，解决阅读中的问题。

3. 家长最大的支持是过程的陪伴

心理的安宁和舒适是学生进行有效学习的前提和基础，没有安全感的学习会产生虚假的学习。农村学校，特别是寄宿制学校的学生在校时间长，家长陪伴时间短，学生缺少亲情的关爱和抚慰，他们更希望被人重视、理解、接纳，希望教师、家长、朋友和他们一起分享收获的喜悦，面对成长的困惑，他们在这方面表现得尤为突出。把整本书阅读拓展至校外，开展亲子阅读，是大多数学生的期盼。但一些家长认识不到位、不愿意做，有特殊困难的家庭如留守儿童家庭没有条件做，这就需要通过师生共读、同学共读来弥补。对于有条件的家庭，要在控制好难度的前提下，在周末和假期增加亲子共读学习任务，减少其他的学习任务。

4. 学校培养阅读习惯的最佳途径是积极应对

积极的态度是习惯养成的关键。不管是教师、学生还是家长，都必须以积极的心态对待整本书阅读，学校更要发挥统筹、协调、推动的作用，对于学生在阅读过程中出现的问题，要及时、妥善予以解决。对于学生反映最突出的缺少阅读时间的问题，学校要大胆对课程设置、教学计划进行优化、调整，广泛组建学生阅读社团，开展课内外衔接的系列阅读活动，努力为学生创造阅读的条件。

（二）在共读中共享，激发学生真情体验

整本书阅读与短篇文章阅读最大的不同，就是要在作品中获得独一份的情感体验。这也是整本书阅读的魅力之所在。就学生的阅读而言，独特而真实的情感体验有三个方面的含义：一是沉浸在作品所描述的世界之中，获得身临其境的体验；二是对作品中的人物遭遇感同身受；三是在阅读后体会到精神的愉悦与快感，继而产生持续阅读的愿望。我们要借助环境和氛围的力量，帮助学生在阅读中进入情境，不断丰富自己的情感体验，借助自身的经历和积累理解内容，创造意义，回归真实阅读。

1. 先读后导，不读不导，充分保护学生阅读的原始体验

教师不要进行读前指导，要让学生"裸读"，让学生自己在文本中去体验、去发现。

2. 通过多元分享表达阅读的感受和体验

学生的阅读体验是独特的，但是学生的天性希望能够与人分享自己的所见所得，因此，教师要有意识地为学生创造表达分享的机会。整本书阅读将读、写、听、说适度结合，既能强化学生的言语实践，又能丰富学生的情感体验。

3. 通过成果展示形成正面激励

学生阅读的情感体验往往表现为喜欢书中的人物，沉湎于曲折的情节，向往美好的场景，等等。内在的情感体验只有外化成言语表达，才能稳定而持久。阅读《骆驼祥子》，我们可以组织学生进行名著片段表演，演一演自己心中的虎妞，体验一下小说中的人物经历；阅读《西游记》，可以讲西游故事，在与同伴的交流、与原著的对比中强化对原著的理解。

（三）在理解中品评，促进学生独立思考

从本质上说，教育的根本任务是让学生的思维得到发展，思维的变化及观念的变化都是学生成长很重要的过程。整本书阅读是锻炼学生思维能力、健全思维体系的有效途径，能够让学生在真实阅读中提升洞见。对于整本的书，必须深入阅读、深入思考，才能走向文本深处，达到对文本内容的通透理解，得出对人物主题的独到见解，实现与文本、作者在见识上的高度统一。

读懂一本书包括三个层次：一是作品表面上写的是什么，即作品的故事情节；二是作品实际上写的是什么，即主题；三是作者想要表达什么，即作者的意图。这三个方面的认识是一个由浅入深的过程。比如，《骆驼祥子》整本书阅读，学生通过阅读知道小说里的人物，了解了主人公祥子三起三落的个人奋斗史，这是第一个层次。在此基础上，学生思考祥子悲剧的社会原因和个体原因是什么，形成对社会、人生、命运等的立体综合认识，这是第二个层次。第三个层次，学生要思考作者老舍为什么要写这部小说，他所表现的小人物的命运有什么普遍的意义和价值。如果学生通过阅读能够对这三个方面有所领悟，就算基本完成了阅读任务，达到了阅读目的。

判断学生是不是读懂了一本书，我们可以通过"用自己的话来说""说出自己的经验"这两点来检验。我们要鼓励学生离开书本，用自己的语言归纳、表达，用书中的内容来给出理由，在此层面上方能与作者达成共识。对于文学作品，我们还要读出文本的言外之意。多重含义的隐喻在字里行间所传达的信息，有时比文字本身还要丰富。

判断学生是不是读透了一本书，要看学生能不能提出新的问题，并且有意识地尝试解决，这就是主动阅读。主动阅读不会因为已经了解一本书在说些什么而停顿下来，必须能评论，提出批评，才算真正完成了这件事。弄懂一本书讲什么，这只是整本书阅读深入思考的第一步。进行评论，提出问题才是深度学习所要求的高阶思维的体现，也就是创造性思维。

要让学生读懂一本书，可以设计难度适当的、有指向性的阅读任务。比如，设计追求理解的名著阅读作业系统，围绕"为理解而读"设计命题、交流、保障三大系统，提升学生核心素养。或者，设计导读问题群，针对某一教学主题，从不同的角度设计并列或递进的多个问题，或是在某一教学过程中设计一系列具有逻辑性的问题，为学生搭建从思考走向深度思维的台阶。

阅读是凭借着头脑运作，玩味读物中的字句，以一己之力来提升自我的过程。别人永远不可能替代自己进行阅读。整本书阅读，学生要自己读，细细品，慢慢悟，让情感体验和思维发展一体化提升。只有如此，阅读之花才会结出丰硕的思维之果。

参考文献

［1］吴欣歆.培养真正的阅读者——整本书阅读之理论基础［M］.上海：
　　上海教育出版社，2019.

［2］陈静静.学习共同体：走向深度学习［M］.上海：华东师范大学出版
　　社，2020.

［3］［法］安德烈·焦尔当.学习的本质［M］.杭零，译.上海：华东师范
　　大学出版社，2015.

［4］顾明远.如何培养学生的思维［N］.山东教育报，2016-12-14（6）.

［5］［美］莫提默·J.艾德勒，查尔斯·范多伦.如何阅读一本书［M］.
　　郝明义，朱衣，译.北京：商务印书馆，2004.

［6］蒋国银.追求理解的名著阅读作业系统［J］.中学语文教学参考，
　　2020（35）：44-46.

［7］戴静蓉.问题群的"三维"设计［J］.中学语文教学参考，2020（35）：
　　49-51.

共情与共识：整本书阅读实施的双支点

——以《朝花夕拾》导读为例

一、以情感激发、思维深化为突破口，建立整本书阅读的双支点

语文教学既有短篇文章的教学，也有整本书阅读的指导，其目的都是培养学生的语文核心素养，但在实施上应有所区别。短篇文章的学习重在技巧、方法的学习、运用，重在语文知识的积累、巩固，要在细节处下功夫，就是要弄清楚"是什么"。而整本书阅读，要突出"整"的特点，从全局、整体上把握，要特别重视学生阅读时独特的体验和感悟，即重在"有没有"。相较于短篇文章，整本书有繁复的情节，有众多个性突出的人物形象，构建的是一个复杂而立体的文学虚拟世界。学生阅读整本书时并非理性而客观地审视文本和文本所营造的世界，而是带着自己的喜好去打量、去观察、去接触、去深入，进而融入其中，获得从短篇文章中无法获得的丰富的人生体验。这些体验是超越学生自身生活经历的全新体验，带有学生自己的独特性、独创性的个性化体验，这也就是"一千个读者就有一千个哈姆雷特"的道理。要做好整本书的阅读指导，就要在这个不同处下足功夫。

整本书通过文字营造的世界是虚拟的，学生独特的阅读感受也是基于自身的生活经验，运用想象、联想、推理等方式产生的，但是，学生阅读时的喜怒哀乐等情感是真实的，因此学生才有了身临其境般的感觉。同时，学生通过解读文字，捕捉信息，并且进行加工整理，形成认识，得出判断，尝试还原作者营造的虚拟世界，最终达到对作品思想、主题及作者意图的领悟和理解，思维能力在此过程中也得到了锻炼和提升。

可以看出，站在学生的角度，情感体验和思维进阶才是整本书阅读中较为重要的两个点，且互为依托。有情感体验，才是真实的阅读；有思维进阶，才是有效的阅读。安德烈·焦尔当认为，知识是一种不能被授递的个体认知，任何人都必须把知识变成自己的经验，教师的作用只能是组织一些条件，以促进对另一种行为、另一种知识的探寻。因此，教师进行整本书阅读指导的重点，就是采取一定的措施，使学生真实阅读，激发学生真实的情感体验，引导学生在阅读中深入思考，让学生在反复阅读中不断强化情感认知和思维进阶，从而形成稳定的阅读习惯，为学生持续开展整本书阅读打好基础。《朝花夕拾》为初中第一部必读名著，教师可以依据这个思路设计名著阅读指导。

二、用情感融通消除阅读上的隔膜，达成共情

共情是阅读时情感体验的最佳境界。所谓共情，是指个体理解了真实的或想象中的他人的情绪而引发的与之一致或相似的情绪体验。这是一种替代性的情绪反应能力，即个体能够以他人为中心，识别和接纳他人的观点并能够亲身体验他人情绪的一种心理过程。阅读文学作品，学生尝试以自身的体验为基础，理解作品中的人物，将自己置于作品的生活环境之中，体验人物的经历，感受人物的悲喜，从而推己及人，与作品中人物达成共鸣，形成共情，并将此种情感体验以合适的方式表达出来，获得关于人生的某些经验和启示，进而由人及己，修正、完善自己已有的观点和想法。这种有情感印记的阅读体验有助于学生形成稳定而持久的阅读习惯，这种有深度思维参与的阅读当然也能发挥以文化人、润物无声的巨大作用。

《朝花夕拾》是学生在初中接触的第一本教材推荐阅读的名著。虽然其中的十篇文章都是鲁迅先生回忆青少年时经历的作品，却并非是以学生为阅读对象创作的文章，内容庞杂，既有对往事的回忆，也有对传统的审视，还有对现实的批判，其内容之丰富、意义之深邃，并不亚于鲁迅先生的其他作品。加之鲁迅先生语言文白交杂、语句结构繁复的个性化特点，七年级学生要通过自由阅读达到完全理解，难度较大。学生第一次阅读这样的经典作品，如何消除与经典的隔膜，是首先要解决的问题。

我们可以从情感上做文章，让学生从心理情感上认同这部作品。《朝花夕拾》中的大部分文章写的是作者童年及青少年时的经历、感受，充满童趣童

真，文中人与学生的年龄相仿，感受相近，学生易于产生情感上的共鸣。这是打通作品与学生之间隔膜的最直接的桥梁。学生可以借助单篇文章的阅读方法和经验进行初读，在此基础上再完成篇章之间的贯通与联结，由单篇到整本，由情感到主题，打通初读经典的阅读障碍。我尝试从以下几个角度来设计问题，引导学生调整阅读的关注点和切入点，帮助学生克服畏难情绪：

一是引导学生关注鲁迅先生笔下的人物，感受鲁迅先生对这些人物的情感。提出问题：你觉得鲁迅先生对这个人物或事件是什么情感态度，你是从哪里读出来的？这个问题看似简单，但是对于学生来说并不简单，因为人物是复杂的，情感也是复杂的。孩子们常常会在争论中发现更多的答案，对鲁迅先生的认识随之逐渐深入。

二是引导学生用儿童的眼光体察童年鲁迅的喜怒哀乐。提出问题：你觉得书中鲁迅先生的喜、怒、哀、乐是什么？你能理解他的感受吗？当学生尝试从自己生活经验的角度去解读鲁迅先生时，他们发现，鲁迅先生也和自己一样喜欢玩耍，喜欢做游戏，喜欢小昆虫、花花草草，喜欢玩具；他也会在别人弄坏自己的小东西后记仇、生闷气；他也有不想读书的时候；他也会因为父亲的病而悲伤、自责，也会因为庸医误人性命而愤恨。这一切发现，让学生很自然地得出了"鲁迅先生也是一个普通人"的观点，学生和鲁迅先生心理上的亲近感不断增强。

三是让学生谈谈对鲁迅先生及他所处社会的看法。让学生设身处地想一想，处在那样的环境中，自己会怎么做。学生从情感上亲近鲁迅先生，在心理上换位思考，就可以进一步理解鲁迅先生的所作所为，就能慢慢体会鲁迅先生的成长历程，完成思想上与鲁迅先生的近距离接触。

通过这样的引导，学生在书中能找到自己感兴趣的内容，所以抗拒的心理就弱了很多。但这只是阅读的第一步，要深入阅读，就要在思维进阶上下功夫，让学生读懂文章的主旨，有意识地去理解作者的情感和思想。

三、用思维导引消除理解上的壁垒，形成共识

在整本书阅读中进行思维训练，不能仅仅满足于读完一本书，读懂大意，更不能要求学生不求甚解地读书。作为语文阅读的三大板块之一的整本书阅读，既是学生积累语言文字、学习运用语言文字的重要途径，也是锻炼学生阅

读方法和技巧，发展学生思维的重要方式，因此，读懂内容是基本要求，读出意图和主旨是能力提升，读出问题和新意是思维进阶。为了达到这些目的，在进行整本书阅读时，我们有必要进行多种方式的阅读指导和训练，如前后勾连的阅读、多篇比较的阅读、人物形象的分析及主旨主题的探究等。我们要通过一本书的阅读让学生学会同一类书阅读的基本方法，掌握一些基本的技法，实现能力的迁移。只有进行这种有梯度、渐进式的阅读训练，才能培养学生持久的阅读兴趣和习惯，最终提升学生的语文核心素养。

以《朝花夕拾》为例，我们确定了小台阶、勤指导，多示范、授方法，晓背景、知文意的阅读指导路径。我们从指导学生独立进行单篇阅读开始，用圈点勾画、做批注的方法读懂文章内容，做好读书笔记，记录阅读时存在的问题。在此基础上，我们通过讲解背景资料，让学生进行小组合作学习，交流学习心得，解决学习中遇到的问题，我们进行归纳、点拨，答疑解惑。在单篇内容理解的基础上，我们再指导学生进行比较阅读、主题阅读，用整体的方法和视角去处理整本的书，学习信息的搜集与整理，进行观点的梳理和概括，尝试问题的提出和解决，最终达到对整本书思想内容的全面认识。

在具体实施上，我们设计了《朝花夕拾》系列阅读指导，让学生踏着这"五个台阶"走进名著，走入文本，掌握方法，形成能力。

（1）基于单篇内容归纳概括的手抄报设计。

（2）基于问题提出与解决的小组阅读。

（3）通过单篇连缀进行内容的贯通。

（4）基于双重视角的文章内容分析：儿童和成人、回忆和现实。

（5）基于主题阅读的深度探究：鲁迅先生的童年、鲁迅先生的成长历程、鲁迅先生的儿童观等。

"基于问题提出与解决的小组阅读"导读设计如下。

基于问题提出与解决的小组阅读

一、课前

学生完成对十篇文章的独立阅读，每个人提出自己在阅读中存在的问题。

教师剔除关于字词的问题，挑选与理解文章内容有关的问题，了解学生初读状况，掌握阅读问题情况。

二、课堂上

（1）学生分组，汇报自己阅读完成情况。

（2）小组成员互相检查读书笔记完成情况，进行小组内评价。

（3）小组成员选取1~2篇文章的问题进行讨论，形成小组的结论。

（4）小组向班级提交一份研修成果，并提出1~2个待解决的问题。

（5）教师指导学生思考、解答学生所提问题。

三、课后

每个学生根据课堂研讨，选取一篇文章，形成自己第一阶段的研究报告。

报告内容包括：

（1）概括文章所写内容。

（2）说说文章中你印象最深刻的事件或者人物，并加以解释。

（3）读了这篇文章，你的感想是什么？说具体一点。

（4）在阅读中，你解决了什么问题？是如何解决的？

（5）你对文章还有什么疑问或者问题？

"通过单篇连缀进行内容的贯通"的教学设计。这一设计意图是确定范围，在文章中搜集相关信息，按照时间排序、整理，根据掌握的信息为鲁迅先生写小传。学生在此过程中学习信息的搜集与提取，掌握信息搜集的简单方法（勾画法、图表法），能对信息进行简单的加工整理，按时间顺序写一段文字，进行读写结合的训练。如何搜集及进行整理归纳、写话是重点，搜集信息范围的确定和写作是难点。第一个环节，阅读思考：哪些文章中都提到了同一个人？哪些文章都讲述了童年童趣？哪些文章写到了作者自己的读书、求学经历？第二个环节，对比阅读，寻找异同。教师给出《鲁迅自传》的节选，对照《朝花夕拾》的相关篇章，让学生说一说有什么发现。第三个环节，搜集信息，写传记。学生根据书中的内容，为鲁迅先生写一个简介或小传。

"基于双重视角的文章内容分析"教学设计。本书是以儿童的视角进行叙述的，通过儿童的视角，认识社会现实，童趣中带有深刻的疑问和思考，夹杂了成年鲁迅先生的思维和批判。教师要指导学生学会从儿童视角和成人视角多角度理解文章内容，初步了解鲁迅先生嬉笑怒骂皆成文章的风格，学习用默读、跳读的方法进行信息的搜索、提取，并能用自己的话进行概括。第一个环节是单篇透视。以《狗、猫、鼠》为例，学生默读文章，看看文章写了哪些充满童真童趣的事，哪些是作者写作当时的感受。学生在文字旁边用简练的语言概括。第二个环节是多篇勾连。学生用同样的方法快速阅读《无常》《二十四孝图》，看看哪些是儿童视角，哪些是成人视角，表现了作者怎样的思想感情。第三个环节是整本综合。学生思考在《朝花夕拾》中看到了一个怎样的鲁迅先生。

深度学习主张"以高品质学习设计培养学生的高阶思维"。作为整本书阅读，教师导在课内，学生读在课外，主要靠学生自主完成阅读任务，对学生的学习品质要求较高。所以，我们在思维进阶过程中主要采用任务驱动的方式，让学生带着任务进行阅读，同时不间断进行正向激励，组织学生进行展示、汇报，激发学生参与阅读的热情。

总而言之，阅读中情感与思维两个因素都不可或缺，必须同时关照、同时推进。但是，情感与思维的发展提升并不能截然分开，而是互为依托、相互融合。教师在教学设计时对两者应同时关注，共同实施。深入理解文本内容，有助于学生形成正确而持久的情感体验。而适度的情感体验与表达，也有助于学生阅读积极性、主动性的激发和阅读的持续、深入开展。毕竟，儿童很少会主动学习，除非他在其中找到一定的兴趣。在深入理解的基础上，通过阅读，学生的思维不断进阶，其头脑中的旧有观念和想法得以更新，在思维上达到与作者相同的认识水平，与作者形成共识，才有可能进一步进行检视和评价，最终形成自己的观点，从而使思维能力真正得到提升和发展。这正是我们进行整本书阅读的重要价值之所在。

参考文献

[1] 安德烈·焦尔当.学习的本质 [M].杭零，译.上海：华东师范大学出版社，2015.

[2] 李二平.浅论共情理论在中学语文教学活动中的应用 [J].新课程学习（基础教育），2014（6）：103-104.

[3] 陈静静.学习共同体：走向深度学习 [M].上海：华东师范大学出版社，2020.

语文学习重在激发学生的兴趣与活力

——语文教学"少教多学"改革的探索与实践

一、语文教学思想的变革——自主与主动成常态

1. 语文学习的自主性与主动性

自主即独立、非依靠,主动即积极、不消极。语文自主性、主动性学习是指以尊重学生的独立人格、发展学生个性为宗旨,以更好地发挥学生在学习过程中的积极性和主动性,使学生更好地学会学习为目标的一种教学思想和学习形式。

2. 提倡"少教多学"与语文学习的自主性、主动性的必要性

实施课改之前,不少语文教师只注重学生考高分,急功近利,"为分而教"。中考考什么教什么:中考考多音字、形近字、多义词、近义词的辨识,那么在授课中就教这方面的知识;中考考文段关键词语、关键语段的分析,那么就索性把每册基本篇目课文中的关键词语、关键语段挑出来,进行有针对性的训练;中考考名言警句的识记,那么就把名言警句收集在一起让学生背诵……以填鸭式、点划式的训练模式训练学生,加重了学生负担,学生的阅读面、见识面却变狭窄了;而且,学生的学习几乎完全依赖于老师,严重缺乏自主性与主动性。

《课程标准》对语文课程的性质有新的明确的定位：语文课程是一门学习语言文字运用的综合性、实践性课程。既然是综合性的课程，就不能靠单一的手段和方式进行教学；既然是实践性的课程，就需要学生通过思考、感悟、体验、运用去达成学习目标，任何学生以外的人都不能包办代替。因此《课程标准》明确提出："语文教学应激发学生的学习兴趣，注重培养学生自主学习的意识和习惯。"这一理念强调了教师要把着眼点放在引导学生自主、主动地学习上和培养学生的基本素质上。《课程标准》指出：让学生成为教学过程中的主体，成为课堂教学的主人；在教学过程中学生要有自主性、主动性、创造性；让学生在教师的指导下自主学习；教师应为学生进行自主学习创造良好条件。这就要求教师"创造性地理解和使用教材，积极开发课程资源，灵活运用多种教学策略，引导学生在实践中自主地、主动地学会学习"。学生能够自学完成的任务，教师不教；学生能够通过合作探究解决的问题，教师不教；学生存在疑惑不能解决的问题，教师再进行点拨、讲解，教师起到帮助学生完成学习任务的作用。教师少教，学生多学；学生在少教多学中充分发挥自主性和主动性，形成自主、主动学习的意识和习惯，提高学习效率。

二、语文课堂教学的变革——"少教多学"激活力

语文高效课堂的最大转变就是"少教多学"，教师不再居于课堂的中心地位，课堂要以学生为中心，学生才是学习活动的主体。少教多学、以学定教、以教导学的"三自"语文教学模式提高了课堂教学效率，激发了学生的学习热情，使语文课堂充满了活力。但在实施这一模式过程中，我们要处理好三个关系，遵循五个原则。

1. 处理好三个关系

（1）导学与自学的关系。

教师的少教体现在教学活动中就是以导为主的导学，引导学，指导学。教师的导一是要有启发性，不包办学生的学习和思考，少做灌输式的"教"，要鼓励学生自主学习，主动发现并提出问题，尝试解决问题，教师为学生的学习提供必要且适当的帮助；二是要有针对性，不要笼统全面地教学，要针对学习过程中存在的问题及学生的个体差异展开教学；三是要有创造性，集中时间和

精力创造性地设计教学内容和教学过程，帮助、激起、强化、优化学生的自主学习；四是要有发展性，即教师按"最近发展区"的要求，为学生的学习搭建"支架"，通过支架的支撑作用把学生的智力、情感水平提高到另一个新的发展水平。

（2）分组与合作的关系。

分组的目的是化大为小，让原来以班级为单位的学习共同体分散为以组为单位的学习共同体。这样做的好处是学生参与学习过程的机会大大增加，个体用于学习的时间明显增多。在教学中，学生的学习单位是学习小组，学生的自主展示、探究质疑都在小组内完成。因此，教师不仅要指导学生建立小组，还要建立起小组内的良好运行机制，组长负责，组员互帮互学，互相激励，互相约束。只有建立起有效的小组运行机制，学生才能真正进行有效的讨论交流、质疑问难。同时，教师要注意组与组之间的交流对话、协调同步，做到全班一盘棋。

（3）预设与生成的关系。

课堂教学的预设体现教师对文本的尊重，生成体现教师对学生的尊重；预设体现教学的计划性和封闭性，生成体现教学的动态性和开放性，两者具有互补性。预设是必要的，课堂教学是一种有目的性、有意识的教育活动，预设是课堂教学的基本特性，是保证教学质量的基本条件。自主性的课堂要重视生成，但是要明确，教师只有进行合理的、充分的预设，才会在课堂上有精彩的生成。

2. 把握好五项原则

（1）尊重鼓励原则。

在课堂教学中，教师要努力使学生消除对教师的畏惧心理，营造和谐、愉快的气氛。教师要用亲切的微笑、爱抚的动作、信任的目光、耐心的倾听、鼓励的话语消除学生对教师的敬畏感，让学生感受教师发自内心的关爱，从而激起他们回报的情感，使学生产生学习的驱动力。

（2）激发兴趣原则。

新课的导入是一种教学艺术。精彩的导语，会调动学生主动学习的热情，使教学很快进入佳境。经常用的导入方法有讲故事、猜谜语、提出名言警句、设置悬念、讲述新闻奇事以及联系生活实际等。三分钟演讲、课本剧演出、复述课文、点评作文，以及为课文内容续写、改写等都不失为好的导入形式。

（3）激励评价原则。

教师可以引导学生在课堂的"快乐圈套"里产生能够实现愿望的心理自我暗示效应，从而产生自信心，进而感到经过努力是完全可以实现自己的抱负的。课堂上，教师可以通过差别化、多样化的积分奖励和评价来激励学生的成功体验。评价方式可采取教师口头语言表达，也可以采取学生互评甚至自评。教师还可以用无声的语言来表达对学生的肯定，包括笑容、兴奋的神情和期待的眼神等。

（4）资源优化原则。

教师应充分利用各种教学资源，特别是现代多媒体信息技术，是课堂焕发生机的有效手段。在课堂上，教师应该注重运用投影、录像、音响、多媒体等现代化教学媒体，使原本单一的教学手段变得多样、生动，使抽象难懂的教学内容变得形象直观、妙趣横生，从而充分调动学生学习的主动性，使学生积极地参与到学习活动中。

（5）活动载体原则。

活动是施展才能的舞台、谋求发展的阵地，是脱颖而出的契机。教师在课堂上适时开展一些开放、多彩、活泼的语文活动，让每个学生的个性都得以凸显，才华都得以展示，使之获得强烈的成功体验，如3分钟演讲、成语接龙、名句欣赏、即兴发言、佳作鉴赏、读书心得交流、口头作文比赛、语文知识竞赛、诗文片段背诵比赛、名人伟人介绍、学做主持人、小品表演等。教师可根据教学及学生需要，在不同阶段开展不同形式的活动，也可采用自编自演课本剧的方式，使学生在实践中提高语文水平。

我们的语文课堂要努力地、创造性地理解和使用教材，积极开发课程资源，灵活运用多种教学策略。整堂课教师指导学习时间与学生学习时间比例约为3：5，真正实现"少教多学"，从而体现学生语文学习的自主性、主动性。

三、课堂外的变革——多读多写提能力

1. 开展课外阅读活动，让阅读变成"悦读"

学习语文必须抓阅读，特别是课外阅读。我们做了几方面工作：一是推荐符合学生心理特征，适合学生阅读的书目；二是与校图书室联系，为学生语文

阅读借阅图书大开绿灯；三是在学生中开展图书漂流活动，发动学生把自己家里的藏书拿到班级来，互相交流阅读；四是适时开展一些读书竞赛活动，充分激发学生的自主性与主动性阅读的热情和欲望，创设阅读动机，营造最佳的阅读氛围，千方百计地调动学生的最佳精神状态，使每一个学生都能积极主动地参与到探究性阅读的活动之中，让阅读变成"悦读"。学生在读书过程中做了很多的读书笔记，还写了读后感，这不仅扩大了学生的阅读量，更有利于其语文素养的提高。

2. 开展社团活动，培养写作兴趣

为了提高学生的写作兴趣，让优秀的习作有一个展示的平台，我们创办了春芽文学社（由全校文学兴趣爱好者自愿组成）。春芽文学社成立之初，有50名文学社员，之后又有一些文学爱好者加入，目前共有100名文学社员。春芽文学社成员负责编辑校报《春芽》，教师指导文学社成员收集作品，自行进行筛选、印刷并发放给各个班级。校报每月一期，截至目前已经出了5期。除此之外，我们充分利用好每次的征文活动，如"法在我心中""我的梦中国梦""书信大赛"等。学生积极参加这些活动，大大激发了写作热情。

3. 以语文课外活动为载体，激活语文实践

提高学生语文综合能力的途径就是应用。所以，我们通过举办演讲赛、经典诵读、征文比赛等活动为学生提供参与的平台。每学期，大型的演讲赛和经典诵读各举办一次，几乎人人报名。我们通过演讲和经典诵读，唤起学生学习的兴趣，调动学生学习的自主性和主动性，考查他们的知识、能力和综合素质。学生的天性是好玩、好动、好体验。语文课外活动具有自愿性、主体性、开放性的特点。我们通过开展丰富多彩的语文课外活动，促使学生自主参与、主动参与到活动中，充分激发其学习语文的兴趣。

四、促进了语文教师专业成长

1. 教师理念更新

通过"读课标、促成长"课题培训，外出学习，积累经验，结合课题针对性地进行理论学习及参加国家远程教育培训活动，课题组教师理念实现了三个转变：使学生的学习从依赖教师的学习变为在教师指导下的独立学习，从注入知识的被动学习走向开掘智能的主动学习，从圈于书本的学习走向联系生活的学习。

2. 教师教育教学水平提升

通过积极撰写教学叙事、教学案例、论文、经验总结、教学反思、说课稿等，教师自身的课程建设能力、课程执行能力有了显著提升。其中，杨健老师被市教育局聘为咸阳市校本研修指导专家，唐爱艳老师被评为省级教学能手，张萍望老师被评为2014年县级教学能手，同时，课题组5位老师都获得"全国语文能力竞赛优秀指导奖"。

五、学生的语文素养得到了全面提升

1. 学生参与语文活动的积极性明显增强

学生们每周积极去校图书室借阅图书，在班内开展读书交流活动，撰写读书心得；自发组织听写大赛、古诗文默写活动；积极给校报投稿且有的作品在市级刊物上已经发表；踊跃报告参加经典诵读活动。学生不但语文成绩大幅度提高，而且其余各科成绩也有所提升。学生的语文素养得到全面提升。

2. 学生的成绩明显提高

课题研究期间实验班与对比班考试成绩对比情况见下表及下图：

实验班与对比班考试成绩对比表

时间 / 班级	2013—2014学年度第二学期期末	2014—2015学年度第一学期期中	2014—2015学年度第一学期期末	2014—2015学年度第二学期期中
对比班平均分	63.74	64.38	63.94	64.53
实验班平均分	65.53	65.96	67.83	68.82

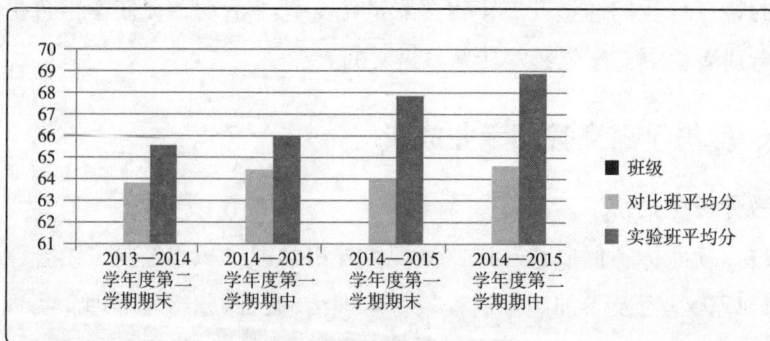

实验班与对比班考试成绩对比图

　　经过几年的努力，我们在语文教学之路上的探索取得了一些收获，但是也发现了一些问题，如在小组合作中如何更好地帮扶学困生问题有待深入探讨，学生的多元化评价也有待深入研究。今后，我们将一如既往地走教改之路，坚定以学生为主体的教学理念，采取更灵活的方式进一步调动学生学习语文的兴趣，进一步加强学习小组的建设，探索多元化的评价方式，继续挖掘课题资源，使语文教学的效果更佳，让学生的学习兴趣更浓，让学生的语文素养得到更加明显的提升。

参考文献

［1］中华人民共和国教育部.义务教育语文课程标准（2011年版）［M］.北京：北京师范大学出版社，2012.

［2］教育部基础教育课程教材专家工作委员会.义务教育语文课程标准解读（2011年版）［M］.北京：高等教育出版社，2012.

［3］蔡可.义务教育课程标准（2011年版）案例式解读（初中语文）［M］.北京：教育科学出版社，2012.

［4］［美］艾玛·麦克唐纳，戴安·赫什曼.如何打造高效能课堂［M］.车蕾，龚锐，译.北京：中国青年出版社，2011.

［5］李炳亭.高效课堂22条［M］.济南：山东文艺出版社，2009.

［6］陈萍.课程执行力：教师专业能力的理性诉求［J］.中国教育学刊，2013（12）：82-85.

让语文教学慢下来

——学习"真语文"的感悟

语文教学，从有效到高效，从投影到白板再到一体机，名称在变，形式也一直在变。但是核心没有变，也不能变，那就是我们的教学内容还是语文，教学对象还是学生。语文教学就应该符合语文的性质，有语文的特点，运用语文的方法。教学可以跨界，可以借鉴，可以取他山之石，可以采百家之长，但是不能越界，不能邯郸学步，忘了根本。

语文出版社的王旭明倡导真语文，他认为语文教育应该以语言文字的基本元素为基础，以字、词、句、段、层、语、修、逻、文为主要的训练手段，以追求语文人文性与工具性统一为全过程，以促进学生和谐语文生活为终极目标。这样的语文观是实事求是的语文观。但是，如何能做到"真"字呢？真语文强调涵泳语言文字，体会文本主旨，在写作教学中，强调表达和交流，结合具体情况，传达真实感受，说真话，写真文，诉真情。

如果从强调"真"的这个角度出发，我认为，语文高效课堂倒不如"本色课堂"来得准确。高效课堂的"高效"其急功近利的色彩过于浓重，往往在实际操作中被解读为通过课堂获得更高的分数，做对更多的题目。这样，最后导致语文课改与最初的设想渐行渐远。课堂应该讲究效率和效益，即所谓投入产出比。师生投入时间和精力，总要有所收获。但是语文素养的培养、能力的达成需要循序渐进，需要耐心和等待。语言素养的培养过程是缓慢的、不自觉的，诚所谓耳濡目染，润物无声，绝非有些人认为的可以立竿见影，刀响见菜。期望每节课学生都有明显的进步与变化其实不切合实际，最起码对于语文课大抵如此。一味地强调高效，就很难理解"有一种教育叫等待"的教育理念。

　　如何让语文教学"真"起来？首先要让课堂"实"起来，不做样子，不秀拳脚，不走过场，实实在在，认认真真。但是最紧要的，我以为还是要让语文教学"慢"起来。"慢"语文就是扎实积累的语文、细细品味的语文、真切感悟的语文、循序渐进的语文。

　　如何让语文教学实起来、慢起来，我觉得"低要求、高标准"可以算得上第一步。"低要求"就是教师在课堂上向学生提问要低起点，要接近学生的思维发展区，不要站在教师的角度和层面设计问题。"高标准"就是教师对学生的每一项能力的达成，毫不含糊，不流于形式，不走过场。反观我们的语文教学，总是提出一些陈旧的、老套的问题，如分几段，主题是什么，有什么写作特点，等 等，或者是提出一些不明就里的问题，让学生如坠云雾之中。面对能力的训练，我们的语文教学却总是点到为止，浅尝辄止，亮光乍现，稍纵即逝，没有真正开始就已经结束了，根本谈不上深入。

　　"真语文"其实也是"新语文"，并非要重拾传统的、老旧的教法。"真语文"不能再延续以前对文本进行肢解的错误做法，而要以语言运用为核心，通过开展听说读写的语言实践活动，指导学生正确理解与运用语言文字，要求的是教学方法的多元、教学策略的得当，以及基础训练的适宜，能体现以教导学、以学定教、师生互动、教学相长。

　　学习语言要通过语言作品来实现。语言有形式和内容两个方面。对于学生而言，没有认识语言现象和掌握语言形式，就不能透彻理解语言的内容。一堂语文课，教师应当抓住语言因素，从语言形式入手，引导学生"在泳池中学游泳"，在言语实践中学习语言运用。我们也可以这样理解：一篇文章，"讲了什么"是内容，"表现了什么"是思想，"是如何讲的""为什么这样讲"就属于语言形式的问题。而后者就是语文教学的重心之所在，是语文教学必须首先解决和关注的问题。

从网络教学看学生学习自主性、
主动性的培养

新冠肺炎疫情暴发，开学延迟，学校和教师在没有准备的情况下，开启了网络远程教学模式，时间之长，参与人数之多，前所未有。总体来看，网络教学运行平稳，师生配合密切，取得了很好的社会效果和教学效果。这得益于各级教育行政部门、教研机构的正确决策和指导，得益于我们平时建立了较为成熟的家校沟通协作机制，得益于教师有较强的信息技术应用能力，也得益于三级三类骨干体系示范带头作用的发挥，让整个教育系统面对大考交上了一份合格的答卷。但是，我们也应该看到，网络教学也暴露出了我们教育教学中存在的一些深层次的问题，如学生的学习自主性缺失、主动性不强，家庭教育重养轻教、日常监管缺位等问题。这些问题导致了网络教学的优势没有完全发挥出来。而学生学习自主性、主动性缺失是目前我们教学工作中亟待解决的问题。

一、被动的自主状态难以实现主动的自主学习

自主学习是以学生作为学习的主体，学生自己做主，不受别人支配，不受外界干扰，通过阅读、听讲、研究、观察、实践等手段得到持续变化的行为方式。自主学习强调学生愿学、乐学、会学、善学，要求学生自醒、自励、自控。不难看出，自主学习首先是学生自己在学习，别人不能包办代替；自主学习一定是学生自觉的学习，而不是外界强加的或者限制的行为。

2001年，在党中央、国务院的领导下，教育部正式启动了新一轮基础教育课程改革，新课改的一个显著变化就是对于学生学习方式的变革。《基础教育课程改革纲要（试行）》在论及基础教育课程改革的具体目标时指出："改变

课程实施过于强调接受学习、死记硬背、机械的现状，倡导学生主动参与、乐于探究、勤于动手，培养学生搜集和处理信息的能力、获取新知识的能力、分析和解决问题的能力以及交流与合作的能力。"《课程标准》中也明确指出，积极倡导自主、合作、探究的学习方式。之后的课堂教学改革其实都是围绕着确立和保证学生在学习中的主体地位而进行。目标教学、有效教学、高效课堂都是如此。经过20年左右的课堂教学改革实践，课堂上的满堂灌、一讲到底的情形发生了明显的改变，教师提问多了，学生活动多了，课堂讨论多了，填鸭式的教学方式逐渐退出了课堂，学生的个性在课堂上得到了解放，学生学习自主性得到了一定体现。

但课堂上的自主毕竟是在教师主导之下的自主，是在教师在场的情况下营造出来的有限的自主。当教师离场之后，学生学习的自主性才能真正体现出来。应对疫情的远程教学让我们对学生学习的自主性进行了一次实际的检验。我们发现相当一部分同学在没有教师监管的情况下，不能按时参与网络学习，不进行网络互动，不按时提交作业，个别同学甚至以上网课为借口，通宵打游戏，学习效果可想而知。这样的情况不是个别现象，农村学生的情况更为严重。因为农村家长自身文化水平有限，对学生的学习重视程度不够，而且缺乏对孩子的监管能力，所以一部分学生的居家远程学习完全流于形式。我们有非常负责任的教师，有制作精良的视频网课，但是依然无法将学生从游戏之中唤回网络课堂，网课的效果仍然无法保证。

虽然家长的教育监管责任是主要的，但是从一个侧面也能反映出我们的学校教育关于学生学习自主性培养的缺失。我们经常讲要培养学生自主学习的习惯，我们也尝试用各种方式培养学生的学习习惯、学习方法，如导学案、预习单等，但是在真实的情境之中，我们才知道教师的细心呵护并不能使学生养成真正的自主学习习惯。在中小学课堂上存在的虚假学习、浅表学习，造成学习困难的学生不断增加，厌学学生的比例不断攀升，这是我们当前课堂最大的困境。

二、远程教学的核心要求是促成学生自主学习的实现

居家远程学习，教师够不着，家长管不了，这就是基本的学情。如何针对学情开展适宜、有效的网络远程教学，让学生从他律转化为自律，从被动转化

为主动，保质保量完成学习任务，这既考验家长的耐心，也考验管理者和施教者的智慧。

1. 要对远程教学进行严格管理

远程教学虽然师生分处两地，但是并不意味着教师可以无所作为，也不表示学校只能消极应对。严格管理仍然是居家在线学习的第一要务。一是教师帮助学生做好时间管理。在线学习打破了原有的学习和生活规律，学生可"自由"支配的时间非常多。要抵御自身的惰性和依赖性，学生就必须强化时间观念，坚持原来正常的作息时间安排，根据学校安排的在线学习计划，认真学习并完成教师布置的作业，完成自己设定的学习任务，这是体现学生学习自主性的第一步。二是教师做好考勤管理，授课教师认真负责，从签到考核到课中提问，再到课后作业批阅，一定要环环相扣、一丝不苟。授课教师对于学生参与课堂教学的情况要及时汇总，并向班主任和教学管理人员进行反馈，必要时要和家长及时沟通。我们的教学实践也说明，认真负责的教师学生到课率高，授课效果也好。三是学校加强教学实施的过程管理，学校教务和政教部门分工协作加强对教师和学生的教学过程的考核必不可少，管理人员要加强统筹协调，对网课教学的课前组织、课堂管理和教学管理质量进行监督，通过网络会议及时进行阶段总结、点评，将问题解决在萌芽状态。

2. 要动员家长做好配合和监管工作

中小学生贪玩，自觉学习习惯差，因此需要家长配合教师做好监管工作。特别是农村，大多数家长对网络教学缺乏认识，缺乏管理孩子学习的技巧和方法。因此，我们在远程教学之前对家长进行培训、告知、提醒，让家长尽可能参与到网络教学的管理之中。比如，我们通过家长群发放《告家长书》、召开班级网络家长会、发送短信、打电话等方式，告知每一位家长履行好自己的监管责任。

3. 要将先学后教的要求落到实处

居家自主学习其实就是学生自学加教师的指导。要提高学习效率，教师就要改变以往学校授课的模式，将学习任务以导学案、预习案、导学单、预习提纲的形式提前下达给学生，让学生完成预学，教师在网络授课时间针对重难点进行分析讲解。教师要把学习任务的提前下达作为驱动学生学习的一个手段，而不是作为课后对学习内容进行巩固的作业练习。

4. 要选用合适的网络授课平台和方式

钉钉功能强大，但是家长手机安装QQ更多，微信交流更便捷但文件传输有限制。授课教师结合学科特点和自身教学优势，以及学生学习的便利性等选择网络授课平台。授课教师结合教学计划和进度，对授课视频资源进行选择，或者自行录制教学视频，制作教学微课，录制教学语音，等等。

5. 要为学生提供合适的网络学习资源

考虑到学生缺少课本、手机屏幕小等不利因素，教师指导学生提前下载网络学习资源，提前做好重难点记录。教师指导学生熟悉网络资源的使用方法，避免有资源不会用的低级错误。

6. 要对教学内容进行精心选择

网络教学受资源呈现方式及学生学习条件限制，教师对教学内容必须精心选择，有所取舍：一是教学内容难度不能太大；二是一节课的知识点不宜太多，最多不能超过三个；三是尽量选取便于学生识记的内容。微课制作要小容量、低起点、多直观、有趣味。比如语文学科，我们安排篇幅短小的文章、诗词教学，以及课内外名著阅读教学，穿插安排学生进行小练笔，等等。

7. 要注重学法指导

教师既要讲学什么，更要讲怎么学，使学生知道怎样学习才能省时、省力、效果好。比如，开展整本书阅读，教师就要帮助学生进行阅读规划，讲解做读书笔记的方法、圈点勾画的方法、梳理小说情节的方法等。在新的形势下，使学生掌握多样化的学习技能和方法，改变盲目学习的状况，是实现学生自主发展的重要目标之一。

三、复学后应多措并举，加强学生自主学习方式的培养

叶圣陶先生说"教是为了不教"，其意就是要培养学生自主学习的能力。随着学校复课，我们的教学工作将回归疫情之前的常态。但是，学生学习自主性和主动性的培养不能因为学生的返校而被习惯性忽视；相反，我们应该从长计议，思考如何改变目前学生学习主动性缺失的问题。

1. 勇于放手，培养自主探究的学习氛围和习惯

抱在怀里的孩子永远学不会奔跑。学生要自主，教师就要放手。我们的教学现在存在的问题不是放得太多，而是管得太宽，穿新鞋走老路的情况较为

普遍，课程标准的理念和要求并未真正落到实处。我们有为学生包办一切的传统，这样的做法助长了学生的依赖心理和懒惰思想。长此下去，学生的自主学习习惯永远也不可能培养起来。我们有时候说懒惰的教师培养出勤奋的学生，其实不是没有道理。课堂的精彩并非教师讲得透彻，而是学生学得明白。教师少讲一些，学生多想一想，教师后退一步，学生多动一动，也许效果更好。教师要学会倾听学生真实的声音，了解学生真实的学习现状和学习需求，学生被动学习的局面才会改变。

2. 实施目标导向、任务驱动的教学激励模式

学生学习不主动，源于学习没有目标，就像没有目的的旅行，往往是"从流飘荡，任意西东"。所以，首先要有目标导向，加强学生学习目的教育，激发其自主学习动力。自主学习是学生对所获取信息的主动构建过程。要激发学生的自主学习能力，关键要激发学生的学习内在动力和意愿。只有这样，学生的自主学习才能落到实处。在目标确定之后，我们就要将其分解为一个个小任务，实施任务驱动。这样的任务可以体现为导学案、导学单、预学提纲，也可以是预习性的作业等，学生经过长期坚持，让学习目标和任务逐渐内化为学习要求。

3. 落实先学后教、以学定教的教学理念

先学，就是教师给学生下达预学的任务，进行预学的指导，安排预学的时间，传授预学方法，学生完成预学。后教，就是教师要优化课堂的内容和结构，真正做到"三讲三不讲"，"三讲"指讲学生不易理解或容易理解错误的地方，讲学生似懂非懂、容易被忽视的地方，讲学生只知其一不知其二的地方；"三不讲"指学生已经会的不讲，学生自己能学会的不讲，讲了学生也不会的不讲。

4. 要统筹考虑综合施教策略

课内与课外、校内与校外本来就是相通而且相互影响的有机整体，不可能截然分开。因此，校内教学就要兼顾校外的延伸，课内讲解就要考虑课外的拓展，教师要统筹谋划学生的管理和教学工作的实施，不能将学情理想化、简单化。教师要将家长作为课程资源和管理资源一并纳入教学计划，探索校内外结合的自主学习模式，让学生学会独立学习，学会管理时间，学会规划未来。

习近平总书记在全国教育大会上提出在新时代要"着重培养创新型、复合

型、应用型人才"。我们要立足于为党培养创新人才的高度认识这个问题，通过培养学生自主学习的能力和习惯，培养学生的创新意识和创新能力，将党在新时代的教育目标任务落到实处。

参考文献

［1］池鹃.浅析初中语文教学中学生自主学习能力的培养研究［J］.中文科技期刊数据库（全文版）教育科学，2016（12）：78.

［2］陈静静.学习共同体：走向深度学习［M］.上海：华东师范大学出版社，2020.

［3］谈杨，陈静静.倾听学生真实声音，促进学生深度学习［J］.新课程评论，2019（12）：15–21.

更新理念　发挥优势　创新机制

——对教育系统关工委进行家长教育的思考

孩子是祖国的未来、民族的希望，孩子的成长教育是系统工程，关系到千家万户，牵动着方方面面，需要家庭、学校、社会三个方面的协同配合，这已成为全社会的共识。但三个方面的工作是否真正能做到协调一致，扎实有效，却一直被人们所忽视。特别是家庭教育更是良莠不齐，引起诸多纷争。俗话说得好，"父母是孩子的第一任教师"。其实，在现代社会，家庭教育既是摇篮教育，也是终身教育。家庭教育在教育系统工程中有着举足轻重的地位，而家长的素质在其中又起着决定性的作用。近年来，社会的转型导致家庭教育社会背景的巨大变化，使家庭教育的发展严重滞后，给孩子的教育造成了不小的负面影响。因此，我们有必要重视和加强对家长的教育和培训。本文旨在探讨教育系统关心下一代工作委员会（以下简称"教育系统关工委"）在家长教育方面一些可行的做法，以资借鉴。

一、我国家庭教育的现状

每个家长都在教育孩子，但方法不同，效果各异。我们的家庭教育存在着怎样的问题？能否与科技经济高速发展的社会现实相适应？我们就此广泛深入地进行了调查，发现家庭教育现状不容乐观。

1. 家长缺乏家庭教育的基础知识

许多家长都认为教育孩子很简单，家长怎样要求、孩子怎样做就行了。其实这是把复杂问题简单化了。可以说，任何一种教育都是一门学问，其中有知识，也不乏技巧，如果不加以学习，就很难无师自通。更何况许多人是第一次也是最后一次做教育孩子的工作，并无经验可供借鉴。举个例子，家长都习惯于在小孩子犯错误时讲道理，而且不厌其烦，苦口婆心，但效果并不理想。问题在于他们忽视了家庭教育的一个基础知识，即家庭教育从根本上说是一种情境教育、体验教育，不是说教。一千句一万句道理不如一次切身的经历来得直接、深刻。像这样的知识还有很多。

2. 家长缺乏先进的教育理念

现代家庭教育强调"以人为本"的教育理念，强调"自主、合作、探究"的教育方法。这些理念和方法运用于家庭教育，当然应该以孩子为中心。一切为了孩子的成长，这自不待说。但许多家长并未从本质上去理解、贯彻这些理念。他们总喜欢越俎代庖，包办代替，不尊重孩子的选择，不顾及孩子的感受，对孩子的教育总是从自身的喜恶出发，根据自己的想法去"改造"孩子，从孩子的衣食住行到上学、就业、婚姻，家长都管到底，还美其名曰"爱孩子"，但是稍有不顺心，就埋怨孩子不争气。殊不知，孩子是独立的个体，有自己的主观能动性。为孩子着想，家长就要尊重孩子作为个体的权利。如果家长漠视孩子的权利，那么培养出来的孩子也一样不知道尊重别人的权利，漠视别人的利益。

3. 家长缺乏有效而多样的教育方法

家庭教育当然无统一模式，教育方法宜新不宜旧，宜灵活不宜死板。但有些家长的做法与社会的发展不相适应，对孩子的成长有百害而无一利。家长不当的做法有以下几种典型表现：一是只育不养型，不负责任，把教育责任推给学校或者交给爷爷、奶奶、外公、外婆了事。二是顺其自然型，相信"树大自然直"，看似民主，实则不作为。三是望子成龙型，这是典型的中国特色的家庭教育。家长常把自身成长过程中的种种遗憾寄托在孩子身上，望子成龙，甚至"逼子成龙"。四是因循守旧型，依靠上一辈已经过时了的教育习惯，却屡屡碰壁。五是病急乱投医型，望子成龙心切，却又不知如何去做，东一榔头西一棒槌。

二、教育系统关工委在家长教育方面的优势

经过多年实践，我们认为教育系统关工委在搞好家长教育培训方面占尽天时、地利、人和，有得天独厚的优势。

1. 教育系统关工委可以利用学校丰富的教育资源，是谓天时

学校有经验丰富的教师，教师具备专业知识，有先进的教育理念，掌握先进的教育方法；学校有丰富的家庭教育图书资料，有强大的远程教育网络，有功能先进的多媒体设备；等等。教育系统关工委可以利用这些丰富的教育资源，对家长进行教育培训。

2. 教育系统关工委可以借助教育行政管理优势和学校布点优势，是谓地利

教育系统关工委可以利用教育行政管理优势对家长教育培训做出统一要求部署。而且这种部署可以通过遍布城乡的义务教育网络，将家长教育覆盖到本辖区的各个角落，影响力极大。

3. 教育系统关工委可以把对家长的培训和对学生的日常教育结合起来，是谓人和

对家长培训的目的是使之能更好地教育孩子，而教育系统关工委因其身兼二职的特殊身份，能同时把对家长的培训和对学生的日常教育有机结合起来，有目的、有重点、有针对性地开展工作，避免了工作的盲目性。

三、家长教育培训的策略

我们对家长进行培训的目的是提高家长的素质，传播先进的教育理念和教育方法，对家长的教育行为提供有效的指导。教育系统关工委可以发挥自身优势，创新机制，创造性地开展工作。根据各地实践，教育系统关工委可以开展以下几方面的工作。

1. 开办家长学校

家长学校主要以举办讲座为主，主讲人可以是邀请的家庭教育研究专家，也可以是教师、优秀家长。讲座内容可以是通识报告，也可以是按年龄段、按家长类型或按问题等确定的专题报告，还可以是家长的经验交流。

2. 开家长会

我们要吸取以往的经验，不能将家长会开成"分数通报会""业绩展示会""问题告状会"等，而应开成"家庭教育研讨会"，这样才能对提高家长素质有帮助。我们要变以往单向的命令为双向的交流，变布置任务为共同研讨，增加家长会的科技含量和人文精神含量。

3. 进行家庭教育咨询

对于个案，家庭教育咨询最有针对性。学校可以根据情况设立咨询日，或开通咨询热线、咨询网站，进行通信咨询、电话咨询、网上咨询或面谈咨询。我们要让家庭教育咨询成为一种制度，这对问题学生的教育效果尤为显著。

综上所述，我们要关心未成年人的健康成长，当然就应该关注未成年人的家庭教育。我们通过努力，有目的、有意识地去影响家长的教育方式，让家长与学生一同学习、一同成长，这样才能使学校教育与家庭教育协同发展，这样的教育才是和谐的教育，这样培育出来的人才才是心智健全的人才。相信教育系统关工委能为此，也应该为此做出自己的贡献。

浅谈隔代教育对儿童成长的影响

隔代教育是指由祖辈对孙辈进行抚养和教育。隔代教育目前在我国比较普遍，不管是城市还是农村，爷爷奶奶、外公外婆成了儿童家庭教育的主力军，尤其在农村所占比例更大。隔代教育有何利弊，对儿童的成长有何影响，这些问题已经成为摆在教育工作者面前的重要话题，需要我们站在以儿童的发展为本的高度认真思考，科学应对。

一、隔代教育的现实困境

随着社会经济的高速发展，流动人口的增加，隔代教育在21世纪大量出现，成为常态。首先，进城务工人员的子女只能由祖辈照顾，这是农村隔代教育产生的主要原因。其次，城市中，年轻父母工作节奏加快，工作压力大，祖辈主动为其照看孩子，也造成了城里的隔代教育现象。最后，夫妻观念的变化，导致离婚数量激增，孩子没有人抚养，只能交由祖辈抚养，也造成了许多隔代教育。

除了以上各种客观原因导致的隔代教育，还有一些主观原因导致的隔代教育。独生子女一代，一些人从小娇生惯养，成为父母后，对待自己的孩子缺乏耐心，将孩子交由父母照顾，这样的现象越来越多。加之中国人传统的文化，老人把照顾孙辈视为享受天伦之乐，是晚年生活幸福的体现，所以会主动要求承担照顾孙辈的任务。

二、隔代教育的利与弊

作为一种社会现象，隔代教育存在本身就说明其有一定的现实必然性与合理性。作为解决父母教育缺位的最经济、最简单、最有效的手段，隔代教育成为社会公众的共同选择，这其实符合经济学的原理。一是父母放心。爷爷奶奶、外公外婆当然比其他人更可靠，而且有丰富的育儿经验。二是节省费用。年轻父母可以少花钱甚至可以不花钱完成养育子女的任务。三是一举多得。让孩子为父母做伴解闷，年轻人既解除了自己无法尽孝堂前的烦恼，也消除了孩子无人看管的后顾之忧；既可以全心全意地工作，也能让老人老有所为、老有所乐。

但是，自然而然的选择并不是最好的选择，也不是正确的选择。我们还需要多角度思考隔代教育的利与弊。现代社会提倡以人为本，儿童的教育就要以儿童为本。所以，我们更要站在儿童健康成长的角度去思考隔代教育的利与弊。从儿童的身心发展规律和特点，以及儿童全面发展、终身发展的角度来看，隔代教育弊大于利。

首先，隔代教育"重养不重育"，无法给孩子以必要的正确引导和教育。由于年龄差距过大，知识结构老化，老年人和孩子没有多少共同语言，他们更多的是关注孩子的身体是否健康，只管让孩子吃好喝好，而很少关注孩子的性格形成、习惯养成。一些老年人甚至主动教给孩子一些错误的言行，却不以为错，反以为能。

其次，隔代教育大多无原则溺爱，容易滋生孩子不良的行为习惯。有的老人出于补偿自己年轻时对子女照顾方面的亏欠，把更多的爱加到孙辈身上。还有些老人对于照顾孙辈心存顾忌，怕有差错儿女责怪，所以对孩子该管不管，放任自流，溺爱娇惯。大多数老人出于疼爱孙辈心理，把孩子当玩伴，一味宠爱，不加约束。凡此种种，最终导致孩子任性，依赖性强，生活自理能力低下。

最后，隔代教育可能影响孩子的心理发展。心理学研究表明，儿童的依恋情感对形成儿童的信赖等人格特点有重要影响，而母爱是儿童依恋形成和发展的必要条件。由祖辈抚养的儿童正常的依恋情感难以形成，会导致儿童情感上的风险，儿童可能在以后的生活中出现突然的抑郁或焦虑。网络上流传的美国斯坦福大学教授、发展经济学家罗斯高的演讲《现实是有63%的农村孩子一天高中都没上过，怎么办？》，其中谈到一个观点，即中国农村学生高中完成率低，是因为高中之前的教育出了问题，是农村小学阶段和更小的0～3岁幼儿时期的认知滞后问题。按照罗斯高的观点，0～3岁教育的缺失会影响儿童大脑的发展、智商、行为乃至以后的学习。可以说，罗斯高把0～3岁儿童的教育提到了一个前所未有的高度。所以，他呼吁"让妈妈回家"陪伴孩子。

三、隔代教育的出路

隔代教育既然有如此多的弊端，如何避免？难道真的要像罗斯高所言，让所有妈妈回家，或者创造一切条件让孩子进城？其实两者都不可取。妈妈放弃工作，回家专门照顾孩子，孩子的基本生活物质可能就无法得到保障。孩子进城，城里是否能提供充分、良好的学习和生活条件也是一个未知数。所以，对于这样一种普遍的社会现象，我们应该多管齐下，上下联动，社会、家庭齐动员，共同应对。

一是教育年轻父母高度重视子女教育问题。要让年轻父母认识到孩子的教育是最重要、最紧迫的问题，父母的陪伴对孩子的成长有着无可替代的重要作用，同时，要让他们认识到父母才是教育孩子的真正主角，他们的责任不可逃避。

二是帮助祖辈提高看护孙辈的能力和素质。对孙子女既要会养，更要会育。要让爷爷奶奶明白对孙辈的悉心照顾只是一个方面，教育孙子女一定不能有越俎代庖的想法，更不能主动越位，包揽一切，否则只能好心办错事。

三是加强学校教育和社区教育。特别是加强幼儿园和中小学家长学校的建设，通过家长学校对家长进行培训和教育。

四是采取多种措施引导年轻父母做好0～3岁儿童的陪伴养育工作。根据罗斯高的观点，有论者认为，真正的留守儿童问题，发生在孩子0～3岁。因此，给予年轻父母特别是哺乳期的母亲时间和经济上的照顾，使他们有能力在孩子0～3岁进行陪伴，应该是一个不难实现的目标。目前许多行业和地方增加了产假和哺乳假，这是一个好的方向，但还远远不够，这需要政府制度上的支持。

五是更好地落实国家义务教育均衡发展要求。从地域、学段、学科、办学条件和水平等多方面实现教育均衡发展，大力发展地方经济，这样才能让更多的年轻人留在家乡，就业创业，发家致富，从而从根本上解决农村留守儿童、隔代教育的问题。

参考文献

魏思媛.儿童依恋质量的影响因素及其培养策略［J］.齐齐哈尔师范高等专科学校学报，2010（6）：34-35.

师德建设：用人本管理促教师自我完善

——试论新时期师德建设的途径与策略

一、传统师德教育的现实困境

众所周知，一名合格的教师必须具备良好的师德和师能，师德尤其重要。胡锦涛在全国优秀教师代表座谈会上，向广大教师提出了四点希望：爱岗敬业，关爱学生；刻苦钻研，严谨笃学；勇于创新，奋发进取；淡泊名利，志存高远。这四点希望，涵盖了一名教师应该具有的所有品德，也是一个人能够无愧于"教师"这一光荣称号的思想基础。教师只有具有高尚的师德，才能为人师表，启智求真，培养出社会主义建设需要的一代新人。师德建设在教师队伍建设中具有举足轻重的地位，需要花大力气抓紧抓好。

和对教师专业技能的培养相比，教师职业道德的培养和教育，显然具有较大的难度。难就难在，道德的某些要求，我们无法用行政命令和强迫手段去实施。我们可以强制教师参加进修、培训，增加其知识储备，但我们无法强迫他们心无旁骛地投入教学；我们可以用法律禁止教师体罚和变相体罚学生，但我们不能命令教师发自内心地去关爱学生。师德的核心是教师要具有爱心。如果教师缺乏爱心，那么再高超的教学技能、再广博的知识积累，对学生而言也只是徒有其表；如果教师缺乏爱心，那么再动听的言辞和说教、再生动的事例和榜样，对学生的影响也往往是隔靴搔痒。许多人（包括许多教师）承认"教书是个良心活"，其实表明大家对于教师的道德表现多多少少有些无奈。个别教师缺乏师德的表现成为公众诟病教师队伍的主要原因。

当然，部分教师在师德方面的表现不尽如人意，并不代表这些教师品德恶劣，不适合教书育人。这里有一个认识的问题。人们往往把行为偏差一概等同于品德有问题，忽视了偏差行为背后的社会因素和心理因素。部分青年教师心理因素不稳定，做事急躁，行为举止难免有不妥，这多与品德无关；部分年龄大的教师又往往因为待遇、地位等一些社会因素影响，工作态度可能会比较消极，这其实也是很正常的情况。就像著名教育家肖川在一篇文章中讲的："一味地用'师德'来要求教师有爱心、有耐心地对待学生，而对教师自身的生存状态不管不顾、不闻不问就很有些道德绑架、精神施虐的味道。"有问题并不可怕，关键是怎样去引导、去教育。在教师职业道德建设的问题上，我们确实需要转变观念。

传统的师德教育更多的是强调教师的责任和义务，以灌输和惩处为主要形式，只强调教师对道德义务和责任的认同，很少关心教师的内在需要和内心价值的冲突，忽视他们的道德生活和主体地位，自然难以引起教师的共鸣，最终导致部分教师厌烦并远离道德教育。这样的师德教育不是真正"以人为本"的教育。

马克思主义的道德观认为，道德规范只有内化为个人的自身道德要求，才会真正对个人的行为起到指导作用，道德教育的主体只能是受教育者自己。师德教育的主体必须是教师，做到以人为本就是要以教师为本，注重教师需求的满足，体现对广大教师的人文关怀，把社会对教师的道德要求转化为教师自身成长与发展的内在需要。所以，师德教育最有效的途径就是通过人本化的管理去满足教师的发展需求，从而唤醒教师的爱，使他们真正把具备良好师德当作自己专业成长、自我完善的必由之路。永寿县中学在此方面进行了有效的尝试。

二、实施人本管理，激发道德要求，促成自我实现

教师不仅是自然人，更是"社会人"，是复杂的社会系统成员，他们不仅有追求物质利益的欲望，还有追求人与人之间的友情，以及安全、归属等方面的社会和心理欲望。满足人的社会欲望，提高人的工作积极性、主动性、协作精神等，是提高工作效率的关键。这就要求我们在建设学校管理制度时，既要

强调科学管理，又要尊重生命、重塑尊严；既要用合理的制度规范人，又不能简单机械地强迫，又要尊重人的权利，满足人的需要，促进人的发展，实现以人为本的管理。

1. 关注教师生存状态，解决教师后顾之忧

关注教师的生存状态，就是要关注教师的物质需求，满足教师的物质欲望，让教师没有生活的重压，感受到生活的幸福。我们习惯于强调教师的安贫乐道，似乎不贫困不足以显示出教师的高尚。但马斯洛需求层次理论告诉我们，人的需求是由低层次不断向高层次过渡的，当人的某一层次的需求被满足时，则会表现出相应的积极性和创造性，热情高涨，富于创造力，从而向更高的层次迈进。相反的，当人在某一需求层次无法满足或者满足的方式不正确时，则人的积极性受挫，无上进心，缺乏创造精神。如果连教师最起码的衣食住行的生理需求都无法满足，还奢望教师忘我奉献，往往是不现实的。

经验告诉我们，一个能感受到生活幸福的人一定会更多地珍惜生活、善待自我、友爱他人和奉献社会；相反，一个感受到生活不幸的人，就可能心灰意懒、自暴自弃，严重的还会仇视他人、敌视社会。在市场经济高速发展的今天，教师的生活还远远算不上富裕，不少教师认为自己的付出与收入不成正比，教师的社会地位、物质待遇远没有达到令人满意的程度，这在很大程度上影响了教师的工作积极性。因此，经常关心教师的个人生活，尽最大可能为教师创造一个舒适、宽松的学习工作环境，为教师解决生活中遇到的难题，努力改善教师的物质生活条件，这是管理者首先要考虑的问题，也是对教师进行师德教育的最佳切入点。古人都讲："将欲取之，必先予之。"在我们大力建设和谐社会的今天，更应该保障劳动者获取必要物质条件的权利。

永寿县中学地处贫困山区，学校属于新建校，学校建设开支很大。在财力极其紧张的情况下，学校尽力为教师办实事、办好事，解决教师生活中遇到的困难和问题。学校想办法引资300万元建成占地1900平方米的师生餐厅，解决了师生在校就餐问题，极大地便利了教师的工作与生活。针对学校教师经济收入较低的现实，学校为每位教职工每月发放午餐补助100元。学校优先聘请15位教师家属担任自行车管理员和学生公寓管理员，解决了部分教师的后顾之忧。由于学校把对教师的关爱体现在了细处，做到了实处，教职工的工作积极性空前高涨，近几年没有一名教师外流。

2. 适应教师需要动机，激发教师人生追求

行为科学研究者和人际关系理论研究者认为，人们各种各样的行为都出自一定的动机，而动机又产生于人们本身存在的需要。满足社会和心理方面的需求是激励人们的动力。教师职业的特殊性决定了教师的需要有别于其他的群体。在教师的需要体系中，有些需要，如尊重需要、成就需要、认知与发展需要、公平与公正需要等表现比较强烈。教师的工作态度与积极性往往取决于这些需要的满足程度。如何用更高层次的需要手段来激发教师的积极性呢？

首先，学校在制度建设中要体现人文关怀，让教师参与管理，达到职业管理与自我管理的有效统一。制度的制定也应将尊重教师的个性差异作为基准，保证教师在教学过程中的主体意识和主观能动性。永寿县中学在制定重大决策时，都会听取教职工的意见和建议。在实行教师岗位聘任制时，学校成立由学科带头人和学科骨干教师组成的评聘小组，制定评聘细则，参与量化打分。评聘细则在年级组教师会议上公开讨论，量化结果在教职工大会上公布，每一位教师都能充分发表自己的意见与建议。教师参与的积极性高，确保了评聘工作的顺利开展。

其次，学校要设定合理的薪酬模式，保证教师薪酬待遇的公平性。公平感是影响教师工作积极性的一个重要因素，学校管理人员应尽量做到公平、公正地对待每一位教师的工作，遵守多劳多得、按劳取酬、适度向一线教师倾斜的基本原则，让教师参与民主评议，增加管理的透明度。永寿县中学在解决教师待遇公平性问题上，积极推行岗位分类聘任制，按类设岗，以岗定人，对全体教职员工从德、能、勤、绩四个方面进行考核，分三个等次公开聘任。不同等次岗位发放不同标准的岗位津贴，津贴发放向一线教师倾斜。教师聘任制充分体现了按劳分配、优劳优酬的原则，充分调动了广大教师的工作积极性。因为教师全程参与，评聘活动公开、公正、公平、透明，评聘结果满意率达95%及以上。

最后，学校积极为教师创造进修培训机会，满足教师认知与发展的需要。一方面，教师可以通过进修和培训增加和充实知识，减少认知枯竭的感觉；另一方面，教师也可以利用进修培训的机会加强与同行的交流，有利于互相促进，为进一步发展打下基础。学校应为满足教师的成就需要提供一定的物质保障，应结合自身的财力、物力给予最大限度的支持，使教师的成就需要活跃起来，推动教师不断前进。永寿县中学采取多种形式鼓励教师参加岗位培训和进修，每年有100多人次参加培训进修，学校每年用于教师培训的费用近10万元。

3. 建立教师奖励机制，激发教师工作热情

实施以惩罚为主的管理模式，往往会挫伤教师的自尊心，甚至使部分教师产生抵触心理。因此，学校在通过对教师评价而给予不同程度的奖惩时，应该注意方式、方法，实施以鼓励、赏识为主的管理模式，全面评估教师的工作，满足教师的自尊需要。同时，学校要及时表彰取得成绩的教师，进一步强化他们的成就需要，激励他们取得更大的成绩。为了调动教师积极投身到教研教改之中，永寿县中学制定了《永寿县中学教师教研奖励方案》《永寿县中学学科竞赛培训及奖励办法》，对教师参与教学技能比赛、撰写教研论文、编写教辅书、指导学生参与学科竞赛获奖等情况进行奖励，每年奖励金额2万余元。对于高三教师，县委、县政府和学校每年都制定《高考奖励办法》，对在高三教学中成绩突出的教师予以奖励。仅2008年，学校获县委县政府高考奖金47.3万元，教师个人获奖最多的达到2万元。这些措施的实施，在教师中产生了极大的震动，极大地激发了广大教师教书育人、献身教育的热情。

4. 实行教师自我管理，实现教师自我价值

作为有相当文化修养的群体，教师的自主意识其实很强烈。但是，在现行体制之下，教师被动接受各项管理决策，又是最不具有独立性的。在教学中，学生是主体，在学校管理中，教师最多只能算名义上的主体。许多教师没有归属感，觉得不管怎样努力，教师个人永远是微不足道的，学校是学校，教师是教师。就像一句俗语说的那样，"铁打的营盘流水的兵"。这种心理导致许多教师，特别是老教师业务上不求上进，有混日子的思想。面对日渐复杂的教育工作和外在环境，学校管理也应由学校层面的决策方式转为参与方式，使教师实现由被管理到自我管理的角色变化，从而进一步强化教师的角色认同和归属感。教师参与学校管理的程度越高，他们对学校管理决策实施的支持、对实施结果责任的承担感、投入感也越大。永寿县中学在管理中为了充分调动广大教师的工作积极性，实行年级组管理，变条状管理为网状管理，增强广大教师的管理参与度。永寿县中学取消学科教研组，设立年级学科备课组。备课组在学科教学方面有极大的自主权，学科备课组教师自主管理，合作发展，共同提高。

5. 完善师德监督机制，明确教师工作标准

在管理中，学校通过道德规劝可以使教师产生自觉行为，但是单纯依靠道德教育的作用是有局限性的。学校要建立完善的师德监督机制，对教师违反职业道德的行为进行必要的监管与惩处。学校可以把某些师德规范作为学校具体的纪律规范，将道德理念渗透到制度之中，形成制度伦理，用纪律来约束教师，预防和制止教师违反纪律的行为，这样有助于教师形成共同的价值观和道德信念。对于严重违反职业操守的教师，学校要在其业务档案上予以记载，必要时取消其教师资格。惩处的前提是学校有一整套清晰的规章制度。永寿中学为了加强教师管理，修改、完善了学校管理制度，细化了规定，具体了处罚措施，对教师在校的行为表现全程进行规范。同时，永寿县中学采取多种途径和方式对教师进行监督：一是定期进行学生对教师满意度的问卷调查；二是定期召开班干部、学生代表会，征询其对学校管理的意见和建议；三是不定期进行学生对教师的意见征询，不断改进教育教学工作。双向交流反馈的机制，使管理者、教师、学生之间达到了有效的互动，提高了管理效率，增进了管理效果。

三、以教师专业化为契机，建立师德建设长效机制

实现教师专业化是教师队伍建设的发展方向，而专业化又为建立教师职业道德建设长效机制提供了很好的途径。今后，加快教师职业化进程，重视教师的职业规划和职业生涯管理，将是我们进行教师队伍建设的着力点和突破点。

1. 实施教师资格准入，把好教师进入关

新一轮基础教育课程改革给教师赋予了更加丰富的内涵。教师不只是知识的传授者，也是学生发展的促进者和教与学的研究者。教师除了承担传授知识的责任，还将更多地关注学生的个性特征、师生的交往互动。高素质的教师不仅具有丰富的教书育人的经验及厚重广博的知识，而且具备令学生尊敬的道德品质和人格修养。在道德人格方面，他们是学生的表率，他们的言行举止都会潜移默化地影响学生，这种引导者和榜样的力量使教师肩负着立德树人的使命。教师自身素质对学生的影响非常大。可以说，教师素质是制约教育改革的实质性问题。教师专业化则是提高教师素质的必由之路。国家对教师任职既有规定的学历标准，也有必要的教育知识、教育能力和职业道德要求，还有对教师资格的认定制度和管理制度。实行教师资格准入制度，对拟任教师的思想品

德、文化素质等进行考核，有助于把好教师入口关，使新任教师从一开始就具有良好的道德基础。完善教师聘任制，破除教师职业终身制和身份制，开通下岗分流的渠道，建立能进能出、能上能下的用人机制，使教师队伍具有持久的生机与活力。

2. 实行教师终身教育，坚持对教师的成长引导

教师专业化意味着教师职业是一个终身学习、不断更新的职业。因此，学校要坚持对教师的价值引导，使每一位教师都成为研究性教师。这实际上是对教师本真生活的重新发掘，指明了教师的发展道路。苏霍姆林斯基说过："如果你想让教师的劳动能够给教师带来乐趣，使天天上课不至于变成一种单调乏味的义务，那你就应当引导每一位教师走上从事研究这条幸福的道路上来。"教师作为研究者本身就是一种道德化的教师形象。其价值取向乃是由教师自身教学活动的内在需要决定的，而不是外部力量强加的，这样就可以更容易对教师的道德取向施加影响。

3. 重视教师职业规划与规划管理，确保教师职业生涯持续发展

职业规划是教师自我实现的最佳途径。要建立教师自我促进、自我教育、自我完善的长效机制，就应该重视教师的职业规划和职业生涯管理。

（1）重视教师职业规划

职业规划，就是将所期望达到的丰富的目标明确地表达出来的过程，是指组织或者个人把个人发展与组织发展相结合，对决定个人职业生涯的个人因素、组织因素和社会因素等进行分析，制定有关个人在事业发展上的战略设想与计划安排。教师作为一种特殊的职业，要获得职业生涯的成功，就必须在专业成长的道路上，通过有效的职业规划和管理，使自己的能力、技术不断提高。

教育是培养人的工作，要求教师为人师表。因此，教师职业规划的本质，与其说是业务方面的专业发展，不如说是教师个人德行的成长。一位在职业生涯中获得成功的教师，教学工作在其生命中具有重要的意义，因为他们对教育事业的痴迷与奉献，不仅是其人生价值和生命价值的体现，更是人生幸福和快乐的源泉。在职业生涯中能够体验到幸福和快乐的教师，应该说已经到达了一种成功人生的境界、一种自主发展的境界。教师职业规划旨在促进教师自主发展，这种发展需要的不仅仅是不断提高技术手段，更重要的是个人道德理性要持久性地处于高度自觉状态。因此，教师职业生涯目标的实现需要一生的孜孜追求，而这种道德理性的自觉，正是主宰、凝聚和支撑生命价值的灵魂。

（2）实施教师职业生涯管理

职业生涯管理是指学校帮助和促进教师实现其职业发展目标的行为过程，包括职业生涯设计、规划、开发、评估、反馈和修正等一系列综合性的活动与过程。职业生涯管理的目的是使教师的低层次物质需要和自我实现等精神方面的高级需要的满足度逐步提高。

关注和重视教师潜能的开发，提高教师职业生涯目标的水准，以负责任的态度担当起教师职业生涯发展的辅导职能，是每一个学校管理者责无旁贷的义务。人们常说，一位好校长是学校教师的辅导员，是教师职业生涯发展道路上的"领跑人"。校长应该与教师之间建立"辅导"的关系，通过这种关系积极地推进一系列职业生涯管理与开发活动，如支持、指导、了解与认知、保护、分配等具有挑战性的工作，还可以举办一系列能够帮助学校教师团队的新成员建立一种自我确认的个人支持活动，如角色模仿、建议咨询、接纳与沟通、增进友谊等。学校通过这些活动，可以提高教师的工作满意度和工作生活质量，帮助教师发掘那些未被利用的潜能和新兴趣，提高教师工作绩效的有效性，防止教师的技术、知识、观念和态度趋向陈旧，使教师保持工作热情和科研探索的激情。一位教师如果能够得到、享受到职业生涯过程中的满足和愉悦，就会产生幸福感，就会充分展现职业生涯中的生命价值。

浅谈班主任工作中的几个法律问题

在教育教学实践活动中，班主任工作是不可缺少的重要组成部分。班主任担负着教书育人、培养社会主义事业的建设者和接班人的重要使命。班主任不管依据什么理念、运用什么方法工作，都要保证教育管理行为合法。一位合格的班主任首先应该是一位依法治教的班主任。所谓依法治教是指班主任或教师必须认真知法、学法，既要熟悉一些综合性的法律法规，又要熟练掌握与本职工作相关的单项法规，树立依法治教的观念，在法律允许的范围内管理班级和学生。只有这样，班主任才能保护学生的权利，也才能更好地保护自己的权利。

现阶段，教师，特别是班主任，因为不当的言行导致师生纠纷，甚至于引发诉讼的情况越来越多。许多班主任感觉到工作难做，埋怨家长、社会不理解、不支持。教师的这些抱怨是没有用处的，期望家长、社会多一些理解短期内无法实现。重要的还是教师改变自己的观念，依照法律做好自己的事，然后反过来运用法律维护自己的权利。

一、班主任违法行为归因分析

有这样一件事：据《西安晚报》报道，西安某中学对学生宿舍进行了一次事先没打招呼的"突击检查"，对学生宿舍内的一些私有物品进行了翻查，并对一些私人电器如电吹风、电热发夹等以"涉嫌违反校方用电安全规定""学生不宜使用"为由进行了收缴。师生对此产生了严重分歧，学生认为学校侵犯了他们的隐私权，校方则认为是排除安全隐患，未侵犯隐私权。这件事情的后果先不说，单就这件事情学校采取的方式方法来说，确有不妥之处。翻箱倒柜地检查，这样的行为似乎有些过激，而且对学生非危险物品的收缴也确实于法无据。

但是学校似乎也有道理，因为，这样做一是为了学生安全着想，合情；二是在学校宿舍内，学校行使正常管理权限，合理。殊不知，有时我们觉得合情合理的事却未必合法。因为情、理更多都是评价者从主观角度出发的个人感受，很难全面、客观地考量行为的影响与危害，这样就很容易受到评价者本人思想认识的局限。而国家法律作为立法机关制定的行为规范，它会考虑各方面的利益，权衡利弊。而且法律一旦做出规定，任何人都必须无条件遵从，否则，便是违法，就要承担违法的后果与责任。所以，绝不能因为我们有良好的愿望就置法律的规定于不顾，用一些法律禁止的手段去实现我们的教育目的。我想，其结果可能会适得其反，失大于得。

目前，法律、法规的宣传，给中国人的法制观念带来了深刻的变化。一方面，人们的法律意识有了明显增强，运用法律武器维护自己合法权益的做法日益普遍；另一方面，一些人片面追求法规的惩戒、警戒、预防功能，忽视法律的评估、指引、保护、思想教育等功能。受传统的"师道尊严"教育思想的影响，有些教师出于管教学生的动机，采取了不正确的方式、方法。而学生的法律意识普遍觉醒，他们往往会对学校、教师的不正确行为做出较强的反应，造成师生之间的对立。可以看出，教师法制观念淡薄和学校管理与教育行政法规建设存在漏洞是教师违法的主要原因。因此，我们有必要对班主任日常工作中的违法行为和应尽义务进行归纳分析，以引起班主任的高度注意，从而更好地完成班级管理和学生教育工作。

二、班级管理中几种常见违法行为

教师、班主任工作中常见的违法行为纷繁复杂，经常会发生的违法行为有以下几种。

1. 擅离课堂，随意停课

个别中小学教师不忠于职守，没有按照教学计划进行教育教学活动，随便停止上课，扰乱了教学秩序。例如，某中学初三（2）班学生上氢气制取和氢气化学性质的实验课，上课的陈老师认为有关的注意事项平时都讲过，本节课是学生的实践体验，就让学生自行操作，而他自己先是在课桌上埋头批改作业，后又到实验室门口与实验室管理员闲谈。实验开始不久，同学沈某在做氢气的燃烧实验时，因操作程序不当，未经氢气纯度检验，就直接点燃氢气发生器的导气管，发生爆炸，酸液外溅，使同学刘某的眼睛、脸部多处受伤，其本人的手部也被烧伤。本案例中所述事故的主要责任在于陈老师教学不负责任，擅离职守，违反了《中华人民共和国教师法》第八条规定。《中华人民共和国教师法》第八条规定：教师应"贯彻国家的教育方针，遵守规章制度，执行学校的教学计划，履行教师聘约，完成教育教学工作任务。"根据《中华人民共和国民法通则》一百一十九条："侵害公民身体造成伤害的，应当赔偿医疗费……"，学校及陈老师应赔偿受伤学生的大部分医疗费，并且陈老师应接受批评教育和必要的行政处分。

2. 体罚、变相体罚学生

有些班主任往往把停课、罚站作为对违反纪律或课堂教学秩序的学生的一种惩戒。还有个别班主任甚至采取打耳光、不准吃饭或更为严重的方式教训学生。这些班主任教育思想落后，观念陈旧，还相信"棍棒出孝子，拳脚出才子"的古话，动辄摆师长架子，耍师长威风，吆五喝六，动手动脚。有些家长也在这些方面对班主任"大力支持"，殊不知这样做大错特错。体罚和变相体罚学生极易造成师生的对立情绪，使学生产生自卑、怯懦心理，严重的甚至会造成学生肢体损伤，对学生的身心健康发展造成十分恶劣的后果。学生有过错，班主任应尽职尽责地进行教育，包括必要的纪律处分，这都是正当的，但对学生进行体罚或者变相体罚则是错误的，也是违法的，要依据情节轻重承担责任。

现在流行一种说法，就是要对学生实施必要的惩戒教育，还列举了国外的许多事例为证。依我看，应该谨慎对学生进行"惩戒"。毕竟，惩戒与体罚、合法与非法的界限难以把握，而且学术上的争论不能对抗法律的明文规定。体罚学生，是一种侵害学生身体权的行为，违反了有关的教育法规。《中华人民共和国义务教育法》第二十九条规定"教师……不得对学生实施体罚、变相体罚或者其他侮辱人格尊严的行为"，《中华人民共和国义务教育法实施细则》第二十二条规定："学校和教师不得对学生实施体罚、变相体罚或者其他侮辱人格尊严的行为……"《中华人民共和国未成年人保护法》中也有相同的规定。山东胶州市某中学教师王某上语文课时，发现本班学生罗某不遵守课堂纪律，遂上前揪住罗某将其拖离座位，在拖离过程中，罗某左额顶部碰到课桌后倒地，王某用脚踢其腿部、臀部、头部。罗某于次日被送往医院治疗，经诊断为重度闭合性颅脑外伤，硬膜外血肿，经法医鉴定，罗某的损伤程度属重伤。同年九月，王某被公安机关取保候审，后检察机关以故意伤害罪对王某依法提起公诉。我国《中华人民共和国教师法》明确规定"体罚学生，经教育不改的"要给予教师"行政处分或者解聘"，"情节严重，构成犯罪的，依法追究刑事责任"。发生这样的事，显然是教师不懂法、不学法造成的，教训极其深刻。

3. 泄露学生隐私

个人隐私是指属于个人的，不便于让别人知道的一些事情、想法等，如果被别人知道了，将对自己今后的生活、工作和学习产生不利影响。个人隐私权是法律规定的公民享有的一项很重要的权利，受到法律的保护。学生的个人隐私包括：个人的财产数额；过去的不愉快的经历；日记中的内容；对老师、同学或其他人的看法；生理缺陷；生活习惯；等等。

故意泄露学生隐私是违法行为。有的教师出于好意私藏、私拆学生信件，或者在课堂上揭露学生的隐私等也是违法行为。河南省某城镇中学初三学生夏某是个性格内向、自尊心极强的女同学，平时有记日记的习惯。某日上午课间休息时，同学李某发现并偷看了夏某的日记，当看到记录其爱情心理活动的文字后，做了记录，交给了班主任赵老师。第二天上课时，赵老师将夏某日记的内容在全班同学面前朗读，并且斥责说："作为一名即将中考的学生，不好好学习，竟然还有心思谈恋爱，一个女同学，也不检点一点儿。"夏某失声痛哭，赵老师见状，对夏某吼道："要哭出去哭，知道要面子就别写那样的日记！"此后几天，学校里、班里到处有人对夏某指指点点，在此种情况下，夏某感到无脸见人，服农药自杀。在这个案例中，教师赵某除泄露学生隐私外，还用挖苦的语言在班里训斥学生，这是侮辱学生尊严的行为。赵某违反法律规定，损害了学生的名誉和人格，引起学生自杀，对自己的侵权行为应承担相应的法律责任。

4. 侮辱学生人格

人格权是公民的基本权利。《中华人民共和国宪法》第三十八条明确规定："中华人民共和国公民的人格尊严不受侵犯。"《中华人民共和国未成年人保护法》第四条规定："尊重未成年人的人格尊严。"《中华人民共和国教师法》第八条规定："关心、爱护全体学生，尊重学生人格。"教师做出侮辱学生人格的行为，会给学生造成精神上的痛苦和心理上的创伤，使他们的名誉受损，得不到他人的尊重和信赖。某中学初二学生张某曾两次偷同学的钢笔，受到班主任批评，事隔不久，班里的两只日光灯被盗，而当天正好是张某值日，班主任认定是张某所为。第二天，班主任把张某家长找到学校，不听家长解释，要求家长赔偿损失，否则就停止张某上课。家长无奈，只得赔钱。班主任在班里有意无意流露出该生偷东西的意思，说如果没偷，怎么能赔呢？几天后，这件事满城风雨。最后，张某受不了压力自杀身亡。在本案中，班主任未做认真调查，盲目认为该生有前科便歧视该生，甚至有侮辱人格的言语和行为，已严重违反了《中华人民共和国未成年人保护法》。该事件后果严重，班主任已构成犯罪，被判有期徒刑一年，缓期一年执行。

对学生人格权的侵犯还表现在广泛存在的校园歧视，如快慢班、升降式快班、差生出校、歧视残疾学生，以及表现在座位安排、劳动及各种活动安排、奖惩、作业批改等方面。为了教育的公平和对每一个学生的尊重，我们要让歧视远离校园。

5. 对学生乱收费、乱罚款

收费与罚款属于国家赋予专责机关的权力，其他任何机关除非有法律规定、授权或批准，否则不得自行制定收费的项目及标准，学校不得向学生乱收费，更不允许罚款。有些教师对学生迟到、早退、不按时完成作业、考试不及格、打架等违反校规校纪的行为不能进行正确的教育，而是采取罚款、收押金的方式。这种做法，虽暂时起到了规范学生行为的作用，但实际上已经触犯了法律。

三、班主任对在校生的应尽义务

班主任的违规、违法行为表现在作为和不作为两个方面。除了前面提到的几种违法行为，班主任对于本职工作的不作为也有可能违反法律规定。所以，我们还应该进一步明确班主任对于在校学生有哪些应尽的义务。

根据《学生伤害事故处理办法》第七条规定："学校对未成年学生不承担监护职责，但法律有规定的或者学校依法接受委托承担相应监护职责的情形除外。"

为了保护学生的身体健康，教师或班主任不得将学生置于对学生身体健康有害的环境之中，如不得将学生交给不认识的人带走；不得带学生救险；不得未经家长同意带领学生外出活动；不得擅自让学生停课离校回家；不得在明知的情况下，让有特异体质的学生从事与自身体质不相适应的体育活动和劳动；等等。班主任应按规定时间清查在校学生人数，对旷课的学生，应及时与其监护人取得联系；对擅自外出夜不归宿的学生，应及时查找或向公安机关求助；对于发生疾病或受到伤害的学生，班主任要及时救治，在事故发生后及时采取一切必要的救护措施。如果班主任未尽到这些义务，发生事故时学校也要承担相应的民事责任。班主任还应该对学生进行经常性的安全教育和健康知识宣传，并做好所有相关文字档案的保存工作，以便在产生纠纷时作为证据呈现。

结 语

当前，我们倡导"以人为本"的教育理念，作为学校教育，就应该"以学生为本"，规范施教行为。首先，教师要改变落后的教育思想，转变观念，走下讲台，与学生平等交往。其次，教师要努力增强自身教育法制意识，提高自身法律修养，以务实的态度和坚定的信心推进"依法治教"，带头做一个守法、用法的好公民，为学生做好表率。最后，教师要注意调节自己的情绪，保持身心的愉悦，以良好的心态面对学生，面对工作。相信通过努力，我们最终能够实现教育的和谐发展。

参考文献

[1] 解立军.校园律师［M］.长春：吉林人民出版社，1999.

[2] 张维平，张乃翼.教育政策法规专题［M］.北京：当代世界出版社，2001.

[3] 陈洪庆，杜宇.新时期班主任工作指南［M］.西安：陕西师范大学出版社，2007.

专业阅读需要深入思考

开展关于整本书阅读的课题研究，在进行文献研究时，我涉猎了一些关于阅读的理论著作，对"阅读"这件事进行了一番思考，感觉"读书"这件人人都会的事其实并不简单，自己的阅读走了弯路。

一、积累知识，更要读出智慧

在阅读这件事上，经常听到两种截然不同的说法，让人无所适从。一些人认为读书须精读，细嚼慢咽，深入理解。著名数学家苏步青主张读书要多读、精读，作家肖复兴也认为只有精读和细读才能提升读和写的能力。更多的人主张读书要泛读，认为多读才是王道。晋陶渊明就主张"好读书，不求甚解"。《唐诗三百首》的作者蘅塘退士（孙洙）在《唐诗三百首》的序言里引用谚语"熟读唐诗三百首，不会吟诗也会吟"，意思是说诗读得多了，就能揣摩出诗的规则和方法，自己也能作诗了，古语"书读百遍，其义自见"也是这个道理。我自己也一直认为阅读的数量上去了，量变引起质变，自然融会贯通，个人能力也就能得到提升。大概是出于这样想法，自己读书"不求甚解"、泛泛而读的时候多。现在回想读过的书籍，内容也都模模糊糊，不甚明了。

细究读书的目的，无非几种：一是为成就自己好读书的好名声而读书，让人觉得自己是个读书人，顺便也能增长见识，没必要花费太多的心思去深入钻研；二是为装点门面而读书，不加选择地读，小说、历史、科学书籍，碰到什么读什么，感觉积累了不少知识，其实也仅仅是在高谈阔论时多了一些谈资，像以前家乡人种庄稼，广种薄收，惭愧得很；三是为打发时间而读书，说高雅一些就是涵养性情，读什么并不重要，有书读总比闲得无聊心里感觉踏实一些。

但是听了许多名家的讲座，感受到了来自更高层次的思维魅力，我突然觉得学富五车并非优点。陕西学前师范学院梁朝阳教授在课堂上侃侃而谈，雄辩滔滔，有知识，更有思想，听他的课有醍醐灌顶之感。他说打遍天下无敌手的是方法论，让我羡慕不已。但是书本的琐碎知识没有让我获得这样的利器。

这么多年，我虽然得了一个爱读书的虚名，但真正深入的思考很少，自己得到的见解更是微乎其微。周围的许多人，和我一样情况的不在少数。但许多人有很高的学历，也有丰富的学识，可以说头脑里装满知识，然而认识上却庸俗低级，行动上违反常识。我们经常讲知识就是力量，其实空有知识，没有头脑，知识也不会主动发生作用。书读得多，知识丰富，都是别人的东西装在自己的脑子里，想问题办事情还是靠老的经验和僵化的教条，这样的读书，与其说是积累，不如说是负担。把有知识等同于有智慧显然是理解上的错误。许多人提醒我们区别知识与能力，这是很好的建议，我们有高分低能的深刻教训。

也许我们可以这样认为：知识的积累并不必然产生智慧、提高能力，关键还是提升思维能力。

二、学会积累，更要学会思维

我们强调语文学习重在积累，这没有错，广泛地涉猎书籍的确可以吸纳许多资讯和知识，这样的说法放在基础教育阶段没有问题。但是随着年龄的增长，思维的发展就变得至关重要。没有材料盖不了房子，但是将钢筋、水泥、砖头堆在地基上，一千年一万年也不会变成房子。语言就像盖房子的建筑材料。小学和初中阶段积累词语，就是储备语言的材料，但是怎么用，需要不断练习，这就是语言的实践。决定一个人能力大小、成就高低的，主要还是思维品质的高低。贝聿铭可以建成玻璃金字塔，我们用相同的材料充其量盖一栋普通商品住宅楼，这肯定不是材料和方法的问题，而主要是思维的差异，这是终极的差异。

读书是现代社会人们成长进阶的必然途径。读书的目的，一是掌握语言，获取和外界交流的基本工具；二是获取知识，让我们更多地了解外部世界；三是提高自己的思维能力和理解能力，让我们可以独立地、创造性地解决问题，以应对来自外部的刺激、变化和挑战。这就要求我们在阅读过程中去记忆、训练和思考，但都需要以充足的时间为保障。当我们拥有足够的时间时，量的积累的确可以让我们从大量的现象中慢慢发现规律，并逐步掌握。但不幸的是，我们的生命极其有限，所以提高阅读效率是我们首先要考虑的因素。漫无目的地游走在书丛之中，目力所及之处尽是鲜花美景，一路感叹，一路疾行，看到的很多，得到的很少，最终可能是两手空空。所以，读书一定要思考，不能总是泛泛而读。古人说，兵不在多而在精，读书同理。

语文核心素养强调语言的建构与运用，这是基础，但是在语言建构的过程中，思维的发展与提升尤为重要。叶圣陶先生就提出发展语言和发展思维紧密联系的原则是语文教学的首要的基本原则。因此我们读书，既要学习语言，积累知识，又要发展思维能力。

如何在阅读中发展思维能力？其实质就是我们要在阅读中提高自己的理解力，将自己的理解力提升到和作者相同的水平。我们不光要知道作者在书中说了什么，还要知道他为什么这样说，他说的依据是什么，他这样说有何价值，还有什么是他没有说到的。这就需要我们在阅读过程中一路追问，一路探寻，一路验证。

三、广泛阅读，更要细读精读

要提高思维能力，细读精读必不可少。英国政治家、哲学家霍布斯说："如果我像一般人一样，读那么多书，我就跟他们一样愚蠢了。"在他看来，只是读得多，还不如不读。有人把读书比作在书籍的丛林中旅游，但是如果读书真如旅游观景，匆匆而去，匆匆而归，"我挥一挥衣袖，不带走一片云彩"，这样的读书十次百次与一次有什么不同？我们努力读很多的书，浪费了很多时间，智慧却停留在原地，自己还不知道，真是很不幸的一件事。难怪艾德勒先生在他的著作《如何阅读一本书》中感叹说，一个读得很广泛，却读不精的人，与其值得赞美，不如值得同情。

我们期望成为专家型教师，就需要进行深度的专业研究，我们的阅读就不仅要有数量，更要有质量。读专业书籍不是乘船赏景，更不是走马观花，而是入林探秘，进洞寻宝，需要怀着万分的好奇和百倍的耐心上下求索，更要像蜜蜂采蜜一样，在花丛中多次往返，不辞辛劳，方能有所收获。艾德勒先生说，读书犹如外科医生探寻身体奥秘一般，用一双X光般的透视眼来发现包裹在柔软表皮下的结实的骨架，这是就读书的方法而言。我感觉读专业的书，更像农民侍弄田地，园丁照顾花园，要的是精耕细作，不厌其烦。一味贪多求大，结果一定是广种薄收。

我发现一个有趣的现象：读书细致的人，往往理性而冷静，而读书粗糙的人，虽然给人感觉学识渊博，但其见解往往欠深刻而缺乏独到之处，说话、做事总是随波逐流、人云亦云。这既是阅读方式对人的影响，也是不同的阅读目的对阅读方式的必然限制。所以，阅读的目的往往决定着一个人阅读的成效和水平。

精读是进行专业研究的人需要掌握的一种读书方法，其实也代表着一种善于探求事物道理和本质的人生态度。即便是一般的读者也需要在阅读时养成精读的习惯，学习精读的方法。善于思考，有独立的判断能力，说有根据的话，准确表达自己的观点，这也是普通人应该具有的基本素质，需要在日常的阅读中不断训练和提高。通过精细而深入的阅读，不断精进自己的理解力，我们会拥有更加敏锐的感知力和深邃的洞察力。

读一书须有一书之收获，做一事当有一事之长进。得道虽晚，如果能以此开启一段新的学习旅程，未尝不是一件幸事。

知之弥深　行之弥笃

——参加省中小学高级人才综合素质提升高级研修班的体会

2020年8月4—8日，作为永寿县选派学员，我有幸参加了由省人社厅举办、陕西省师范大学承办的中小学高级人才综合素质提升高级研修班教学管理岗的培训。举办此次培训，既是党和政府对贫困县学校副高级以上专业技术人员的关爱，也是对贫困县教育事业持续发展的高度重视。习近平总书记指出，要加大对西部地区干部特别是基层干部、贫困村致富带头人的培训力度，打造一支留得住、能战斗、带不走的人才队伍。作为基层学校的一名教育管理工作者和教学骨干，我深感自己的责任重大。短短五天的培训，让我们明确了新时代教育发展的方向，坚定了我们一心从教、服务基层的信念，更新了我们的教育教学理念，同时对我个人的专业发展起到了很好的指导与助推作用。

一、对教师专业发展的再认识

作为一名教学管理人员，近年来我努力在学校进行推动教师专业发展的实践，主要是行政推动和自身带动，建立名师工作室引领学校教师进行专业实践与理论提升，取得了一些成效，但是对于教师专业发展的理论认知还很浅薄，在实践中也有许多困惑，出现了一些新的问题。通过这几天培训学习，我对教师专业发展有了更为明确的认识。

1. 要向各位专家一样在专业发展方面研有所成

授课专家都是各自领域的佼佼者，他们渊博的学识和深刻的见解让所有听课的学员叹服。赵克礼教授从文化的角度解读教育，论述新课改的主题与特征，从中华文化中汲取教育的智慧，将古代与现代、继承与创新融合，让人耳目一新。王越群教授第一场讲座从教育发展的形式入手，对课题研究的必要性、重要性及如何开展课题研究进行了深入浅出的讲解，引经据典，事例广泛而生动；第二场讲座对国家基础教育发展战略进行了详细解读，帮助学员全面把握教育发展的趋势和方向，提出了校长行动担当的建议和策略。衣新发教授结合自己的研究，就创新素质的激发与培养进行了分析讲解，观点独特而新颖。舒荣教授结合自己思政教学的实践和自身专业成长经历，对师德建构中的四个认同条分缕析，事例感人，具有极强的感染力和说服力。特级教师郭富斌站在教师的角度谈教师的价值底气和尊严，引经据典，事例生动，观点鲜明，有说服力，对教师促进自身专业成长，实现自我人生价值提出了很好的建议，具有极强的现实意义和指导价值。这些专家不仅有理论的高度，而且有丰富的自身实践经验，更有对专业成长持之以恒、孜孜以求的态度，因此成果丰硕。他们认真、勤勉、谦逊的态度是我们每一个学员要学习。他们的成长经历为我们做出了很好的示范与引领。我们基层教育工作者要向专家名师学习，深入理解党的教育方针政策，涵养师德，认真学习，深入思考，力争使自己成为教育方面的行家里手。

2. 要让自己的专业发展与新一轮课程改革同频共振

一直以来，我对自己专业成长的总结，多集中在自身的努力与奋斗，但是在听了讲座，对第八次新课程改革的历程有了更为全面而明确的认识之后，突然发现，我个人的专业成长其实与国家的新课程改革的发展与推进密不可分。可以说，没有新课程改革的大趋势、大环境、大背景，也就没有我的专业成长。

回想一下，1999年第八次基础教育课程改革启动，2001年《全日制义务教育语文课程标准（实验稿）》正式颁布，我接受了新教材、新课标的培训，人文性、工具性的学科性质逐渐清晰，"自主、合作、探究"的学习方式慢慢进入了课堂，满堂灌、一讲到底的授课方式才找到了变革的突破口。2003年，我第一次将新课程的理念运用到《醉翁亭记》的教学之中，获得了县级教学能手称号。在进行新课程改革实践的过程中，适逢推行目标教学，我虽然感觉有些削足适履，有些被模式所困，但是明白了学习目标对于教学的重要性，逐渐掌握了不同类型的教学评价方式，2007年，我讲授《故乡》获得了咸阳市教学能手称号，2010年我获得了咸阳市语文学科带头人称号。2011年《全日制义务教育语文课程标准（2011年版）》正式发布，正值全面推行高效课堂教学改革，我带领语文组教师在学校率先开展双五环高效课堂教学改革实验,明确了学生在教学中的主体地位,激发了学生课堂学习的自主性和主动性,帮助教师改变了一讲到底的传统做法。虽然对理论的探索很肤浅,但是观念的改变真真切切。2013年,我讲授《赵普》赛教课获得陕西省教学能手称号。2012年,党的十八大把立德树人作为教育的根本任务。2014年,教育部印发《关于全面深化课程改革 落实立德树人根本任务的意见》,提出各学段学生发展核心素养体系,明确学生应具备的适应终身发展和社会发展需要的必备品格和关键能力。核心素养成为人们关注的焦点。为了加强理论储备,提高专业水平,我申请主持了几项省市级课题,开始思考语文教学的深层次问题。落实核心素养培养,课程改革再出发,我的专业成长也再出发。2019年,我被省人社厅、省教育厅确定为陕西省第六批学科带头人培养对象。回想来路,我的专业成长始终与国家的课程改革同频共振,是改革推动着我不断参与教学实践与教学研究,实现对个人能力的不断突破与提升。

3. 要让教科研成为专业发展的主渠道

我一直认为教师一定要进行教学研究,这样才能将教学、阅读、写作相结合,也才能实现理论与实践的融合,否则,专业成长只能是低水平的重复,投入多,产出少,进展缓慢,个人提升的速度和空间极其有限。研究的方式,一是常态化的校本研修,二是进行课题研究。在马坊中学,我主要抓教研组内的常态研讨,就是集体备课、听评课和校本培训,另外就是积极带领教师开展课题研究,申报校级微课题和省、市、县级课题。三年努力,成果丰硕。培训中专家的观点进一步坚定了我的想法和做法。有专家提出"教而不研则浅,研而不著则空",更加明确地指出了教研对于教师专业成长的重要性。因此,课题研究这项工作还要持之以恒地做下去,我要通过课题研究将教、学、研贯通、融合起来,用课题研究任务推动教师进行专业实践与思考,提升教师的综合素养。

4. 要充分关注教师专业发展的时间、空间与动力

教师怎样引领,教学怎样管理,不是一句"严格要求"就能解决的。我自己也经常思考:教师什么时间进行个人研修,在什么地方进行研修,有没有交流的平台与媒介?这看似细枝末节的问题,其实往往困扰着教师。教学管理不能只是布置任务,更应该想办法解决问题、推动行动。所以,给教师更多的闲暇与自由，让教师阅读、思考，也许是激发教师成长动力的有效手段。在这方面我们一直做得不到位，今后要想方设法改善。关于教师专业发展的内驱力和持久力，的确因人而异，但是学校管理者并非只能消极应对，无事可做。相反，正如许多专家谈到的事例，行政推动、领导带动之余，我们还可以考虑进行任务驱动、利益打动，最终实现教师主动。

二、对新一轮课程改革的再认识

第八轮课程改革已经进行了二十年，作为一名亲历者，我从头至尾参与了所在学校的教材更换、课堂教学改革实施工作，经历了新课改的每一个重要阶段，但是在听了专家的分析讲解之后，我感觉自己对于课改还缺乏整体、全局的认识，还缺乏结合自身教学实践的深入冷静思考。新课改远未结束，"课改再出发"是上下的共识，作为学校工作的引领者，我们要头脑清楚，行动自觉，立场坚定。

1. 准确把握新一轮课改的重点和方向

新一轮课程改革是一个不断实践、不断反思、不断完善提高的过程，核心素养是课程改革再出发的起点。特别是党的十八大以来，党中央国务院高度重视教育工作和教师队伍建设工作，出台了一系列关于教育工作的文件，对教育工作指明了发展方向，提出了明确的目标和具体的要求，尤其是将"立德树人"作为教育的根本任务，提出了学思结合、知行合一、因材施教的人才培养模式，为新时代教育工作指明了方向。坚持"五育"并举，全面发展素质教育，学科教学重点要在落实学科核心素养上下功夫，指向更明确、更具体。这将成为今后一个时期学科教学关注的重点。

同时，针对信息化的新特点，我们要加强信息技术与教育教学的深度融合，实现信息技术由"三通两平台"向"三全两高一大"迈进。2018年4月13日，国家教育部发布的《教育信息化2.0行动计划》文件中正式提出，教学应用覆盖全体教师，学习应用覆盖全体适龄学生，数字校园建设覆盖全体学校，信息化应用水平和师生信息素养普遍提高，建成"互联网+教育"大平台，推动从教育专用资源向教育大资源转变、从提升师生信息技术应用能力向全面提升其信息素养转变、从融合应用向创新发展转变，努力构建"互联网+"条件下的人才培养新模式，发展基于互联网的教育服务新模式，探索信息时代教育治理新模式，到2022年基本实现"三全两高一大"的发展目标。这为我们乡村教育工作者提出了新的命题，我们要抢抓机遇，迎头赶上。

2. 进一步明确了西部教育发展的现状

（1）信息技术应用的"两高"（生活上高度融合，教学上高度排斥）难题亟待破解。

信息化对于教学的影响将是巨大而深远的，但是目前信息技术在教学中的应用现状与形式发展不相适应。作为管理者和教学实施者，我们应该认真思考并解决这个迫在眉睫的问题。正如专家所说，我们的学生从出生时起，手机就与他们为伴，他们是手机时代的原住民，他们天然对手机等信息化产品有一种亲近的本能，而我们充其量算是手机时代的移民，与信息技术和信息产品存在着这样那样的隔膜。因此，我们可以"理智"地做到信息技术与生活高度融合，在教学上高度排斥，但对于学生而言这是非常困难的一件事情。我们以各种理由将手机拒绝在学校或者课堂之外，虽然方便了管理，但是也将手机的便捷与强大功能一并拒绝与抛弃了。我们需要反思，禁止手机的效果到底怎样？我们有没有更好的方法解决学生运用手机学习和打游戏的冲突问题？我们如何以更科学、审慎的态度适应科技的迅猛发展，迎接信息化时代的教育教学变革？这些都是摆在我们面前的新课题。

（2）教师的教育思想和理念亟待更新。

不止一次听到关于教育的东西部差距问题，许多人关心的是教师待遇和学生的成绩，但是专家讲了人们思想观念上的差距。比如，关于"东部人做课程，中部人做课堂，西部人做试题"的说法，也许不无道理。去年参加在南京举办的域外培训时，许多专家教授讲得最多的就是课程建设，让人印象深刻，而我们的周围大家都在讲"聚焦课堂""面对考试"。一位专家说，一个方法解决一下子的问题，一个理念解决一阵子的问题，一个思想解决一辈子的问题。我的感觉，身边的教师绝大多数都是兢兢业业地讲课、备课，关注的是一节课、一次考试，很少关注一个发展的人、一门完整的课，大家没有从全局的角度去思考教学的习惯和做法，没有想办法从根本上去解决问题，这也许是他们教学上很难有大的成就和建树的原因。作为学科带头人培养对象，我自己对教学主张、教学思想也很少思考，对语文教学缺乏系统而独到的见解，这是我今后努力的方向。

（3）教师不学习、不了解国家的教育方针政策的现状亟待改善。

大多数教师不喜欢学习文件，认为只要教好书、教书好就行，国家的文件规定并不重要。但是专家的讲座告诉我们，要成为一名合格的教师，就必须将国家的大政方针贯彻落实好，前提是必须学习并深入理解国家关于教育的文件。毛主席说，不能只低头拉车，不抬头看路。低头拉车是必需的，但是前进的方向更重要，要不然，就有走错路或者翻车的可能。党的政策文件，就是方向，就是路，必须了然于胸。管理者不仅自己要读懂，而且要让教师们知晓，并且贯彻在日常的教育教学工作之中，这才是专业的教师应有的态度。

3. 对高效课堂和导学案的反思

高效课堂进行到现在，由大家一窝蜂地赞美学习到现在大家的反思与批评，正是体现了我们课程改革的不断深入与提高。

高效课堂有其积极的一面，因为它适合农村基础薄弱的学校，实现了短时间教学成绩的大幅提升。同时，它让"以学生为主体"的观念深入人心，推动了教师在课堂上的教学行为改变，让学生在课堂上更主动、更积极，让学生之间的沟通交流更加常态化。当然，其局限性也很明显。导学案的实质是知识的灌输而非能力的提升，高效课堂的名称决定了它是以应试为主要目的的学习方式，学生的创新意识被忽视，一切都是围绕教材的知识点进行，以完成导学案上的学习任务为目的，在某种程度上是目标教学的一种延续，却忽视了多种素养的综合培养，导致了学生成绩的两极分化。而且，其模式化的授课方式，没有考虑学科的特点，在某种程度上限制了教师和学生主动性的发挥。

三、对自身专业成长的新启示

作为一名省级学科带头人培养对象，我还有许多路要走，有许多工作要做。本次培训让我在专业成长上有了新的收获。

1. 学习到了举行讲座的一些方法和技巧

举办讲座是学科带头人一项很重要的培养任务。如何确定讲座内容并进行一场高质量的讲座，是我近期考虑较多的问题。虽然我之前进行了一些尝试，还是经验不足，有所欠缺。本次培训，我也将学习教授专家的讲座方法、技巧作为一项重要任务，有所收获。一是要注意讲座内容的内在逻辑结构，如是什么—为什么—怎么样的结构；二是将讲座的内容讲解与自身的经历或者实践相结合，往往可以生动而具体；三是要注意理论论据和事实论据的运用，单纯的理论讲解枯燥乏味，但是名人的观点和具体可感的事实可以让观点更易于被人接受；四是要提炼出自己独到的观点和看法，不能一味做别人文字和观点的搬运工，要对所讲问题有独到思考，这样才能左右逢源，开合自如；五是PPT的制作要注意图文结合，版式的排列要突出重点；六是要适时运用一些方法调节讲座现场气氛，调动听者情绪；七是要保持平等对话的姿态，多用谦辞与敬称，用语要平实、委婉，切不可居高临下，目中无人。

2. 了解了其他同行的工作坊的工作思路与策略

我在讲座中也了解了工作坊管理中应该注意的一些问题，如立足课堂，注重研究，加强引领，注意总结，勤于动笔，做到日"记"月累、"思思"入扣。我意识到要以课题研究为抓手推动工作坊工作开展，加强课题管理，注重成果的创新与应用，为形成自己的教学主张打好基础。

3. 对自己语文教学创新与变革的启发

一是开展基于综合化教学的语文教学实践，特别是结合整本书阅读的课题研究，运用信息技术，进行名著阅读的线上线下双混课堂实践，实施以任务驱动为主线的课外阅读和以成果展示为核心的课内阅读，最终达成思维进阶的拓展延伸；二是探索深度学习理论在语文课堂教学中的应用，特别是整本书阅读中高阶思维能力的培养策略；三是让语文教学与信息化融合、与时代接轨，培养学生语言运用的能力。

4. 对完善与提升学校管理方面的启示

一是要注重校园文化建设，塑造学校精神；二是思考和实践学校课程建设工作，通过课程抓课堂、促教学、提质量；三是建立教师专业成长的体制机制，激发教师的职业幸福感，激励教师自主成长。

五天的培训学习虽然短暂，但是收获很多。这些内容需要我静下心来慢慢消化，更需要我在今后的工作学习中逐步落实。精准脱贫，教育工作者不能缺席；勤劳致富，更需要我们西部教育人扎根基层，稳抓稳打，久久为功。成长非一日之功，脱贫不能仅靠一己之力，但是一日要有一日的成长，一事要有一事的长进，只要我们每个人胸怀梦想并为之奋斗，我们的中国梦就一定会实现。

大手笔做足"小"文章

——关于贫困县校园文化建设的调查

一、关于校园文化建设的共识

校园文化是以学生为主体，以课外文化活动为主要内容，以校园为主要空间，以校园精神为主要特征的一种群体文化，主要包括校园的物质文化、制度文化、精神文化及课程活动文化等。其中，物质文化建设是基础，制度文化建设是保证，精神文化建设是核心，活动文化是载体。校园的物质文化包括校园环境、教育场所、设备设施等。物质文化建设必须充分体现学校的文化特质和精神风貌，体现环境育人的宗旨。校园的制度文化包括组织的层次和形态、规章制度及角色规范等。制度文化作为学校文化的重要组成部分，是处于核心精神文化和浅层物质文化之间的中间层文化，它不仅是维系学校正常秩序必不可少的保障机制，也是学校文化建设和学校发展的保障系统。精神文化是校园文化的核心，能够表现一所学校的文化特质和精神风貌，包括办学理念、指导思想、学校精神，体现为校风、校训、教风、学风、校徽、校歌等形式，是隐性的、深层次的、无形的和抽象的。课程活动文化是校园文化的主要载体，决定着校园文化的实际效果。

校园文化在校园生活中具有其他学科教育所不可替代的特殊作用，这是由学校教育的特点和性质所决定的。以班级授课为主的全日制学校，学生一天绝大多数时间都在学校度过，校园的环境在潜移默化中对他们进行了最持久的熏陶和影响。古人云，近朱者赤，近墨者黑。毋庸置疑，良好的校园文化能陶冶学生的情操，提高学生的思想道德素质，激发学生长期保持高昂的奋发进取精神，有利于开发学生的非智力因素，促进学生德智体美等综合素质和谐发展。

教育部在《关于大力加强中小学校园文化建设的通知》中指出："校园文化是学校教育的重要组成部分，是全面育人不可或缺的重要环节，……大力加强中小学校园文化建设，对于增强德育工作的针对性和实效性，实施引导青少年树立社会主义荣辱观、加强和改进未成年人思想道德建设这一重大而紧迫的战略任务，努力培育有理想、有道德、有文化、有纪律，德、智、体、美全面发展的中国特色社会主义事业的合格建设者和可靠接班人具有十分重要的意义。"但是，校园文化建设一直没有得到足够的重视，特别是在中西部贫困县区中小学更是如此。因此，我们有必要对贫困山区的校园文化建设进行研究和总结，从而更好地加强基础教育工作，提高教育教学的质量。

二、监军中学校园文化建设的实践

监军中学位于国家级贫困县永寿县，有2400多名学生、165名教职工、48个教学班。2011年，学校新任领导班子上任后，确立了"以人为本、科学管理、高效育人"的工作思路，将校园文化建设作为学校工作的切入点和着力点，意图通过进一步加强校园环境建设，改变学校面貌，激发师生热情，塑造学校精神，营造良好育人氛围，在校园文化建设方面进行了有益的尝试。

1. 推行先进办学理念，打造先进精神文化

监军中学以"明德启智，健全人格"为办学宗旨，坚持"为每一个学生的全面发展负责，为每一个学生的终身发展奠基"的办学理念，摒弃狭隘的教学观和教育观，以学生为中心，为学生着想，为学生服务；努力培养"团结、拼搏、文明、求实"的校风，"修德、敬业、博学、爱生"的教风，"乐学、善思、勤奋、创新"的学风，积极创建民主平等、诚信友爱、充满活力的和谐校园。监军中学校训是"厚德、励志、笃学、尚礼"，要求全体师生以德为首，志存高远，潜心学习，文明有礼，它体现了学校的核心价值观，浓缩了学校的精神文化。监军中学教师具有的"艰苦奋斗，开拓进取，勇于创新的创业精

神；团结协作，荣辱与共，敢于拼搏的团队精神；敬业爱生，爱校如家，甘于吃苦的奉献精神"，一直激励着监军中学几代人努力奋斗，创造出了辉煌的业绩，学校精神是监军中学最宝贵的精神财富。

2. 建设优秀物质文化，打造一流校园环境

基础设施建设升级进位。监军中学对校园基础设施进行升级改造，硬化校园主干路，新建、改建厕所，更换危墙、土墙，消除了校园围墙的安全隐患，新建成的中院广场和前院广场兼具休闲与美化功能，绿树成荫，设计精巧，成为学校的亮点。校园绿化、美化全面加速。监军中学建成草坪式花坛5个，广场地面铺设广场砖、大理石等高档石材，放置休闲凉凳，安装景观灯、草坪灯，栽植各类花木5万余株，学校环境发生了翻天覆地的变化。墙壁、橱窗文化推陈出新，独具特色。监军中学校园墙壁、橱窗文化以"传承创新，勤学善思"为主题，按照"一轴两廊三区四楼"的整体布局设计。学校中轴线上主要利用展板和橱窗宣传介绍教育方针、办学理念和一徽一训三风，中院中心放置"行思"雕塑；校园两侧依托学校东西墙壁，建成了以儒家经典作品为主要内容的百米儒家文化墙和以古诗词配画为主的百米诗词文化墙；北教学楼走廊悬挂50多幅教师书画作品，南教学楼大厅悬挂监军中学教师励志格言标语80多幅，教学楼大厅开辟国学经典园地，花园草地中的提示牌都别具一格，不仅语言优美，而且造型独特，极具韵味。

3. 完善管理体制机制，建设学校制度文化

监军中学完善管理体制机制，建设学校制度文化，具体内容如下：

实施高效的学校管理，推行领导值周带班、包抓级组制度，建立绩效工资考核制度，健全校务、教务、财务公开制度，阳光、透明、公平换来了教职工的放心和支持，营造了风清气正的良好工作氛围。

实施规范的教学管理，以学生为中心，制订了一系列方案，如《监军中学有效教学实施方案》《监军中学高效课堂活动实施方案》等，推行先学后教、当堂练习的授课新模式，实行教师上课候课制和领导推门查课制，完善教案、作业定期检查制，健全了教学信息反馈制，逐步形成学生对教师课堂教学评价的体制。

实施精细的班级管理，建立完善了德育工作管理办法、德育工作考核量化细则，重新修订了系列管理制度，加强了班主任的选任和培训，使德育工作走向制度化、精细化、规范化。

实施全面的安全管理。建立和落实学校安全工作责任制和责任追究制，定期进行"六查"，建成覆盖全校的安全监控网络和涉及全体师生的家校共建网络，提高了学校人防、物防、技防水平。

4. 点面结合，共同参与，丰富师生活动文化

主题教育活动形式多样，"家校携手"活动精彩纷呈，第二课堂活动如火如荼，每学年有近百名学生获各种奖励；班级文化活动各具特色，建立图书角、卫生角，开展"每天一句格言"和"我为班级做贡献"活动；广泛开展了研读经典文化、共建和谐校园活动，通过读、研、讲、比等形式，营造浓厚的读国学、学经典的氛围。

监军中学集中一年时间进行校园文化建设，共投资200多万元，建成广场7000多平方米，新增绿化面积5000平方米，建成两个百米文化长廊和一个国学经典园地，形成了教师书画作品和教师寄语两个特色标语群。全校师生人人动手，个个参与，领导带头，终于建成了一个干净整洁、美丽温馨、文化氛围浓厚的监中校园，更重要的是，师生的精神面貌焕然一新，教师乐教，学生勤学，师生文明守纪，积极向上，学校风气发生了翻天覆地的变化。永寿电视台、陕西教育网等多家媒体对监军中学进行了宣传报道，监军中学也得到了市、县各级领导的肯定和家长们的一致赞扬。

三、对监军中学校园文化建设的几点思考

监军中学是山区县初级中学的代表，其校园文化建设经验值得其他学校借鉴。监军中学校园文化建设经验概括起来就是：谋划大手笔，立于潮头，关注发展，高点定位；做足"小"文章，立足校情，注重细节，务求实效。

1. 校园文化建设首先需要学校管理者和教职工解放思想、更新观念

不论干什么事，首先要解决的就是观念问题，故步自封、自以为是的传统比较盛行的学校尤其如此。作为学校管理者和教育者，要有现代化的思维方式，就要摒弃以下几种意识：

一是小农意识。凡事谨小慎微，不敢想更不敢做，瞻前顾后，畏首畏尾，好的想法也会胎死腹中。监军中学的做法就堪称大手笔。

二是随大流意识。做事随大流，不考虑学校实际和工作实际，循规蹈矩，

不超前也不落后，工作没有创新。这样干事出不了错，但也出不了成绩。

三是升学率意识。认为搞校园文化建设是胡折腾、乱花钱、不务正业，只有抓学生的学习、考高分数才是正道，才能出政绩。这是一种自私、狭隘的治校观。

四是狭隘的文化意识。对校园文化建设缺乏全面客观的认识，简单地认为校园文化建设就是栽花种草办版面，雕塑景观装门面，没有全面系统的构想设计，不开展扎实有效的工作，校园文化建设停留在表面，走过场。

监军中学校园文化建设能够开展得有声有色，在短时间内取得明显的成效，就是因为领导班子认识到位，思想与时俱进，教职工能齐心协力、同舟共济。

2. 校园文化建设要传达教育者新的教育思想、教育理念

新的教育理念就是以人为本，可持续发展，具体到学校就是以学生为中心，为学生终身发展奠基。一是彻底改变以教师为中心、以课本为主导的教学模式。我们让学生们在丰富多彩的校园文化和社会实践中，学会学习，学会生存，学会合作，学会发展。我们在改革传统教育观念和旧的教学模式的同时，彻底改变自己的教学观、质量观、学生观。我们要承认学生的个体差异存在，承认学生的多元智能，绝不能只用分数的高低和是否听话来评价、衡量学生的优劣。二是重视学生的个性发展。我们的教育应该为学生提供更加广阔的学习空间，让学生在学校里有更多的学习自主权和自主选择权。因此，我们在建设校园文化的过程中，必须注意营造有利于学生个性发展的人际关系文化和学习文化氛围，培养学生多姿多彩的个性，发展学生生动活泼的特长，让每个学生都能有自己的学习选择自由和个性张扬的空间，同时不会因为如此而受到讽刺与打击。三是关心学生的切身利益。我们在强调科学、规范的管理文化的同时，不能忽视建设集体主义和爱心世界的人文精神。解决人的思想问题不能只靠规章制度说话。如果只靠制度说话，忽视人的心理问题，就严重地违背了人文主义精神。

3. 校园文化建设四个方面要同步推进，缺一不可

虽然许多学校搞校园文化建设，却是只有建设，没有文化。究其原因，重要的一条就是没有重视精神文化的建设与发掘。须知，精神文化是校园文化的核心，只有精神文化才能够表现一所学校的文化特质和精神风貌。可以说，没有精神文化的校园文化只是各种文化素材的简单拼凑和堆积，没有主题也就没有了灵魂，没有系统也就没有了章法，当然也就谈不上对学生施加有目的、有计划的教育和影响了。校园文化建设不能只搞基础设施建设，盖楼建房子；也不能只搞绿化，栽树建园子；更不能只搞制度建设，立法编框子。学校的办学理念是什么，办学宗旨是什么，必须交代清楚。学校管理者期望自己的教育团队有怎样的素质与品质，有怎样的精神风貌，必须明白地讲出来。这些是最根本的问题。然后，学校管理者才能据此进行统筹安排和部署，盖什么样的房子，建什么样的园子，立什么样的规矩，树立什么样的教风、学风、校风。这些不是简单的文字游戏，既要考虑党的教育方针的要求，又要考虑当地文化的传承，还要考虑受教育者的身心发展特点，一定要深思熟虑，得到广泛的认可，方可付诸实践。

4. 校园文化建设要推陈出新，形成特色

校园文化建设需要向起步早、建设好、发展快的地区和学校学习，这样也可以避免走弯路、花冤枉钱。但是，在学习的基础上一定要有创新，要推陈出新，形成自己的特色，否则，千校一面，既不符合百花齐放的文艺方针，也与校园文化自身蕴含的创新要求相违背，更无法展示办学者的智慧和才干。特色首先来自独立的思想。办学者独树一帜的思想和理念是办特色学校的必要条件。监军中学在建设校园精神文化上，提出建设"书香人文"校园，力求以先进的理念引领人，以经典的文化熏陶人，以传统的美德激励人，在传承中注重创新，在教育中注重感化，想方设法增强学校文化内涵，激发学生的求知欲和教职工的敬业精神。良好的开端等于成功的一半。

5. 校园文化建设要立足校情、县情，做"小"文章

校园文化建设需要加强学校的基础设施建设，但是在基础设施建设和文化设施建设上不自量力，盲目攀比，一味地求新求奇也是不可取的。经济基础好，档次高一点未尝不可。就像商洛的学校，大理石的走廊、亭子、升旗台以及景观石随处可见。经济基础差，就需要因地制宜，就地取材，化腐朽为神奇。就像我们永寿，属国家级贫困县，不能求新求洋，只能用有限的钱办尽量多的事。另外，文化建设一定要结合学校实际，不能想当然。学校规模大，有充足的空间可以开发利用，建走廊、广场就是锦上添花；学校面积小，就可以在细节上下功夫，在角落、墙壁上做文章，不要画蛇添足，花了钱还没有好的效果。因此，校园文化建设既要体现上级统一要求，又要立足校情、县情，注

重对现有设施的改造和利用，注重对现有资源的挖掘和创新。

立足县情、校情，还要在县情、校情上做文章。我们经常讲乡土文化，校史、校友名人就是最好的范例，县情、县域经济社会的发展就是最鲜活的教材。因此，我们要充分利用好这些校园文化资源，荣誉室、校史展、校友名人展板、县情宣传橱窗等就是最简洁的途径。这也是一种爱国主义教育。爱学校、爱家乡，就是学生爱国的最直接体现。

6. 校园文化建设要重视对师生和家长的宣传和引导

校园文化建设有一个从隐形到显性、从抽象到具体、从计划到实施的过程，不可能一蹴而就。师生对校园文化的理解、认同、遵从也同样需要一个循序渐进、逐渐深入的过程。因此，充分、多方位、多角度、多层次的宣传教育就必不可少。首先是师生的参与。只有教师和学生参与到校园文化的建设过程中，享受校容校貌改观带来的愉悦感，才能更深刻地理解校园文化的内涵，珍惜校园文化建设的成果，也才能在最大程度上认同校园文化承载的理念与思想。而且，师生的参与能发挥集体的智慧，使校园文化建设取得更好的效果。比如，校徽、校旗、校歌的创作就可以采用在师生中广泛征集评选的办法。其次是对校园文化内涵的宣传讲解。我们要充分利用各种媒介和途径，如网络、广播、宣传册、讲座等，在师生中宣讲校园文化，也可以开展与校园文化有关的师生活动，如征文比赛、演讲赛、读书报告会等，激发师生学习的热情。

校园文化建设是一项复杂的系统工程，具有多侧面、多角度、多层次的特点，其所包含的内容之广、渗透力之强是一般教育因素难以企及的。因此，校园文化建设的谋划构思要有大手笔，要有发展的观念和全局意识。但是，在具体的实施过程中，我们一定要注重细节，立足校情、县情，有所侧重，突出特色，做足"小"文章。只有这样，校园文化才是植根于学校土壤的生机勃勃的校园文化，才是有益于学校师生身心发展的校园文化，才是优秀的有巨大促进力的校园文化。《中国教育改革和发展纲要》中指出："要建设健康的、主动的校园文化，树立良好的校风、学风，使学校成为建设社会主义精神文明的重要阵地。"因此，学校要高度重视校园文化的建设，以优秀的校园文化建设来带动教育现代化，从而为培养更多更优秀的高素质人才奠定基础，为社会、经济、文明的不断繁荣和发展做出应有的贡献。

农村教师专业成长的现状与改进策略

现阶段，农村教师专业发展总体向好，教师自身发展意愿强烈，教育行政部门对教师发展重视程度高。但是，教师群体的职业发展意愿呈现出两头冷、中间热的趋势，专业发展大多局限于信息技术应用和通识培训，层次偏低，范围有限。任教专业不对口和非教学任务繁重是影响农村教师专业成长的两大客观因素。教师、学校、政府各方要清醒认识教师专业成长的重要性，正确定位自身所应当承担的职责，多级联动，统筹协调，健全机制，规划合理路径，采取具体措施，确保农村教师专业成长工作做细、做实、做好。

一、研究背景

《乡村教师支持计划（2015—2020年）》中提出："通过全面提高乡村教师思想政治素质和师德水平……全面提升乡村教师能力素质、建立乡村教师荣誉制度等关键举措，努力造就一支素质优良、甘于奉献、扎根乡村的教师队伍。"建设一支高素质农村教师队伍，是发展农村教育的"重中之重"，是实现《乡村教师支持计划（2015—2020年）》的基础。为此，在县教育局和教研室的大力支持下，我们开展了课题研究，对永寿县农村教师专业成长情况进行了问卷调查，同时，学校在教师专业成长方面进行了一些有益尝试。

二、问卷调查统计

依托课题组，我们进行了教师问卷调查，并进行了统计分析。

（一）教师专业发展的现状

1. 不同年龄教师对自身专业成长的关注度不同

我们面向调查学校全体教师发放问卷，从收回问卷情况看，关注自身专业成长一项，30～40岁教师占57.5%，40～50岁教师占32.5%，30岁以下和50岁以上教师各占5%。数据反映出如下现象：

（1）青年教师的专业发展意识有待加强。数据显示，关注自身专业成长的，30岁以下教师占5%，教龄5年以下的教师占5%，远低于该年龄段教师实际占比。这说明新入职教师对自身的专业成长还缺乏清醒的、主动的认识。

（2）中年教师的专业发展需要稳定持久。数据显示，关注自身专业成长的，30～40岁教师占57.5%，40～50岁教师占32.5%，有67.5%的中级职称教师参与调查。这说明从教10～25年的教师面临着职称评定、社会评价等多方面的需求，表现出对自身专业发展的强烈愿望。

（3）老教师职业发展意识趋于弱化。数据显示，关注自身专业成长的，50岁以上教师占5%，而高级职称仅有2.5%，低于高级教师占比10%的比例。这说明教龄25年以上的老教师，年龄在50岁左右，他们受身体、知识等方面的限制，加之高级教师职称基本解决，表现出明显的职业倦怠与消沉，他们不关注自身发展，也很少参与各种教学与教研活动，在思想态度上表现出保守的倾向，往往对青年教师专业发展造成消极影响。

2. 教师专业发展的途径

撰写相关专业学术论文的教师占62.5%，经常听评课的教师占100%，经常进行教学反思的教师占87.5%。这反映出教师专业发展的途径和方式与教学实践结合较为紧密。

3. 教师对职业的满意度

教师对职业满意的占17.5%，基本满意的占52.5%，总计占70%。这说明教师总体上满意教师这个职业。

4. 教学中面临的挑战和新课程实施中的困惑

对于新课程实施中最大的困惑，77.5%的教师选择"课程资源整合与开发"，62.5%的教师选择"教学设计、教学行为转变"。对于教育教学活动中面临的主要挑战，55%的教师认为"缺乏对多媒体信息技术手段的了解和掌握"，50%的教师选择"缺乏对新的教育教学方法的了解和运用"，还有47.5%的教师认为"缺乏对新教育信息的交流渠道"。

（二）教师对自身专业发展的认识

1. 专业发展规划

67.5%的教师都考虑过专业发展的问题，但仅有17.5%的教师有自身的发展规划，有50%的教师仅仅停留在想法上，而没有进行有效的规划和实施。

2. 专业发展途径

教师中本科学历占100%，达标率100%。绝大多数教师认同培训是专业发展的有效途径。87.5%的教师认为教学反思非常必要，97.5%的教师遇到教学上的疑难问题时会向同伴求助，85%的教师有主动阅读报纸、杂志的习惯。

3. 专业发展动力

67.5%的教师选择"更新知识、提高素质"，65%的教师选择"使学生获得更好的发展"，50%的教师选择"适应教育改革的新要求"。

4. 专业发展标志

80%的教师选择"业务水平提高"，70%的教师选择"学生获得良好发展"，选择"个人修养完善"和"受到社会更多尊重"的教师各占57.5%。

5. 专业发展态度

80%的教师愿意参加教师专业培训，97.5%的教师表示愿意通过主动学习专业知识来提高业务水平，80%的教师愿意通过自主发展提高个人声誉，75%的教师愿意通过自主发展提高个人收入，95%的教师想通过自我努力来实现自己的愿望。

（三）教师对自身专业发展的期望

1. 对学校的期望

希望学校在校本培训中做的工作，排在首位的是"为校本培训提供更好的场所、先进的设备、培训经费等保障"，占67.5%；排在第二位的是"进一步支持教学骨干外出学习"；排在第三位的是"提供向老教师学习的机会"。希望学校为教师专业发展提供的机会或条件，72.5%的教师选择"赴名校参观访问"，70%的教师选择"业务进修"，57.5%的教师选择"教学观摩"，52.5%的教师选择"创造学习环境"。

2. 对获取专业知识的期望

当前教师最希望获得三个类别的知识。其中，教育专业知识占52.5%，学科专业知识占52.5%，新课改知识占52.5%，科研方法知识占52.5%，学科教学知识占50%。

3. 对专业能力提升的期望

当前教师最需要提高三种能力。其中，教学能力占52.5%，教育科研能力占52.5%，自我反思、自我学习能力占52.5%，撰写教育教学论文能力占47.5%。

4. 对培训时间的要求

60%的教师希望进修培训在平时固定日期进行。

5. 对培训专家的要求

77.5%的教师希望由一线教学能手培训，65%的教师希望由知名教育专家培训。

6. 对培训内容的要求

75%的教师选择"应用现代教育技术能力"，70%的教师选择"课堂教学的实施能力"，62.5%的教师选择"课堂教学的设计能力"，而选择课程开发的只有25%，选择教学科研的有37.5%，选择教学反思的有32.5%，选择班级管理的有35%，选择学科理论知识的有27.5%。

三、调查结果分析

根据调查所得到的数据，结合平时的了解，参考相关文献资料，我们对当前永寿县农村教师专业发展做出一些初步判断。

（一）教师专业发展表现出如下特点

1. 教师整体素质得到提升，职业发展起点较高

50岁以下教师学历达标率在95%以上，表明教师个人整体素质较高，专业知识和专业背景为教师的专业发展奠定了较为坚实的基础。这些教师因为都受过较为系统的专业训练，接受过正规的教育培训，所以往往有着良好的学习习惯，能够在工作中采取合作、交流的方式，有强烈的学习欲望。

2. 教师自身的职业认同度较高，有自我发展的内驱力

专业发展的前提是对职业的认同，是对职业的热爱。绝大多数教师对自身所从事的职业是满意或者基本满意的，特别是从事教师工作5年以上的教师，有着较为强烈的专业发展意愿，这也成为教师自身能力提升的巨大动力。

3. 通过校本研修达到专业发展的做法已经被教师所认同

目前，我们所倡导的通过校本研修提高教师专业水平的做法，已经被教师所接受。在教育教学过程中，校本培训、课题研究、同伴互助、听评课等活动经常性开展，教师也能积极参加，并且感受到了活动对自身成长的促进作用。

4. 教师对自身专业发展有着较为清醒的认识，但还不全面

多数教师希望通过专业发展提升自身的能力和素质，从而让学生得到更好的发展，让自身得到社会更好的评价。教师对自身的专业短板也有较为清醒的认识，希望学校开展针对性的培训与帮扶，如现代教育技术的应用能力、课堂教学的实施能力、设计能力等培训。

（二）教师专业发展存在的问题

1. 青年教师的职业意识有待加强

青年教师，特别是教龄不满5年的教师，他们对自身的专业发展认识还比较模糊，按照教师成长层级来说，这部分教师处于最底层，是"成长型教师"。他们或者因为职业没有定型，没有打持久战的想法，想改变职业；或者缺乏敬业意识，思想上对自身的专业发展并不看重，听之任之；或者由于经验欠缺，忙于具体的教学事务，无暇顾及个人专业发展。总之，青年教师的专业发展意识还需要加强。

2. 部分教师的职业早衰较为明显

教龄25年以上的教师，经验丰富，综合素质高，教学能力强，已经是"专业型教师"，可以指导帮助青年教师更快成长，为青年教师做好榜样。但是出于身体、知识、待遇等各方面原因，这些教师往往表现出对前途的消极，不参加教研活动，不热心学校事务，对新的理念和做法表现出较为强烈的抵触情绪，表现出职业热情的衰退。

3. 中年教师缺乏明确的职业规划

中年教师是学校教学的骨干和中坚力量，是"成熟型教师"，他们热爱本职工作，有着强烈的自我发展意识，期望通过培训和学习提高自身素质和能力。但是许多中年教师没有明确的职业规划，自身发展动力不足，目的不明，"等靠要"的思想比较严重，总是希望学校能为自己的职业发展负责，希望有名师和能手的指导，总是以为外出学习能够解决教学中的各种问题，表现出某种程度上的不自信、不主动。

4. 多数教师专业发展还停留在教学能力的提升上，层次有待提高，内容有待扩大

从调查数据可以看出，绝大多数教师对专业发展的内容定位是课堂教学或者与实施课堂教学有关的应用能力，而新课程标准所要求的课程开发、教学科研、学科理论等能力，并没有引起教师的重视。不是我们的教师不缺乏这方面的能力，而是我们的教师还没有认识到这些能力的重要性，我们目前的教育教学考核评价方式还没有凸显出教师加强这些能力的必要性。实际上，毋庸置疑的是，教师只有在课程开发、教学科研、学科理论等综合能力上获得提升，课堂教学实施的响应能力才会得到自然而然的提升。

5. 专业不对口所引起的专业发展矛盾比较突出

学校教师专业结构不合理，个别学科专业教师匮乏，还有许多教师第一学历与进修学历不同，导致部分教师教非所学，学教不一现象比较常见。在农村学校，体音美教学全部由其他专业的教师兼任是常态，政史地生非专业教师占绝大多数，就连语数外这样的主课也会由教师跨界担纲。这就导致了教师对自身专业发展无法定位，更无法实施。教师学科知识是专业化发展的前提，但农村教师第一学历与进修学历、所学专业与所教专业不一致现象让教师专业化发展举步维艰。

6. 繁重的非教学任务，挤压了教师学习、反思的空间，使校本教研的众多措施流于形式

教师希望参加培训，希望外出学习，也希望通过专业素质提升转变自我形象。但是，学校繁重的非教学任务使教师无暇顾及自身的专业发展，学校也无法安排专门的教研时间，教学科研往往只能钻空子、挤时间，要不就是搞突击、完成任务，不能达到应有的效果。所以，如何合理地安排教学与研修，如何做好时间的分配和工作的协调，如何让教师工作、学习、生活三不误，对于学校谋划教师专业发展来说，至关重要。

7. 教师专业发展中学校、政府存在缺位现象

部分地区学校与政府主管部门对现状缺乏清醒认识，也缺乏明确的思路和方法，阶段性制定政策，没有较为长远的、具体的规划和实施方案。教育主管部门认为教师专业发展是教研室的事，在学校就是教研处的事，与其他人和其他部门没有关系，出现了"大家都在喊，其实没人管"的状态。教研室名为教研，实际处境却很尴尬，既没有决策权，也没有充足的经费，更缺乏专业的人才，所以对于教师专业发展的引领就显得力不从心。

四、对当前农村教师专业发展的对策与建议

（一）清醒认识，正确定位

1. 认识到学校在教师专业成长中所应承担的主要责任

一直以来，我们都认为教师要努力提高自身的业务素质和培养教书育人的能力非常必要，但这往往作为学校对教师的单方面的要求来提，学校和上级能做的就是把问题指出来，把方向指出来，至于如何提高，怎样加强，都是教师自己的事。而现在，我们必须形成这样的共识：教师专业成长也是学校和教育行政部门的责任，学校和教育行政部门有责任也有义务为教师创造专业成长条件，引导教师走专业化发展之路。而且，只有依托学校和政府的统筹规划才能让教师专业化发展积聚人气，持久用力，长远发展。

2. 认识到校本教研是教师的专业成长的基本方式

以教学为本，以学校为本，以教师自身的发展为本，这样的教师专业成长模式才是务实而高效的。教师的专业培训和能力提升只有基于学校的需求、专业的需求、教师的需求，才有持久和旺盛的生命力。校本教研坚持专家引领、同伴互助、自我反思的成长路径，是实现教师专业成长的必然选择。

3. 认识到个人反思是教师专业成长的必备要素

引领与培训是教师成长的外在因素，可以激发、催化、加快教师的成长欲望、成长过程、成长速度。但是根本的变革和改进还源自教师自身的成长要求。先进的教育理念需要内化为教师认可和接受的教育指南，否则只能是激动人心的口号。个人反思既包括对自己行为的审视与评价，也包括对新理念与方法的尝试与应用，更包括对自身素质的突破与更新。

（二）多级联动，统筹协调

1. 教师层面，开展职业生涯自我规划，使教师个体能按照专业意愿持续自主发展

职业生涯规划是教师对自己的专业生涯进行分析和规划，让教师从"自我认同"发展到"自我实现"。"自我认同"就是明白自己"要什么"，"自我

实现"就是相信自己"能做什么"。职业生涯规划要让教师专业发展想得到、看得见、做得好。

2. 学校层面，提供专业发展有力支撑，使全体教师能相互帮助、相互激励、协同发展

职业生涯规划能够解决教师内生动力不足的问题和职业发展盲目低效的问题。但是，职业发展规划绝不仅仅是个人的事情，必须纳入学校统一规划，只有将个人规划纳入学校教师队伍建设计划，两者协调一致，才能得到很好的执行与促进。学校计划为教师规划提供制订依据、实施保障，个人规划是学校计划的具体化。学校可以为教师专业发展提供专业支撑，包括但不限于寻求同伴支撑、专家支撑、机构支撑。学校应该为教师专业发展提供充足的物质支撑，如经费、设备等。

3. 行政层面，理顺教师上下、进出通道，以政策为导向促进发展

教育行政主管部门在现阶段的职能，既管人，也管钱，还管事。所以，目前教育行政部门对于教师专业发展需要做出更大的变革和更多的回应。一是对于全县教师专业发展综合考量，统筹安排，考虑校、镇、县三级的不同发展目标和不同阶段教师的梯度差别，打造不同范围的教师成长共同体。二是制定有利于学校自主、教师发展的鼓励、激励政策，给学校以更大的自主权。三是在教师招聘、教师分配等方面多考虑学校和教研机构的实际情况，以确保教师专业结构、学科比例的合理、适当。四是多安排一些有意义、有实效的培训和竞技活动，促进教师专业健康发展。五是为学校和教师提供更多的经费支持和硬件支持，如电脑、图书等。

（三）机制健全，保障有力

在教师、学校、行政三个层面中，学校承担着引导、组织、实施、督促的责任，最为关键，因此，学校要建立有助于教师专业成长的体制机制。

一是建立鼓励教师成长的竞争激励制度。学校增加教师培训和教科研奖励的内容，引导教师积极参加教科研工作。

二是建立针对教研组和学科备课组的教学能力考核机制。学校制定《教研组、备课组考核奖励办法》，每年拿出一定的资金奖励优秀备课组、教研组。

三是建立教师专业成长专项经费制度。每年学校经费的4%用于教师的校本教研和课题研究。学校鼓励教师参加各级各类培训，为教师提供时间和经费的支持，把培训作为新时期对教师的奖励和支持。

（四）路径合理，措施具体

教师专业发展，看似无形，实则有路。学校要将教师发展通过活动具体化，让教师专业发展有规可依、有径可循。

1. 设立学校名师工作室，作为教师成长的孵化器

学校设立名师工作室，由获得市级教学能手以上荣誉的教师担任导师，组建帮扶团队。名师工作室发挥引领、带动、示范的作用，从师德师风、教学技能、课堂教学、教学研究各方面全方位地进行指导，确保骨干教师的快速成长。推而广之，学校也可以为每位有兴趣的教师设立个性化工作室，促使教师个人和工作室成员向"学有专攻、教有专长"的方向个性化、特色化发展。

2. 成立学校教育教学专家团队，作为教师专业成长的智囊团

为了保证教师成长的专业化，避免行政的过分干预，学校成立教师专家团，负责学校教育教学的竞赛、评优、选拔等工作，对教师的专业成长进行技术指导。

3. 灵活设置年级学科备课组，作为教师专业成长的实验舱

教师专业成长需要边学习边实践，在教学中不断摸索，不断革新，因此农村小规模学校要根据学校规模设置跨年级的大教研组或者年级备课组，让同年级同学科的教师成为专业成长互帮互学的集体，方便教师开展集体备课和教学研讨。备课组每周开展一次教学研讨课活动，一位教师上课，其他成员观课、议课，让每位教师都有展示、锻炼的机会。观议课可以是常态课，也可以是观摩课、教改实验课，但每次都要有主题、有目的，确保在活动中大家都有所收获。

4. 开展与教师教学紧密结合的专业培训，构建教师成长的新通道

以往的教师研训，老教师不愿意参加，新入职教师觉得用处不大，主要是因为教师研训存在着粗放、被动、碎片化、整体性的弊端。因此，我们要开展有具体规划、针对性强、与日常教学深度融合，并且不断改进教学的个性化培训，有的学者称之为嵌入式培训。嵌入式培训要对每个教室进行初始评估，然后组建"高相似度"专业发展研究共同体，制定教师个人专业发展规划，通过学习新领域研究成果，开展"高相关性"专业发展研究共同体活动，让教师进行嵌入日常教学的专业训练，从而搭建教师进步台阶，达到促进教师专业成长的目的。

5. 抓实利于教师专业成长的活动载体

一是开展多样的教学竞技活动。每学年一次的教学能手比赛、每学期一次的新进教师汇报课、每学年一次的同课异构教学全流程比赛，为每位教师的成长搭建了广阔的舞台。

二是开展经常性的校本培训。学校定期开展教学讲座、名师讲堂、信息技术培训、微课培训等校本培训，不断提升教师专业素质。

三是举办教师成长论坛。学校可以举办名家论坛，邀请域内域外特色名师专家做报告、办讲座，也可以举办主题论坛，通过不同层次、不同类型的论坛主题交流活动，突出工作重点。

四是普及小课题研究。小课题研究具有小、活、实、新等特点，是促进教师专业成长的有效途径。学校要让"人人有课题、个个都参与"成为教师工作常态，真正做到课题研究常态化、研究过程真实化、成果教学一体化。

五是借助现代传播手段促进交流展示。展示交流可以实现智慧共生。所以，要促进教师专业发展，学校就要为教师提供便捷的交流展示通道：首先，可以构建不同范围的QQ交流群、微信群，使线上线下共研无障碍；其次，构建以自媒体微信公众号推送、网盘资料共享为代表的成果展示交流平台，以自办刊物为主的宣传推介平台，实现智慧共生共享。

参考文献

[1] 杨建华. 寻找县域教育品质提升的智慧与力量 [J]. 中小学校长，2016（5）：14–16.

[2] 庞秀花. 嵌入日常教学的教师专业发展 [J]. 中小学校长，2016（8）：25–28.

[3] 罗凌云. 递进式教研引领青年教师专业成长 [J]. 教师博览，2016（1）：18–19.

整本书阅读：阅读现状与阅读期待的双重关注

——关于农村初中整本书阅读的调查与思考

统编版语文教材中"名著导读"与"教读""自读"组成了阅读教学的三驾马车，确立了整本书阅读在语文学习中的重要地位，也掀起了整本书阅读研究的热潮。整本书阅读对语文教学将产生深远的影响，但是教师们对此缺乏清醒认识，因此此类研究多数停留在教师如何实施课内导读的层面，其实质还是着眼于教师"如何教"，没有充分关注学生"读什么""如何读""读得怎样"。教学的起点是真正了解学生的已知与未知。因此，为了全面掌握学生整本书阅读的现状，我们"农村初中整本书阅读现状和策略研究"课题组对西部农村多所初中的学生进行了整本书阅读的问卷调查和现场访谈。调查采取网络问卷的形式，回收问卷1384份，参与学校既有城乡接合部学校，也有乡村学校，既有初中，也有九年制学校的初中部，具有较为广泛的代表性，基本能够反映农村初中学生阅读的现状。

一、阅读现状

1. 阅读数量

54%的学生年阅读量在5本书以下，36.71%的学生年阅读量不足3本书。年阅读10本书以上的学生仅占13.73%。学生阅读量明显不足。9.68%的学生12本初中必读名著一本都未读完，19.94%的学生课本推荐名著一本都未读完。考虑到统编版教材已经应用多年，这些数字也能反映出整本书阅读在农村学校的开展情况还不尽如人意。

2. 阅读时间

47%的学生每天没有固定的读书时间，阅读较为随意；33.16%的学生每天能保证至少半小时的读书时间；4.99%的学生每天几乎没有读书时间，且高年级学生用于阅读的时间少于低年级的学生。这说明学生自主阅读的意识不强，自主阅读的习惯还未养成，课业负担增加对整本书阅读的消极影响确实存在。

3. 阅读视野

一是阅读内容，一共七个选项，可多选。文学名著仍然是学生最喜欢的阅读内容，占比最高，为55.4%。随着年级升高，网络言情小说受喜欢程度逐渐增加，武侠、玄幻、惊悚类小说普遍受到欢迎，网络小说占比达到45.22%；动画卡通类占18.93%，排第三。为考试而阅读的学生占30%左右，为休闲、娱乐、打发时间而阅读的学生占27.31%。这说明初中学生阅读书籍的内容较为集中，学生对自己阅读内容的选择范围有限。

二是阅读载体，是纸质书还是电子书。有16.98%的学生选择"电子书多于纸质书"，选择"两者差不多"的占25.43%，有33.74%的学生选择手机或电脑阅读。这说明纸质书仍然是主流，但阅读电子书已经成为趋势，提示我们阅读指导方式也要与时俱进。

三是书籍来源。有70.23%的学生选择"藏书或购书"，这说明目前农村图书资源没有被充分开发利用，学生借阅图书的习惯还没有形成。

可以看出，有限的资源和有限的选择，使农村学生的阅读量偏少，阅读范围偏窄，阅读时间不足，整体的阅读状况不容乐观。

二、阅读品质

除了外在的整体表现，我们还应该关注学生读得怎么样。我们调查了"阅读动机""阅读兴趣""阅读方式""阅读收获"四个方面的情况。

1. 阅读动机

有70.38%的学生认为阅读是为了增长见识，有54.77%的学生认为阅读是为了满足兴趣，有30.71%的学生认为阅读是为了考试，还有27.31%的学生认为阅读只是为了打发时间，且随年级升高而逐渐增加。这提示我们要加强对学生读书目的的教育，防止学生读书功利化、短视化。

2. 阅读兴趣

是否喜欢阅读整本书，有77.75%的学生选择喜欢或较喜欢，主观态度积极，但存在着年级差异。八年级学生对名著的喜欢程度远低于七、九年级。有23%的学生选择不喜欢。有15%的学生更喜欢看电视剧，10.19%的学生更喜欢打游戏，4.34%的学生喜欢看动画片，还有21.97%的学生不喜欢的原因为"不喜欢文字"，13.08%的学生选择"看不懂"，1.95%的学生选择不喜欢学语文。大多数学生表现出了对读书的浓厚兴趣。但是对于基础学段而言，超过20%的学生没有建立起对语言文字的亲近感，不喜欢文字；超过10%的学生直接选择"看不懂"。这至少说明，学生"在阅读过程中享受到积极状态带来的心理愉悦"这样的目标还未达到。有21.24%的学生选择"喜欢但没时间阅读"，这一点应该引起我们的注意。

3. 阅读方式

是带着任务阅读还是随意阅读，有63.51%的学生选择前者。学生完成的阅读任务，摘抄占52.82%，和同学交流探讨占38.58%，圈点批注占31.07%，提出看法占29.77%，写心得占21.03%。可以看出，随着阅读任务难度加大，学生参与率明显降低。对于选择怎样的阅读方式，46.53%的学生选择"各自阅读自己喜欢的书籍"，选择"自主阅读课本规定名著"的只有10%左右。这说明，目前大多数学生更习惯于完成摘抄之类的低层次、缺乏创造性的阅读任务，但也表现出了自主阅读，以及与别人分享阅读感受的强烈意愿。

4. 阅读收获

高质量的阅读包括阅读方法的正确运用、主体自身的独特情感体验，以及读后对内容的复述、串联与整合等。具体包含以下几点：

（1）能否运用基本阅读方法。

一是通读的意识，即遇到阅读障碍如何解决。有80.49%的学生选择中断阅读，直至问题解决，只有20%的学生选择做好标记，再回头解决。这说明学生还是习惯于用读一篇文章的方法来进行一本书的阅读。二是略读的技能。只有13.29%的学生认为自己能通过略读了解整本书的内容，这说明学生快速阅读的能力还有待提高。三是助读系统的运用，即是否借助目录和序言、后记等进行阅读。有64.67%的学生能够先阅读目录和序言，把握整本书的结构。

（2）读中能否产生独特的情感体验。

有20.81%的学生认为自己不能借助想象获得情感体验。这说明学生对阅读整本书的情感体验还重视不够，阅读的专注程度还有所欠缺。

（3）读后能否复述内容。

只有31.79%的学生能在读完一本书后复述书的主要内容，60.69%的学生有时可以进行复述。这说明学生具备了一定的归纳概括能力，但还需要加强和提高。

（4）读后能否表达自己观点。

有31.86%的学生可以发表自己的评价或观点，还有12.36%的学生几乎不能发表自己的看法。这说明大多数学生的阅读仅仅停留在对内容的了解上，还不能进行更为深入的思考，阅读的深度还不够，阅读中的高阶思维训练还需要加强。

总体而言，学生为考试而读的目的较为突出，阅读方法欠缺，阅读任务挑战性较低，阅读收获有限，阅读品质不高。

三、阅读期待

教师以"倾听"学生为第一要务，首先要倾听学生的学习需求，了解学生的兴趣所在。因此，我们还调查了学生在阅读方面对老师、学校、家长的需求。

1. 对老师的期待

希望老师为阅读做什么？由高到低依次排序分别是推荐书目、传授方法、组织交流心得、组织分享笔记、组织阅读活动。可以看出学生需要的是老师的帮助而不是过多干预。

2. 对家长的期待

有53.97%的学生希望家长能够提供一个安静的读书环境，49.78%的学生希望家长能购买书籍，26.52%的学生希望家长能和自己一起阅读。这说明孩子们不仅期望有一个良好的读书环境，也渴望能与家长进行精神上的沟通交流，这也对我们的整本书阅读实施提出了新的任务。

3. 对学校的期待

排在首位的是希望学校提供图书，占到33.45%，这说明学校在图书的借阅和使用上并未满足学生的需要。有22.18%的学生希望学校开辟专门的读书时间；有15.61%的学生要求减少作业量，腾出时间。这和21.24%的学生认为"喜欢但没时间读书"可以相互印证，说明阅读时间的问题不容小视。96%的孩子希望学校多开展交流分享活动。

四、思考建议

整本书阅读的主体是学生，我们一定要把学生的阅读现状和阅读感受放在第一位。一是关注阅读状态，充分依据学情确定整本书阅读的进程，切不可操之过急，否则只会热热闹闹走过场。二是关注阅读期待，满足阅读愿望，解决阅读困难，提供阅读保障，确保整本书阅读能够有效落实，有序推进。结合学生、教师、家长访谈和其他学者研究成果，我们提出如下策略。

1. 降低目标要求以适应学生基础薄弱的事实

农村学生阅读基础薄弱是不争的事实，学生还处在"学习阅读"而非"通过阅读来学习"的阶段。我们开展整本书阅读的要求应该有所调整，要依据教材导读，更要结合学情，将培养学生阅读兴趣，培养学生对语言文字、对书籍的亲近感作为整本书阅读的重要任务。

2. 现阶段以在校阅读为主开展整本书阅读

要充分估计、理性应对学生阅读的客观困难。农村寄宿生在校集体住宿，在家大多也没有自己的独立空间，加之受经济条件、家长认识不到位等因素的影响，学生整本书阅读面临家庭支持乏力、家长共读难以实现等诸多困难，学生居家阅读较难落实。教师不能满足于上好几节名著导读课，要想方设法帮助、支持学生在校开展全过程阅读。后续建立课内外连贯、校内外衔接的整本书阅读一体化机制尤为重要。

3. 关注并兼顾学生对于整本书的阅读期待

只有学生主动学习，才能形成学习动力，整本书阅读更是如此。因此，学生对整本书阅读的想法和期望，我们必须了解。教师的导读只有和学生的期望同频共振，才能事半功倍。我们既要指导好教材指定名著的阅读，也要帮助学生选择合适的课外阅读书籍，指导建立包括同伴、教师、家长在内的阅读共同体，常态化开展阅读交流分享活动，最大限度地激发学生的阅读热情和自主阅读意识。

4. 合理设置阅读任务，提升阅读技能

有挑战性的阅读任务是学生持续阅读的有力驱动，可以激发学生产生高

品质的思维成果。教师尽量避免给学生布置抄抄写写之类的"体力活"，要将不同难度的任务进行组合，保证不同能力层次的学生都能参与阅读。阅读速度的提升和阅读质量的提高可以让学生获得更为强烈的阅读愉悦感和成就感。因此，教师对阅读技能的指导、方法的传授必不可少。

5. 充分保障学生的自由阅读时间

农村寄宿制学校学生自由支配的时间极其有限，学校要特别重视学生阅读时间的保障。一是学校统筹安排，开辟专门的阅读时间和空间；二是把减轻学生的课业负担落到实处；三是语文学科自身要向内挖潜，优化作业设计，减少书写作业，增加阅读作业；四是帮助学生规划，利用好周末和节假日时间。

6. 重视信息技术在整本书阅读中的有效应用

信息技术在教育教学中的应用是大势所趋，关键要适时、适当、适度。一是利用电子书解决纸质书短缺的问题，二是运用网络微课程等方式扩大名著阅读指导的覆盖面，三是培养学生搜集、提取、整理、鉴别信息的能力，从而将校内外的阅读进行有机衔接。

总之，整本书阅读作为语文教学的一个重要内容，没有固定的模式和套路，但学生的阅读现状一定是我们开展整本书阅读教学的起点和基础，学生的阅读期待一定是我们不能忽视的阅读情境。唯有如此，学生阅读的主动性才会被唤醒，整本书的阅读才会真实发生。

参考文献

[1] 陈静静. 学习共同体：走向深度学习 [M]. 上海：华东师范大学出版社，2020.

[2] 吴欣歆. 培养真正的阅读者——整本书阅读之理论基础 [M]. 上海：上海教育出版社，2019.

[3] 安德烈·焦尔当. 学习的本质 [M]. 杭零，译. 上海：华东师范大学出版社，2015.

[4] 杨健. 激趣引路指方法见"微"知"著"巧施策——微课在整本书阅读中的应用研究 [J]. 陕西教育（教学），2020（7）：27-28.

研究篇

课题申请评审书

一、本课题国内外研究现状述评、选题意义和研究价值

1. 本课题国内外研究现状述评

和现代文阅读教学、写作教学的研究相比，近年来我国文言文教学改革还未引起语文教学工作者足够的重视。目前，语文教学实践中常见的文言文教学研究大致有三种：一是文与言的关系的研究，其实就是如何处理文言文工具性与人文性的问题；二是文言文课堂教学模式的研究，如王利民、许正兴的文言文七步教学法，吴从伦的尝试教学法，孙必锟的诵读教学法，等等；三是与课本内容相关的信息的迁移性研究，如有关课文作者的介绍、课文写作背景的介绍、文中涉及的某个知识点的补充阅读，以及阅读的感悟、作者的其他作品等。绝大多数教师对于文言文的教学目标还是指向考试，传授方法简单粗暴，千篇一律。学生自然也就缺少学习的兴趣，教学效果当然不佳。对于这样的教学实践操作问题，理论界相对关注较少，导致以下问题依然存在：

一是知识的传授和学生学习能力的培养还是两张皮。

二是教学目的定位不当，为"考试而学，升学而学"的做法，导致教学内容无限向艰深、琐碎、生僻延伸。

三是教学策略失准，串讲、串译被视为文言文教学的不二法门，忽视了学生学习的心理，教学过程枯燥乏味。

2. 选题的意义

（1）有利于提升学生阅读、鉴赏文言文的能力。通过对初中生学习文言文现状的调查，研究学生文言文学习中内驱力不足的问题及原因，从而探寻激发学生学习文言文兴趣的方式方法，提升学生阅读、鉴赏文言文的能力。

（2）能够有效地提升文言文教学的质量。通过研究，探索文言文课堂教学的合理途径，构建有效的文言文课堂教学模式，推动教学活动，提高教学效率，同时，在文言文教学方面为教师提供可借鉴的操作方法和策略，切实有效地提高文言文教学的质量和水平。

（3）通过文言文的教学弘扬新时代的人文精神，对学生进行新的人文教育，达到"以先进的文化教育人，以优秀的作品鼓舞人"的文化创新目的。

3. 研究价值

本课题研究能推动我们对教学活动的分析，并能同时推动教学研究方法的转型；使我们对文言文教学的把握恰到好处，时机的选择正确无误，难度的确定适宜学生的原有知识积累，内容的选择能引发学生的求知需求，从而提高教学效率，提升学生的阅读和鉴赏能力，进而更有效地帮助学生继承优秀的文化传统和民族文化遗产，促进学生语文素养的整体提高，同时给广大教师在提高文言文教学有效性方面提供可做借鉴的操作方法和行为策略。

二、本课题研究的目标、主要内容、研究假设和创新之处

1. 研究的目标

（1）分析学生文言文学习的真实现状，依据学生的学习兴趣和发展需要，探索调动学生学习积极性的新途径和新方法。

（2）改变目前文言文教学单调、乏味的现状，通过"自主、合作"方式的课堂教学实践与研究，探索提高文言文教学有效性的新模式。

（3）通过初中文言文的"创新教学"和"行动研究"，全面提高学生文言素养，激发更多的学生自觉继承优秀的文化传统和民族文化遗产，提高学生的人文素养和语文素养。

（4）改变教师陈旧的教学观念，进一步促进教师的专业发展，培养学者型教师。

2. 主要内容

（1）充分理解新课程标准及初中语文文言文教学的相关理论文献，为本课题的研究寻找更多的理论支持和现实依据。通过调查等形式，了解学生语文学习的兴趣、特点及水平等。学习心理学方面的理论，研究了解初中学生身心特点、记忆规律，用科学的方法指导学生学习文言文。

（2）以课堂为核心，以课改的新理念指导文言文教学。改变现有的教学状态，创新教学模式，提高课堂教学效果，促进学生文言文阅读理解能力。

① 借助现代多媒体教学手段，改变原有的单纯教学手段。通过现代教学手段的运用，丰富文言文的教学内容，活化教学手段，使课堂声色结合，图文并茂，更直观、更形象，触发学生的思维，引发学生的联想与想象，激发学生学习的兴趣。

② 巧妙借助问题，构建学生与文言文文本的桥梁。变"教师一人发问、一问到底"为"教师提问与学生质疑提出问题相结合"。以"本"为本，把语文教材、文章本身作为立足点，调动学生挖掘文本内涵的主动性，用问题敲开探究文本的大门。

③ 寻求文言文教学的探究点，建立文言文教学的模式。改变固有的文言文教学的先导入，后字词，再作者介绍，然后朗读逐句翻译的模式，以新课标为载体，以学生为主体，体现自主合作探究的理念，以探究点为突破，建立文言文教学的新模式。

④ 不断尝试各种学习形式，开展文化常识竞赛、课本剧表演、古诗文吟诵等各种教学活动，丰富学生的学习体验，从而达到提高学生的语文综合素质的目的。

3. 研究假设

（1）形成以学生为中心的文言文教学新模式，探索以教学活动为载体、激发学生学习兴趣的各种方式和途径。

（2）建立学生生活与文言文的多种联系，构建学生学习文言文的全新支点。

（3）教师能运用新理念开展富有实效性的文言文课堂教学，教学效果突出。

4. 研究创新亮点

本课题研究的创新点在于，找寻文言文与白话文两者之间的密切联系，为学生文言文学习搭建桥梁。一是进行学生基于自身语言运用的文言文学习的激趣研究，如联系成语、方言中存在的文言词汇、文言用法进行延伸，借助对联等文学形式运用古诗文中的有关知识，等等。二是进行基于以生为本理念的课堂教学创新研究，将有效教学、高效课堂中的一些成熟做法应用于文言文课堂教学。三是将现代文多角度解读文本的思路运用于文言文文本的解读，降低文言文理解难度，拉近学生与文言文之间的距离。

三、本课题的研究思路、研究方法、实施步骤

1. 研究思路

通过构建文言文课堂教学新模式的研究，改变条块分割的传统教学模式，以文言文作品内容中丰富的情感、深刻的思想、优美的意境熏陶、感染学生，以丰富多样的教学手段和方法调动学生学习的主动性，从而激发学生的兴趣，培养学生诵读、理解、鉴赏及自主合作探究的能力，并使他们有意识、有目的、主动地通过课外阅读拓展深化课堂上所学的内容，最终达到提高学生文言文阅读能力与鉴赏能力，提高学生的语文水平，提高学生人文素养的目的。

2. 研究方法

（1）文献研究法：查阅相关教育论文、专著，借鉴利用，获取理论指导。

（2）问卷调查法：针对学生对文言文学习的认识和做法，通过调查、问卷、座谈、观察等搜集相关资料，并进行归因分析。

（3）个案研究法：通过观、议课对教师个人的课堂教学进行个案研究，了解教学策略与教学效果之间的关系。

（4）行动研究法：以新课程理念为依据，在教学实践的基础上，及时调整研究策略，改进研究方法，创新探索文言文教学新方法、新模式。

（5）经验总结法：通过理论与教学实际相结合的研究，找出符合新课改理念与精神的有效的文言文教学模式，探索初中文言文教学的新途径。

3. 实施步骤（课题研究时间2017年6月—2018年12月）

第一阶段（准备阶段）：2017年6—9月

（1）分析实际，了解相关研究成果，建立课题研究组织，制订课题方案和第一阶段活动计划。

（2）查阅相关文献资料。

（3）课题组成员学习相关理论，领会课改思想。

（4）设计调查问卷。

第二阶段（实施阶段）：2017年9月—2018年9月

（1）发放问卷进行调查，对调查数据进行统计分析。

（2）根据方案进行研究，结合文本内容、生活实际、教学实际随时调整、完善方案。

（3）将所学理论、方法应用于实践，观察学生的变化，从中发现方法、策略。

（4）定期召开研讨会，了解学生学习习惯、方法是否有改变，成绩是否有提高，还存在哪些问题，请专家针对具体情况进行指导。

（5）及时总结自己的经验，查漏补缺，推广好的经验和做法，搞好阶段性工作总结。

（6）做好实验课例、课件、论文等研究资料的积累和整理。

第三阶段（总结阶段）：2018年9—12月

（1）系统分析整理研究资料，提炼深化研究经验，继续开展研讨活动，提升研究质量。

（2）总结、鉴定研究成果。

（3）撰写课题研究实验报告及相关论文。整理研究成果。

四、完成课题的可行性分析

近年来，我校先后承担了中央电教馆"农网工程卫星资源与中学语文学科整合研究""课堂教学存在问题及提高课堂教学有效性的策略研究"等省级课题的研究和多个市级课题的研究，并取得了优秀的成果。我校通过课题研究培养了一支教育科研的精良队伍，形成了教育科研的良好氛围。

课题负责人杨健老师从事语文教学近30年，是语文高级教师，陕西省教学能手、咸阳市学科带头人、教学能手、永寿县党员名师工作室主持人，撰写的多篇论文和教学设计获省、市、县级奖励，多次参加省市级培训，熟悉课题研究的方法和途径。本人主持的市级课题"'少教多学'与语文学习自主性、主动性研究"已于2015年顺利结题，研究成果已在学校推广。

参加课题组的老师均为学校语文学科教学的骨干教师，职称为一级或者二级，长期奋战在学校教学一线。其中有多位省、市、县级教学能手。他们均有很强烈的参与意识与合作精神，有高度的责任感和创新精神，有丰富的教学经验和教科研能力，能保证研究时间，有较强的理论文章撰写能力和计算机操作能力。课题组成员全部参加过市县级课题研究，均已结题，为本课题的研究奠定了良好的基础。

围绕本课题我们已开展了一系列的准备工作。我们通过对资料的查阅、收集、整理及调研等活动的开展，对学生学习语文课的动机、兴趣、困惑、学习习惯、自学能力等方面的现状有了较为全面的了解，同时了解了国内相关课题的研究概况，明确了课题研究的背景、意义和课题的界定，确立了研究对象，对课题研究的方向有了明确的认识。

学校领导非常重视教科研工作，鼓励教师在日常教学工作中大胆创新。学校能最大限度地满足教师在教育教学资源上的需求，为课题研究提供强有力的物质保障和精神支持。本校拥有先进的多媒体教室、完备的图书室和阅览室，以及性能良好的印刷设备，给课题研究的顺利开展提供了必备的硬件保障，并且为本课题研究提供充足的研究经费和时间保证。

课题结题报告

一、课题的提出

文言文是现代汉语的源头，文言文教学是语文教学的有机组成部分，《课程标准》对文言文教学有明确的要求。新一轮基础教育课程改革已经实施多年，"以学生为中心"的教学理念已经确立，语文教学改革如火如荼地开展。2017年，统编教材投入使用，其中文言文的比例大幅增加，如何让文言文教学与时俱进成为当务之急。但是文言文教学的现状不容乐观，特别是在农村初中，基本上还保持着几十年前的传统教法。绝大多数教师对于文言文的教学目标还是指向考试，教师串讲一统天下，传授方法简单，学生缺乏学习的兴趣，学习效果不尽人意。

和现代文阅读教学、写作教学的研究相比，近年来我国文言文教学改革还未引起语文教育工作者的足够重视。目前语文教学实践中常见的文言文教学研究大致有三种：一是文与言的关系的研究，其实就是如何对待文言文工具性与人文性的问题；二是文言文课堂教学模式的研究，如王利民、许正兴的文言文七步教学法，吴从伦的尝试教学法，张必锟的诵读教学法，钱梦龙的放手让学生阅读、教师关键处指导点拨，等等；三是与课本内容相关的信息的迁移性研究，如有关课文作者的介绍、课文写作背景的介绍、文中涉及的某个知识点的补充阅读，以及阅读的感悟、作者的其他作品等。这些研究，或者是针对文言文课堂教学，或者是针对具体的课文或者知识点，很少对文言文教学策略进行系统研究。

在这样的背景下，我们在总结2015年市级课题"'少教多学'与语文学习自主性、主动性研究"和2017年市级课题"初中文言文课堂教学模式研究"研究成果的基础上，结合农村初中语文教学的实际，由陕西省教学能手、咸阳市学科带头人、永寿县初中语文名师工作室主持人杨健老师牵头申报了课题"初中文言文教学创新实践研究"，经陕西省教育科学规划领导小组办公室评审，已获批准立项为陕西省教育科学"十三五"规划2017年度课题，课题编号为SGH17B291。

二、课题的研究意义

1. 理论意义

通过课题研究深化教师对语文性质、语文教学理念和文言文教学规律的认识，让教师在教学中正确处理好工具性与人文性的关系，用正确的方法，走正确的方向，搞好文言文教学。

2. 现实意义

（1）通过研究，引导教师深入学习教育教学理论，更新教学理念，不断提高教学水平和教学质量。

（2）通过研究，创建良好的课堂互动环境，提高学生主动参与学习的意识和能力，有效地发挥学生的主体作用，激发学生学习的积极性和主动性，培养学生良好的学习习惯，提升学生阅读、鉴赏文言文的能力。

（3）通过研究，探索现代教育技术在文言文教学中的应用途径和方式，探索激发学生学习文言文兴趣的方式方法，为文言文学习寻找新的着力点和方向。

三、课题研究的目标、主要内容、研究假设和创新之处

1. 研究的目标

（1）分析学生文言文学习的真实现状，依据学生的学习兴趣和发展需要，探索调动学生学习积极性的新途径和新方法。

（2）改变目前文言文教学单调、乏味的现状，通过"自主、合作"方式的课堂教学实践与研究，探索提高文言文教学有效性的新模式。

（3）通过初中文言文的"创新教学"和"行动研究"，全面提高学生文言素养，激发更多的学生自觉继承优秀的文化传统和民族文化遗产，提高学生的人文素养和语文素养。

（4）改变教师陈旧的教学观念，进一步促进教师的专业发展，培养学者型

教师。

2. 主要内容

（1）充分理解新课程标准及初中语文文言文教学的相关理论文献，为本课题的研究寻找更多的理论支持和现实依据。通过调查等形式，了解学生语文学习的兴趣、特点及水平等。学习心理学方面的理论，研究了解初中学生身心特点、记忆规律，用科学的方法指导学生学习文言文。

（2）以课堂为核心，以课改的新理念指导文言文教学。改变现有的教学状态，创新教学模式，提高课堂教学效果，促进学生文言文的阅读理解能力。

（3）拓展文言文教学资源，充分运用各种课程资源帮助学生学习文言文。

（4）通过各种语文实践活动，建立学生与文言文文本之间的多渠道联系，从而提升学生学习文言文的效率，不断尝试各种学习形式，开展文化常识竞赛、课本剧表演、古诗文吟诵等各种教学活动，丰富学生的学习体验，从而达到提高学生语文综合素质的目的。

3. 研究假设

（1）形成以学生为中心的文言文教学新模式，探索以教学活动为载体，激发学生学习兴趣的各种方式和途径。

（2）以语文课外活动和资源拓展为基础，建立学生生活与文言文的多种联系，构建学生学习文言文的全新支点。

（3）加强信息技术的运用，教师能运用新理念开展富有实效性的文言文课堂教学，教学效果突出。

4. 研究创新亮点

本课题研究的创新点在于，通过对文言文教学全过程的分析研究，探寻影响文言文教学现状的多种因素，提出综合应对策略。一是进行学生基于自身语言运用的文言文学习的激趣研究，如联系成语、方言中存在的文言词汇、文言用法进行延伸，借助对联等文学形式运用古诗文中的有关知识，等等。二是进行基于以生为本理念的课堂教学创新研究，将有效教学、高效课堂中的一些成熟做法应用于文言文课堂教学。三是将现代文多角度解读文本的思路运用于文言文文本的解读，降低文言文理解难度，拉近学生与文言文之间的距离。四是探究微课等现代教育技术在文言文教学中的广泛应用。

四、本课题的指导思想、理论依据、研究方法、实施步骤

1. 课题研究的指导思想

本课题坚持以马列主义、毛泽东思想、邓小平理论、"三个代表"重要思想、科学发展观、习近平新时代中国特色社会主义思想为指导，以《课程标准》为依据，结合真语文理念、儿童中心论、建构主义学习理论、生本教育思想、信息技术与课程整合理论，遵循语文教育规律，通过课题研究带动文言文教学和学习，探索文言文教学的新路径。

2. 理论依据

（1）《课程标准》关于语文性质和特点的规定。

（2）真语文理念。王旭明、孙绍振等专家倡导的真语文理念，理论基础是语用学；理论依据是以科学精神指导语文教学；基本要求是在语文教学过程中以语言为核心，以语文活动为主题，以语文综合素养的提高为目的；内涵包括真情实感的抒发与感受，思想性与语文性的水乳交融，与学生生活实际相结合，语文知识的传授，创造意识的培养，思维训练的开展，适切合理的文本解读，立体化、开放式的经典阅读，听说读写整体推进，教学策略技巧研究，教学语言的自然、质朴。真语文理念认为语文教师应该遵守"十二字标准"，即依课标、持教材、重学情、可检测。

（3）"以学生为本，以学生发展为中心"的教育理念。1998年，联合国教科文组织提出教育需要转向"以学生为中心"的新视角和新模式，倡导教育决策者把学生及学生的需要作为关注的重点，把学生视为教育改革的主要参与者，并预言"以学生为中心"的新理念必将对21世纪的整个世界教育产生深远的影响。美国教育也强调"重建以学生为中心的教育"，推动了美国的教学改革。2015年9月，联合国可持续发展峰会通过了《2030可持续发展议程》，提出了包括教育发展在内的、关系人类命运共同体未来发展的17项重要目标。

（4）生本教育的思想。华南师范大学博士生导师、广东省教育科学研究所所长郭思乐教授的生本教育思想认为，儿童是天生的学习者，潜能无限，是教育教学中最重要的学习资源。要借助学生本能力量的调动，形成教育的新的动力方式和动力机制。教师在教学中要尽可能"不见自我"，要把教学内容从一大堆知识点转变为知识的"灵魂和线索"，创造最大的空间，迎接学生积极飞

扬的学习。教学就是学生在教师的组织引导下的自主学习。生本的课堂区别于考本、本本、师本的课堂，区别于短期行为的、分数的课堂，是人的发展的课堂。在教学组织上，生本教育鼓励先学，以学定教，少教多学，直至不教而教。

（5）信息技术与课程整合理论。数字化学习是信息技术与课程整合的核心，信息化是当今世界经济和社会发展的大趋势，以多媒体和网络技术为核心的信息技术已成为拓展人类能力的创造性工具。"信息技术的发展，使人们的学习和交流打破了过去的时空界限，为人类能力的提高和发挥作用带来了新的空间。"（江泽民在"亚太经合组织人力资源能力建设高峰会议"上的讲话）为了适应这个发展趋势，我国已经确定在中小学普及信息技术教育，同时强调要加强信息技术与其他课程的整合。"信息技术与课程整合"是我国面向21世纪基础教育教学改革的新视点，是与传统的学科教学有着密切联系和继承关系，又具有一定相对独立特点的新型教学类型，对它的研究与实施不仅对发展学生主体性、创造性和培养学生创新精神和实践能力具有重要意义，而且对教师转变教学方式、创新教学方式具有现实的指导意义。

3. 研究思路

通过问卷调查、访谈、文献研究等方法弄清文言文教学的现状，并对存在的问题进行归因分析。在此基础上，综合制定策略，从学校、教师、学生等方面提出改进意见和建议。教师通过集体备课、交流研讨、案例分析、课后反思等方式提出方案和设想；通过研讨课、观摩课等方式，将教学策略应用于文言文课堂教学，对比观察实验结果，并不断加以改进。与学校配合，大力开展语文综合实践活动，改变学生文言文学习的外部环境，创造适合学生学习的条件和因素，积极运用多媒体技术和现代教育技术，提高学生的参与度和积极性，激发学生内在动力，提高教学效益。力争改变传统教学模式，构建文言课堂教学新模式，以文言文内容中丰富的情感、深刻的思想、优美的意境熏陶、感染学生，以丰富多样的教学手段和方法调动学生学习的主动性，从而激发学生的兴趣，培养学生诵读、理解、鉴赏及自主合作探究的能力，并使他们有意识、有目的、主动地通过课外阅读拓展深化课堂上所学的内容，最终达到提高学生文言文阅读能力与鉴赏能力，提高学生的语文水平，提高学生人文素养的目的。在此基础上，以用导学，以用促学，激发学生学习的积极性、主动性，完善文言文教学的相关活动策略，

4. 研究对象

本课题以农村初中语文文言文教学为研究对象，探究学校激发学生兴趣、实施文言文教学的综合手段和方法。

5. 研究方法

（1）文献研究。围绕初中文言文教学做好文献综述，收集了解国内已有的文言文教学的研究成果，为本课题提供借鉴和参考，为课题的后续研究奠定基础。

（2）调查研究。通过座谈会、师生问卷了解学生文言文学习现状和教师教学现状，分析原因，寻找对策。

（3）比较研究。通过比较研究，寻找现代文教学和文言文教学的不同要求、不同做法和不同规律，借鉴现代文教学的一些成果经验。

（4）行动研究。立足课题研究的实际情况，找准文言文教学所面临的问题，寻找有效对策，不断改进学校管理和教育教学模式，让初中文言文教学随着课题研究的推进而得到真正的改进和提高。研究者要和语文教师结合起来解决某一实际问题，以提高教师专业素质。研究者通过研究教师的需要，在实际教学中进行课题研究，由教师和研究者共同参与完成课题。研究成果为教师所理解、掌握和实施，研究者在研究中反思提高，解决实际问题，改进教育教学行为。

（5）案例研究。选取文言文教学的典型案例（包括优秀教师和一般教师），考察其成功之处，从中发现文言文教学的某些规律。

6. 实施步骤（课题研究时间2017年6月—2018年12月）

第一阶段（准备阶段）：2017年6—9月

（1）分析实际，了解相关研究成果，建立课题研究组织，制订课题方案和第一阶段活动计划。

（2）查阅相关文献资料。

（3）课题组成员学习相关理论，领会课改思想。

（4）设计调查问卷。

第二阶段（实施阶段）：2017年10月—2018年9月

（1）发放问卷进行调查，对调查数据进行统计分析。

（2）根据方案进行研究，结合文本内容、生活实际、教学实际随时调整、完善方案。

（3）将所学理论、方法应用于实践，观察学生的变化，从中发现方法、策略。

（4）定期召开研讨会，了解学生学习习惯、方法是否有改变，成绩是否有所提高，还存在哪些问题，请专家针对具体情况进行指导。

（5）及时总结自己的经验，查漏补缺，推广好的经验和做法，搞好阶段性工作总结。

（6）做好实验课例、课件、论文等研究资料的积累和整理。

第三阶段（总结阶段）：2018年10—12月

（1）系统分析整理研究资料，提炼深化研究经验，继续开展研讨活动，提升研究质量。

（2）总结、鉴定研究成果。

（3）撰写课题研究实验报告及相关论文。整理研究成果。

五、研究发现或结论

（一）对文言文教学存在的问题的再认识

目前，大家认为文言文教学存在的最大问题，还是教师教学满堂灌，逐字逐句串讲，学生主要的任务就是记词义、记译文，这种教法就是所谓的"字字落实、句句清楚"。二十多年前，钱梦龙、张必锟等就提出过这个问题，也开出以诵读为主的教改"药方"，但是变化不大。新一轮课程改革实施二十年后，遍观我们的文言文课堂，可以发现文言文教学仍然是"涛声依旧"，没有多少改观，文言文教学领地依然如钱梦龙先生当年所描述的，是一派"春风不度玉门关"的荒凉景象。

最近几年语文课堂教学各种名目的改革不断，导致的结果是，在原来的"串讲串译"问题之外又有新的问题出现。一是以导学案为王，脱离文本学语文。课前学生做导学案，美其名曰预习；课堂上学生不看书本看导学案，美其名曰"合作探究"；课后学生做习题，美其名曰"巩固拓展"。这种学习纯粹是习题的训练、考试的工具，与语文相距甚远。二是听读代替诵读，标准代替个性。一些教师在语文课堂不进行泛读，不让学生自由读，而是一味推崇播音员的标准朗读，看似高大上，实则剥夺了学生通过自主阅读感悟文本、表达文本的机会。

结合文献研究，经过调查、分析，我们认为有以下几方面因素需要引起重视：

一是考试指挥棒的巨大导向作用。怎么考就怎么教，这是目前教学的常态。文言文在试卷中占比的多少决定了教师在文言文教学中投入的时间和精力的多少。以陕西省2018年中考语文试卷为例，总分120分，跟文言文有关的题目，一个是古诗文背诵考察，一共6道小题6分，一个是文言文阅读考察，一共4道小题12分，以及古诗文阅读2道小题4分，共占整份试卷的18%。现代文阅读、写作等占比82%，教师教学的重点当然就不会是文言文。而统编版初中三个年级语文教材中古诗文总篇数已提升至124篇，占到了全部课文的51.7%。学得不少，考得不多，此其一。文言文试题的考察方式决定了教师文言文教学的内容和方式。而文言文阅读考察题目中，一道题考察实词；一道题考察虚词；一道题考察句子翻译，要求重点词语和句式要落实；一道题考察文意理解。这些仍然以知识积累考察为主。这种考法也不能说不对，因为初中有积累，高中才能进行更高层次的赏析，这也是语文学习的规律。教师教学以字词的落实为主要内容，生怕学生漏掉了哪一个知识点也就在情理之中了。考什么就决定了教什么，此其二。还有一个特别不好的现象，就是中高考的导向导致初一、初二和高一、高二这些非毕业年级的考试题目全部向中高考的形式靠近，一样的试题类型、一样的分值比例，全然不考虑学情和教学内容，起了一个很不好的引导作用。七八年级考试题型中考化，此其三。

二是教师对文言文价值取向的认识出现偏差。调查中我们发现许多教师潜意识中认为学生学习文言文无用，大多数学生也持这样的看法。虽然《课程标准》和理论书籍中都强调文言文对于提升个人语文素养、传承祖国优秀传统文化的作用无可替代，但是缺少看得见的现实利益，这也是许多人不重视文言文的原因。那么，文言文的价值是什么，或者说学习文言文到底有什么用？我们语文教师一定要搞清楚。《课程标准》明确指出，应该重视语文课程对学生思想情感所起的熏陶感染作用，注意课程内容的价值取向，要继承和发扬中华优秀文化传统和革命传统，体现社会主义核心价值体系的引领作用，突出中国特色社会主义共同理想，弘扬以爱国主义为核心的民族精神和以改革创新为核心的时代精神，树立社会主义荣辱观，培养良好思想道德风尚。文言文是中国语言文字的宝库，也是思想的宝库，说话不难，要把话说得简洁、文雅、有水平、有内涵，就必须从文言文中汲取营养。学好文言文可以提高公民自身文化素养，提高人们理解和运用祖国语言文字的能力。习近平总书记讲我们中国人要有"四个自信"，其中就有"文化自信"。如果不学习文言文，就无从深入了解我们的文化，就无法发扬我们先辈的优良传统，也就无法立足于深厚的文化基础去开拓进取，创造更美好的未来。

三是《课程标准》对语文课程性质的表述没有得到真正认同和落实。《课程标准》已明确指出："语文课程是一门学习语言文字运用的综合性、实践性课程。义务教育阶段的语文课程，应使学生初步学会运用祖国语言文字进行交流沟通，吸收古今中外优秀文化，提高思想文化修养，促进自身精神成长。工具性与人文性的统一，是语文课程的基本特点。"这里没有单方面强调工具性或者人文性，而是讲工具性与人文性的统一，就是要求我们在教学中，一定要处理好"文"与"言"的关系，不能有所偏废。但是，一些语文教师往往就是因为没有把握好这个基本原则，要么是串讲串译，字词为王，要么是抛开文本，天马行空，无所凭依。我们要妥善处理好"文"与"言"的关系，既非割裂对立，也非简单机械相加，而是要在"文""言"相融相生中实现文言文的教学价值，具体来说，就是人文性融在工具性里面，如果没有了工具性，就谈不上人文性了，此之谓"皮之不存，毛将焉附"。在教学中，我们把语文的工具性运用好了，人文性自然就蕴含在里头了，具体处理方法就是，既要考虑教学内容，又要考虑学情。初学文言文，理当多花些时间积累字词和语法，才能以此为基础和工具，进一步举一反三，触类旁通。此时学习文言文自然不能如读小说一般，略知大意，不求甚解，必须对重点字词句有精准把握。随着文言文学习的增加，文言基础逐渐深厚，我们自然要将重心转移到对文意的理解、对人文的把握上来。但是不管怎么确定教学内容，诵读是文言文学习的最有效的方式，这是大家都认可的，也是经过实践检验为行之有效的。

四是学校和教师没有真正建立起"以生为本，以学生发展为中心"的理念。以学生为中心的学习理念，倡导教育决策者把学生及学生的需要作为关注的重点，把学生视为教育改革的主要参与者。以此为指导的"生本"强调"教学就是学生在老师的组织引导下的自主学习"，要发挥学生的主观能动性，教师就不要包办代替。但是有些教师总习惯于包打天下，一讲到底，费时费力效果差。许多教师认为文言文学生难以理解，教师讲清讲透对学生学习有好处，其实这是用心过度的表现，培养了学生等靠要的坏毛病。殊不知一篇文言文里边学生真正难以理解，需要教师细致讲解的知识并不多，特殊的语法现象也就那么几个，并不需要每篇课文每句话都细致地翻译讲解，何况，教材下边还有注解，学生手上还有工具书。因此，教师弄清联系，发现差异，基本上就知道文言文怎么教了，学生完全可以以"已知"解"未知"，通过自己动手达到自主学习、牢固掌握的目的。但是，教师的主导作用也一定要发挥到位，不能将学习变成学生完成"导学案"的过程，这是另一种形式的不负责任。

五是教师自身专业基础和能力的欠缺，导致了文言文教学处理的简单化。真语文提倡教师为主导、学生为主体、训练为主线，其实是对教师提出了很高的要求，要求教师有深厚的专业知识储备和灵活高超的教学技能，但是现实恰恰相反。我们一些初中，特别是农村初中语文教师专业知识储备相对薄弱，所以只能依赖教科书和教参进行死板的串讲串译。一些教学观念陈旧的教师也只能凭以往的经验应付教学，导致文言文教学多年维持现状，裹足不前。还有些教师随意嫁接现代文的教学方法，结果别人的方法没学会，自己的方法也用不了，语文教学搞成了四不像。现代教育技术在教学中已经得到广泛应用，如多媒体技术、微课技术等的应用。语文课堂如果将现代教育技术使用得当，不仅能吸引学生，而且事半功倍。但是，有些语文教师一味拒绝现代技术，强调老办法、老传统，这是不正确的态度和做法。毕竟，时代在进步，语文教学手段也要与时俱进才对。

（二）初中文言文教学创新实践综合策略

文言文教学不仅仅是上好一节课的问题。因为文言文教学现状的根本原因在课堂，所以我们进行文言文教学改革，综合施策，取得了很好的效果。

1. 立足标准，用语文的方法教语文

语文教学必须立足《课程标准》，坚持用语文的方法教语文，这是解决文言文教学出现的各种问题的总钥匙。黄厚江说："语文的方法就是遵循语文学习规律、以语言活动为主、能够服务于学生语文学习、有利于学生语文素养提高的方法。"语文课程是实践性课程，应着重培养学生的语文实践能力，而培养这种能力的主要途径也应是语文实践。语文课程是学生学习运用祖国语言文字的课程，无处不在。因而，我们应该让学生多读多写，日积月累，在大量的语文实践中体会、把握运用语文的规律。

一是注重培养学生的语文实践能力。怎么培养？主要途径就是语文实践。我们要把握无处不在、无时不有的学习资源和实践机会，让学生多读多写，把握运用的规律。

二是重视培养学生语感。《课程标准》指出，语文课程应特别关注汉语言文字的特点对学生识字写字、阅读、写作、口语交际和思维发展等方面的影响，在教学中尤其要重视培养学生良好的语感和整体把握的能力。对于文言文教学而言，培养语感最好的方式莫过于诵读。熟读成诵是我们语文教学总结出的行之有效的文言文学习方法，值得传承。

三是注重语文知识的传授。这里的语文知识包括字、词、句、篇、语、修、逻、文等。我们就是要通过教学语文知识，指导学生正确理解和运用语言文字，从而提升学生的语文能力和素养。对于文言文教学来说，与现代汉语不同的语文知识就是我们教学的重点。具体到文言文，涉及三个层面：一是文本要素，即体现文言文与现代文明显差异的文言字词句的知识。二是学生要素，即立足学生已知点之上，文言理解的模糊点和空白点。三是课时要素，即选择一节课能容纳的恰当的教学内容。

四是注重听说读写整体推进。《课程标准》指出，教师应努力改进课堂教学，整体考虑知识与能力、过程与方法、情感态度与价值观的综合，注重听说读写之间的有机联系，加强教学内容的整合，统筹安排教学活动，促进学生语文素养的整体提高。对于文言文教学来说更是如此。因为文言文缺乏必要的语言环境，而且学生不能通过有效运用巩固掌握所学知识，所以，课堂上的听说读写既是多角度的强化，也是创造了一个语用的环境。

2. 立足学生，构建多读多用的课堂教学范式

（1）以用导学，就是要变"教中学"为"用中学"。让学生在语文实践活动中学，以活动促学，而不是主要在听老师讲解分析与回答老师的提问中学。其教学实践的核心策略是变"串讲串问"为"学的活动"，以高度相关的几个语文学习活动作为教学的核心，推动学习进程。语文学习活动可以是自主预习理解词义正音、反复诵读会意、自主阅读思考、句子仿写，以及段落仿写、改写、扩写等。要考虑知识指向是否明确，学生"学的活动"与教学目标是否高度相关，并能否在"学的活动"中落实教学目标，学生是否深入体认和习得教师设计的教学内容。

　　要避免学生只参加活动，不发生学习，最起码要让学生有三个层面的参与：一是行为的参与，每个学生都有不同程度参与，并对参与过程保持愉悦感；二是思想的参与，即学生在参与过程中思维活跃，针对语文问题不但有困惑，而且有思考；三是情感的参与，即学生能够自觉自愿参与语文活动，并且在此过程中自然生成课堂内容。

　　（2）诵读为主。诵读是古人学习的惯常做法，效果很好，原因在于诵读培养了学生的语感。语感建立源于听和说，依赖于语言环境。文言文缺乏具体的语言环境，通过学生自己的反复诵读刺激听觉，进行强化，创造出一种类似于"活"语境的情境，天长日久，文言文的语汇作为一种基本语汇就会成为学生心理词库的一个部分。心理学的研究也证实，语言学习中，学生通过书本、课堂有意识地学到一些词汇、语法规则（陈述性知识），通过反复练习和使用就会使陈述性知识变成程序性知识，实现无意识使用，达到母语的模式。

　　当然，诵读不是死记硬背，而是既有方法，也有窍门。教师进行循序渐进的指导，带动听、说、写训练，达到由最初的辨声知意到逐渐熟悉文言文的表达方式和表达习惯的目的，并且能按照这种方式自由地进行表达。

　　（3）层级推进。以能力和知识为导向，坚持"四读四写"的分段教学方式，品出文言文的"情韵理趣"，掌握文言文的"方法技巧"，逐层推进开展文言文学习活动。

　　一读，读顺文章，抄写字词。读准字音、读出节奏、读通语句（可预习检测读、可范读、可听读等）；对重点字词，学生可进行抄写加强记忆。

　　二读，读懂文义，译写原文。借助注释、工具书、多媒体，通过合作探究完成，在此基础上，完成对全文的翻译。

　　三读，读透情感，批写重点。把握文中主旨句、关键句，结合作者简介、写作背景把握作者情感，理解写作主旨。对重要句子可进行圈点批注。

　　四读，读出特色，赏写佳句。根据文章形式特点、情感基调进行诵读，对文中佳句和妙处进行赏析，如动静结合、角度变化、正侧描写、句式特点、词语妙用、人物语气等。

　　我们以"四读四写"分段式教学方式为依托，在全校范围内开展了公开课、示范课、研讨课、微课等研讨活动，撰写了教学案例、教学反思、教学论文，提高了课题研究的实效性。教中有研，研不离教，以研促教，教研相长。

3. 立足课程，多方拓展文言文教学资源

《课程标准》指出，语文课程资源包括课堂教学资源和课外学习资源，各地都蕴藏着多种语文课程资源。语文课学习的是祖国的语言文字，所以语文教学可以利用的资源极其丰富。语文教师可以充分挖掘身边的语文课程资源，为学生语文学习创设条件。文言文作为现代汉语的源头，虽然时间久远，但是仍然有许多可供借鉴利用的课程资源，需要我们仔细搜寻，整合利用。一是巧用现代汉语语言中的成语等"化石"资源，通过成语中保留的某些文言词的读音、意义及特殊用法，让学生更快地领悟文言知识。二是借助一些中华传统文化学习文言文。比如，诗词、楹联、戏曲等文化艺术形式，与文言文也有着千丝万缕的联系，开展传统文化进校园活动，既可以很好地传承中华优秀传统文化，也可以以之为桥梁，去学习、使用简单的文言文词句，从而逐渐建立对文言文学习的热情。三是借助文物古迹中的文言文资源。陕西是文物大省，名胜古迹、博物馆等文物资源众多，而这些文物上往往有许多文言文信息的遗存。让学生在研学旅游的同时，关注其中与文言文有关的内容，既能让学生在游中学、乐中学，又能激发学生旅游、探索的兴趣，一举两得。

4. 立足现代，重视微课等现代教育技术手段在文言文教学中的应用

有些人明确反对多媒体技术在语文教学中应用，其实是有失偏颇的。我们经过研究发现，信息技术应用在文言文教学中，可以解决传统的文言文教学存在的诸多问题，相对于传统课堂具有明显的优势。第一，教学过程和内容可以反复呈现，更有助于开展学生自主学习和个性化学习，省时、省力、高效。第二，学生借助微课进行预习、复习，养成主动学习的良好习惯，更能合理支配自己的学习时间，实现学习效率的最大化。第三，在信息技术普及的今天，合理运用网络和信息媒体技术，也有助于教师调动学生学习的积极性。

微课对文言文学习用处很大。文言文微课的制作要体现以学生为本的教学思想，要注意突出重难点，要注意结合实例进行讲解分析，要注意方法的指导和规律的总结。一节微课重点讲授一个知识点，每个微课的时间控制在6～10分钟。每一个知识点都可制作为一节微课，便捷高效。在课文的学习上，每一篇课文可以提供3～5节微课让学生观看学习，其内容主要是课文重点字词句的翻译、课文内容的理解、写作手法和写作特色、文言文知识的积累。学生根据自己的情况对微课进行反复观看、领会。

5. 立足发展，从学校、教师、学生三个层面构建利于学生文言文学习的支持体系

人教版统编教材文言文占比加大，根据这种变化，学校、教师必须在教学统筹安排、教师培养培训、学生学习活动开展等方面进行跟进，做出改变，改变文言文教学弱化的现状。

一是要从学校层面对文言文教学进行总体安排部署，特别是对学生语文活动开展、语文考试评价做出相应改变。

二是加大对语文教师文言文教学方面的相关培训，注重对文言文教学研究新成果的培训推广。语文教师要坚持阅读、写作，要会写象形字，能够背诵古诗文名篇，会写繁体字，这是基本功。

三是结合研学旅行、传统文化进校园等活动广泛开展各种语文综合实践活动，激发学生文言文学习的兴趣。

六、建议

（1）教师只有提高自身文言素养，方能在文言文教学中掌控自如，游刃有余，才能让教学成为有源活水。

（2）学校要为语文活动开展提供必要的制度、物质、时间和人员保障。

（3）教材改革要有管理、培训、评价等一系列的改革措施与之配套，才能起到预期的作用和效果。

参考文献

［1］中华人民共和国教育部.义务教育语文课程标准（2011年版）［M］.
　　北京：北京师范大学出版社，2012.

［2］王旭明.旭明说语文（一）［M］.北京：人民日报出版社，2017.

［3］钱梦龙.文言文教学改革刍议［J］.中学语文教学，1997（4）：25-27.

［4］张必锟.我教语文——张必锟语文教育论集［M］.北京：人民教育出版社，2016.

［5］程永超.文言文教学：行于"文""言"之中［J］.语文建设，2008
　　（3）：17-19.

［6］蒋红森，石在中.语文课堂教学的守望者——蒋红森访谈录［J］.语

文教学与研究，2018（19）：4-10.

[7]王祥连.用中学：走向语文教育新天地［J］.中国教师，2018（10）：66-67.

[8]牛赟强.语文教师的挑战：从实施"教的活动"转向组织"学的活动"［J］.语文教学研究，2018（13）：49-52.

[9]吴晓辉.语文学科核心素养视域中的经典古诗词教学［J］.语文教学与研究，2018（13）：58-61.

课题申请评审书

一、本课题国内外研究现状述评、选题意义和研究价值

1. 本课题国内外研究现状述评

基于对名著阅读的重视，许多语文教改的先行者对名著阅读教学进行了卓有成效的实践，上海市徐振维老师主持的"课时分段，扩大阅读"、河北邢台张孝纯老师主持的"大语文教育"、山东高密李希贵老师主持的"语文实验室计划"、湖北宜昌余蕾老师主持的"课内外衔接语文教学实验"等，都不约而同地压缩课文教学的课时，把课外阅读纳入常规教学，以扩大学生的阅读量。统编版初中语文教材设置了教读课文、自读课文、名著导读"三位一体"的阅读教学体系，充分显示了名著阅读已真正成为语文教材、教学的重要内容，在初中语文教学中具有举足轻重的地位。

但是，整本书的阅读在现实中面临极大的挑战。手机的普及和信息技术的广泛应用，使学生不再局限于从纸质书本上获取信息。生活节奏加快，时间被分割，碎片化阅读兴起，导致学生很难静下心来完成整本书的阅读。据我们不完全调查，学生自主阅读名著原作的意愿不高，许多同学宁愿去看影视作品也不愿意进行原著阅读。所以，根据社会环境的变化，基于新媒体的运用，改进名著阅读的导读方法和途径显得尤为重要。

微课，是指按照新课程标准及教学实践要求，为了使学生自主学习获得最

217

佳效果，以视频为主要载体，围绕某个知识点或教学环节开展的简短、完整的教学活动。近年来，微课因其教学时间短、主题单一明确、内容经典具体、制作简便实用等优势，备受师生青睐。之所以将微课应用到名著阅读中来，是因为微课有以下优势：

（1）微课以学生为中心，重视学习情境、资源、活动的设计。

微课是以某一学习主题为核心组织起来的相关活动，课时一般比较短，教学材料小，具有很大的灵活性。微课通过将课本知识与现实问题联系在一起的情境来感染学生，对于学生的情感具有积极的影响，吸引学生的注意，激励学生完成指定的任务并培养学生解决实际问题的能力。

（2）微课可以为学生提供有效的学习支撑。

微课强调以学生为中心，学生在学习过程中具有更多的主动权。在整合的过程中，教师要扮演内容呈现者、学习帮助者和课程设计者等多重角色，教师对学生的学习控制和学生的自主活动之间要达到一种平衡状态。

（3）微课具有很强的实用性、可操作性和实践性。

微课以知识点为核心，课程资源中可以使用文字、图片、声音、视频等多种媒体信息，是最有利于学生学习的一种资源形式。

2. 选题的价值和意义

（1）激发学生课外阅读的兴趣。由于时空的距离，初中生普遍对名著缺乏了解，缺少亲近感，缺乏兴趣，甚至很难与书中的人物形成共鸣。而且，当今快餐文化的流行，使得以前只能从书上得到的东西，现在同样能从大众媒体中得到，即使是为了考试，学生也乐于接受各类"名著速读本"，对原著怯而止步。而微课可以丰富教师教学形式，提升教学效果。

（2）促使学生加深对世界优秀传统文化的了解，充实文化底蕴，提升文化品位。通过微课引导学生去读名著，促使学生认识中华文化的博大精深，培养学生热爱祖国语言文字的情感，让学生在积累、感悟和运用中，提高学生的欣赏品位和审美情趣。

二、本课题研究的目标、主要内容、研究假设和创新之处

1. 研究的目标

（1）分析学生名著阅读的真实现状，依据学生的学习兴趣和发展需要，探

索调动学生学习积极性的新途径和新方法。

（2）改变目前名著导读教学单调、乏味的现状，通过微课方式的课堂教学实践与研究，探索提高名著导读教学有效性的新模式。

（3）通过名著导读的创新教学和行动研究，全面提高学生文学素养，激发更多的学生自觉继承优秀文化遗产，提高学生的人文素养和语文素养。

（4）改变教师陈旧的教学观念，进一步促进教师的专业发展，培养学者型教师。

2. 主要内容

微课应用于名著导读过程中整体内容的介绍、人物形象的分析、作品片段的赏析、阅读方法的介绍等。

（1）充分理解新课程标准及初中语文名著阅读教学的相关理论文献。通过调查等形式，了解学生阅读名著的兴趣、特点及水平等。学习心理学方面的理论，研究了解初中学生身心特点和记忆规律，用科学的方法指导学生名著阅读。

（2）根据课程标准和教材要求，选定初中语文名著导读的必读目录和选读目录。然后根据文本特点，制定相应的微课制作方案和要求。微课的内容可以是整体内容的介绍、人物形象的分析、作品片段的赏析、阅读方法的指导、相关知识的讲解等。结合导读教学的需要，微课根据不同的教学需要可以分为激趣型微课、质疑型微课、介绍性微课、检测性微课、赏析型微课等。

3. 研究假设

（1）形成以微课为载体、以名著导读为内容的教学新模式，激发学生阅读名著的兴趣。

（2）将微课以链接的形式，穿插在学生名著导读手册之中，形成一种读看结合、师生互动、家校共读的新型名著阅读方式。

（3）通过微课引导学生去读名著，促使学生认识中华文化的博大精深，培养学生热爱祖国语言文字的情感；在积累、感悟和运用中，提高学生的欣赏品位和审美情趣。

4. 研究创新亮点

本课题研究的创新亮点在于，将信息技术和现代媒介应用于语文名著阅读教学中，最大限度地激发学生的兴趣，丰富教师教学形式，提升教学效果。

三、本课题的研究思路、研究方法、实施步骤

1. 研究思路

（1）理论学习。

充分理解新课程标准及初中语文名著阅读教学的相关理论文献。学习心理学方面的理论，研究了解初中学生身心特点和记忆规律，用科学的方法指导学生阅读名著，为本课题的研究寻找更多的理论支持。

（2）现状调查。

通过问卷调查了解初中生名著阅读的现状，了解初中名著导读的现状，为本课题研究提供现实依据。

（3）实践研究。

以微课为引导，激发学生的兴趣，丰富教师教学形式，提升教学效果。

2. 研究方法

在课题的研究上，我们主要采取以下研究方法：

（1）文献研究法。

本课题将参考国内名著导读教学的资料和微课制作的创新方法，并在此基础上演绎、归纳、分析。

（2）问卷调查法。

用问卷的方法调查分析目前名著教学和名著阅读中存在的不足、学生厌读的原因，研究原因，探讨改变现状的有效途径。

（3）个案研究法。

借助课堂实录和教师的日志资料进行个案研究，了解学生学习兴趣，提高学生阅读兴趣和教师教学效果。

（4）行动研究法。

以新课程理念为依据，在教学实践的基础上，及时调整研究策略，改进研究方法，创新探索名著导读和微课应用的新方法、新模式，培养学生爱读书、会读书、多读书的好习惯。

（5）经验总结法。

通过理论与教学实际、学生阅读相结合的研究，寻找出符合新课改理念与精神的有效的名著导读和微课应用的新途径。

3. 实施步骤（课题研究时间2018年9月—2019年12月）

（1）本课题2018年9月开始，2019年12月结题。

（2）本课题采取整体设计、分段实施的办法，每学期结束前检测实施效果，在分析总结的基础上，提出下一阶段实施研究的侧重点。

（3）本课题安排如下。

第一阶段（准备阶段）：2018年9—12月

① 确定课题组成员及实验班。

② 确定研究课题，制订研究方案。

③ 培训实验教师，学习相关理论。

第二阶段（研究阶段）：2019年1—6月

① 对学生进行各方面的检测，了解学生阅读状况，建立前期档案。

② 分年级编写名著导读手册，确定名著选读和必读侧重点，制订微课导读计划，微课制作评估。

③ 定期研讨、交流。

④ 撰写实验报告、总结等。

第三阶段（总结阶段）：2019年7—12月

① 对研究过程资料进行整理分析。

② 总结成果，申报课题结题。

四、预期研究成果

1. 主要阶段性成果

（1）准备阶段：开题报告、调查报告。

（2）实施阶段：中期报告、论文、其他。

（3）总结阶段：工作报告、论文、其他。

2. 最终研究成果

（1）课题研究性报告。

（2）优秀微课教学论文。

（3）名著导读手册。

课题结题报告

一、课题的提出

1. 背景

《课程标准》基于学生语文素养的培养明确提出"要重视培养学生广泛的阅读兴趣，扩大阅读面，增加阅读量，提高阅读品位"的要求。2017年正式启用的统编版初中语文教材，设置了教读课文、自读课文、名著导读"三位一体"的阅读教学体系，这充分说明了名著阅读在初中语文教学中具有举足轻重的地位。但是，名著阅读在现实中存在不容忽视的问题。一是学生的兴趣不浓、习惯不好、能力不强。二是教师对于整本书阅读的认识和操作还停留在统编版之前的阶段，将名著阅读仅仅作为语文课堂教学的补充，目的是应付考试。三是教师对于阅读缺乏规范而科学的指导，有时候强调要多读，却不关注读什么，怎么读，读的效果如何。教师对自身的阅读也缺乏足够重视，少读书或不读书的现象较为普遍。

基于对名著阅读的清醒认识，许多语文教改的先行者对名著阅读教学进行了卓有成效的实践，上海市徐振维老师主持的"课时分段，扩大阅读"、河北邢台张孝纯老师主持的"大语文教育"、山东高密李希贵老师主持的"语文实验室计划"、湖北宜昌余蕾老师主持的"课内外衔接语文教学实验"等，都不约而同地压缩课文教学的课时，把课外阅读纳入常规教学，以扩大学生的阅读量。统编版初中语文教材设置了教读课文、自读课文、名著导读"三位一体"的阅读教学体系，充分显示了名著阅读已真正成为语文教材、教学的重要内容，在初中语文教学中具有举足轻重的地位。

但是，整本书的阅读在现实中面临极大的挑战。手机的普及与信息技术的广泛应用，使学生不再局限于从纸质书本上获取信息。生活节奏加快，时间被分割，碎片化阅读兴起，导致学生很难静下心来完成整本书的阅读。据我们不完全调查，许多同学宁愿去看影视作品也不愿意进行原著阅读。所以，根据社会环境的变化，基于新媒体的运用，改进名著阅读的导读方法和途径显得尤为重要。

佛山市教育局胡铁生从系统观的角度首次提出了微课的概念，他提出教学设计、素材课件、教学反思、练习测试及学生反馈、教学点评等教学资源是构成微课教学资源生态系统的要素。华南师大焦建利教授认为，微课是以阐释某一知识点为目标，以短小精悍的视频为表现形式，以学习或教学应用为目的的教学视频。上海师大黎加厚教授认为微课是指时间在10分钟以内，有明确的教学目标，内容短小，集中说明一个问题的课程。同时，他指出"微视频"并非等同于"微课"，其只有与学习单、学生的学习活动流程结合起来，才是一个完整的"微课"，否则它只是一种供学生自主学习的材料。近年来，微课因其教学时间短、主题单一明确、内容经典具体、制作简便实用等优势，备受师生青睐。但是将微课与学生整本书阅读结合起来，特别是进行微课的名著导读的研究还比较少。之所以考虑将微课应用到名著阅读中来，是因为微课有以下优势：

（1）微课以学生为中心，重视学习情境、资源、活动的设计。

微课是以某一学习主题为核心组织起来的相关活动，课时一般比较短，教学材料小，具有很大的灵活性。微课通过将课本知识与现实问题联系在一起的情境来感染学生，对于学生的情感具有积极的影响，吸引学生的注意，激励学生完成指定的任务并培养学生解决实际问题的能力。

（2）微课可以为学生提供有效的学习支撑。

微课强调以学生为中心，学生在学习过程中具有更多的主动权。在整合的过程中，教师要扮演内容呈现者、学习帮助者和课程设计者等多重角色，教师对学生的学习控制和学生的自主活动之间要达到一种平衡状态。

（3）微课具有很强的实用性、可操作性和实践性。

微课以知识点为核心，课程资源中可以使用文字、图片、声音、视频等多种媒体信息，是最有利于学生学习的一种资源形式。

在这个背景下，我们在总结2015年市级课题"'少教多学'与语文学习自主性、主动性研究"的基础上，依托永寿县"书香润德、弘文兴教"主题实践活动和我校"书香马中、活力校园"创建活动，结合我校初中语文教学的实际，由陕西省教学能手、咸阳市学科带头人、永寿县初中语文名师工作室主持人杨健老师牵头申报了"微课在初中名著导读中的应用研究"课题，经陕西省教育科学规划领导小组办公室评审，已获批准立项为陕西省教育科学"十三五"规划2018年度课题，课题编号为SGH18B247。

2. 研究意义

（1）理论意义。

《课程标准》指出："要重视培养学生广泛的阅读兴趣，扩大阅读面，增加阅读量，提高阅读品位。提倡少做题，多读书，好读书，读好书，读整本的书。"教师应"积极开发、合理利用课程资源，灵活运用多种教学策略和现代教育技术，努力探索网络环境下新的教学方式"。通过课题研究深化教师对语文教学理念、整本书阅读和阅读教学规律的认识，探索初中语文整本书阅读的路径，在教学中正确处理好单篇文章与整本书的关系，用正确的方法、合适的策略、现代的技术指导学生进行名著阅读教学。

（2）现实意义。

①通过研究，引导教师深入学习教育教学理论，更新教学理念，不断提高教学水平和教学质量。

②通过研究，创建良好的阅读氛围，提高学生主动进行课外阅读的意识和能力，有效地发挥学生的主体作用，激发学生阅读名著经典的积极性和主动性，培养学生良好的阅读习惯，提升学生阅读整本书的能力。

③通过研究，探索现代教育技术在名著阅读教学中的应用途径和方式，探索激发学生阅读兴趣的方式方法，为整本书阅读乃至语文学习寻找新的着力点和方向。

二、课题研究的目标、主要内容、研究假设和创新之处

1. 研究的目标

（1）分析学生名著阅读的真实现状，依据学生的学习兴趣和发展需要，探索调动学生学习积极性的新途径和新方法。

（2）改变目前名著导读教学单调、乏味的现状，通过微课方式的课堂教学实践与研究，探索提高名著导读教学有效性的新模式。

（3）通过名著导读的创新教学和行动研究，全面提高学生文学素养，激发更多的学生自觉继承优秀文化遗产，提高学生的人文素养和语文素养。

（4）改变教师陈旧的教学观念，进一步促进教师的专业发展，培养学者型教师。

2. 主要内容

微课应用于名著导读过程中整体内容的介绍、人物形象的分析、作品片段的赏析、阅读方法的介绍等。

（1）充分理解新课程标准及初中语文名著阅读教学的相关理论文献。通过调查等形式，了解学生阅读名著的兴趣、特点及水平等。学习心理学方面的理论，研究了解初中学生身心特点、记忆规律，用科学的方法指导学生名著阅读。

（2）根据课程标准和教材要求，依据文本特点，制定相应的微课制作方案和要求。微课的内容可以是整体内容的介绍、人物形象的分析、作品片段的赏析、阅读方法的指导、相关知识的讲解等。结合导读教学的需要，微课根据不同的教学需要可以分为激趣型微课、质疑型微课、介绍性微课、检测性微课、赏析型微课等。

3. 研究假设

（1）形成以微课为载体、以名著导读为内容的教学新模式，激发学生阅读名著的兴趣。

（2）将微课以链接的形式，穿插在学生名著导读手册之中，形成一个读看结合、师生互动、家校共读的新型名著阅读方式。

（3）通过微课引导学生去读名著，促使学生认识中华文化的博大精深，培养学生热爱祖国语言文字的情感；在积累、感悟和运用中，提高学生的欣赏品位和审美情趣。

4. 研究创新亮点

本课题研究的创新亮点在于，将信息技术和现代媒介应用于语文名著阅读教学，最大限度地激发学生兴趣，丰富教师教学形式，提升教学效果。

三、本课题的指导思想、理论依据、研究方法、实施步骤

1. 课题研究的指导思想

课题坚持以习近平新时代中国特色社会主义思想为指导，以《课程标准》为依据，结合真语文理念、儿童中心论、建构主义学习理论、生本教育思想、信息技术与课程整合理论，遵循语文教育规律，通过课题研究带动课外阅读，探索整本书阅读实施的新路径。

2. 理论依据

（1）《课程标准》关于语文课程、目的、内容、实施等的规定。

（2）建构主义学习理论与任务驱动教学法。建构主义学习理论强调，学生的学习活动必须与任务或问题相结合，以探索问题来引导和维持学生的学习兴趣和动机，创建真实的教学环境，让学生带着真实的任务学习，以使学生拥有学习的主动权。任务驱动教学法是一种建立在建构主义学习理论基础上的教学法，它将以往以传授知识为主的传统教学理念，转变为以解决问题、完成任务为主的多维互动式的教学理念；将再现式教学转变为探究式学习，使学生处于积极的学习状态，使每一个学生都能根据自己对当前问题的理解，运用共有的知识和自己特有的经验提出方案、解决问题。任务驱动教学法最根本的特点就是"以任务为主线，以教师为主导，以学生为主体"，改变了以往"教师讲，学生听"，以教定学的被动教学模式，创造了以学定教、学生主动参与、自主协作、探索创新的新型学习模式。通过实践发现，任务驱动教学法有利于激发学生的学习兴趣，培养学生分析问题、解决问题的能力，提高学生自主学习及与他人协作的能力。

（3）信息技术与课程整合理论。华南师范大学李克东教授认为，信息技术与课程整合是指在教学过程中把信息技术、信息资源、信息方法、人力资源和课程内容进行有机结合，共同完成课程教学任务的一种新型的教学方式。整合的三个基本点是：①要在多媒体和网络为基础的信息化环境中实施课程教学活动。②对课程教学内容进行信息化处理后，使其成为学生的学习资源。③利用信息化加工工具让学生进行知识重构。北京师范大学何克抗教授认为：所谓信息技术与学科课程的整合，就是通过将信息技术有效融合于各学科的教学过程来营造一种新型教学环境，实现一种既能发挥教师主导作用又能充分体现学生

主体地位的以"自主、探究、合作"为特征的教与学方式，使传统的以教师为中心的课堂教学结构发生根本性变革，从而使学生的创造精神与实践能力的培养真正落到实处。

3. 研究思路

现状调查—理论学习—确定方案—实践研究—改进完善—结题推广。

通过问卷调查、访谈、文献研究等方法弄清学生课外阅读的现状，并对存在的问题进行归因分析。在此基础上，综合制定策略，特别是在信息技术的应用方面提出改进意见和建议。教师通过技术培训、集体备课、交流研讨、案例分析、课后反思等方式提出名著阅读指导的方案和设想，通过制作导读微课、导读手册等开展名著阅读指导，将微课应用于学生课外阅读的导读、助读中，对比观察实验结果，并不断加以改进。与学校配合，大力开展语文课外阅读活动，改变学生整本书阅读的外部环境，创造适合学生学习的条件和因素，提高学生的参与度和积极性，激发学生的内在动力，培养学生的阅读习惯。力争改变传统阅读指导模式，构建整本书阅读任务驱动型新模式，以名著经典作品丰富的情感、深刻的思想、优美的意境熏陶、感染学生，以丰富多样的教学手段和方法调动学生学习的主动性，从而激发学生的兴趣，培养学生阅读的能力，最终推广课题成果，达到提高学生语文水平，培养学生语文核心素养的目的。

4. 研究对象

本课题以农村初中学生为研究对象，探究激发学生兴趣、实施名著导读的信息化手段和方法。

5. 研究方法

（1）文献研究法。本课题将参考国内名著导读教学的资料和微课制作的创新方法，并在此基础上归纳分析。

（2）问卷调查法。用问卷的方法调查分析目前名著阅读教学中存在的不足、学生厌读的原因，探讨改变现状的有效途径。

（3）个案研究法。借助名著导读案例和学生的阅读资料进行个案研究，了解学生学习兴趣，提高阅读指导效果。

（4）行动研究法。进行微课设计、制作，开展微课名著导读教学实践和课外阅读活动，探索微课与学生阅读过程结合的最佳方式和路径。

（5）经验总结法。根据研究情况及时改进方法，调整策略，总结经验，不断完善微课应用的新方法、新模式，形成成熟、可行的做法并进行推广。

6. 实施步骤

课题研究时间为2018年9月—2019年12月，采取整体设计、分段实施的办法，每学期结束前检测实施效果，在分析总结的基础上，提出下一阶段的实施研究的侧重点。

第一阶段（准备阶段）：2018年9—12月

（1）确定课题组成员及实验班。

（2）确定研究课题，制订研究方案。

（3）培训实验教师，学习相关理论，掌握微课的制作技术。

第二阶段（研究阶段）：2019年1—6月

（1）对学生进行各方面的检测，了解学生阅读状况，建立前期档案。

（2）按年级编写名著导读手册，确定名著选读和必读侧重点，制订微课导读计划，制作微课视频。

（3）指导学生按照阅读规划进行整本书阅读。

（4）中期研讨、交流。

（5）及时总结自己的经验，查漏补缺，推广好的经验和做法，做好阶段性工作总结。

（6）做好实验课例、课件、论文等研究资料的积累和整理。

第三阶段（总结阶段）：2019年7—12月

（1）系统分析整理研究资料，提炼深化研究经验，继续开展研讨活动，提升研究质量。

（2）总结、鉴定研究成果。

（3）撰写课题研究实验报告及相关论文，整理研究成果。

四、研究发现或结论

（一）因势利导，推动名著阅读创新实践

统编版教材应用以来，整本书阅读受到了前所未有的重视，但是农村初中学生整本书阅读现状依然不容乐观。除了基础薄弱、条件较差的先天不足，还有家庭重视不够、教师指导乏力的后天"营养"不良，导致语文课程标准的要求和统编版教材的意图没有得到很好的落实。相当一部分学生没有阅读整本名

著的习惯，阅读兴趣缺乏，阅读数量和质量都不理想。温儒敏先生说，提高语文教学效果，有各种各样的办法，但最管用、最有效的是读书，是培养读书兴趣。这是关键，是牛鼻子，抓住了这个牛鼻子，就可能一举两得。所以，抓阅读，推进学生整本书阅读势在必行。

在推进整本书阅读的时候，我们面临的最大问题是初中学生的阅读兴趣不强，许多学生不想读整本的书，厌烦看大段的文字作品，他们喜欢看绘本、动画，热衷于玩手机、打游戏，喜欢追剧。究其原因，小学阅读的基础没有打好，阅读的能力没有同步提升，学生还处在"学习阅读"而非"通过阅读来学习"阶段。所以，如何重新激发学生的阅读兴趣，培养学生阅读的能力，让学生亲近书、走进书，是我们进行整本书阅读先要补上的一课和首要解决的问题。

21世纪是以信息化为特征的知识经济时代，全民教育、优质教育、个性化学习和终身学习已成为信息时代教育发展的重要特征。学校教育作为形成正确价值观念、传递科学知识、培养专业技能的主要途径之一，其知识的获取途径、学习资源的类型、教师的教学方式、学生的学习方式、师生的互动方式等方面正在发生巨大的变化。特别是近几年来，移动通信技术、社交媒体蓬勃发展，社会节奏加快，个性化学习需求旺盛，教育资源也逐渐开放、共享和多元化，其中资源形态的碎片化、微型化、主题化成为发展趋势。现在的初中学生，他们从小就生活在一个信息多样化的社会，信息技术的突飞猛进伴随着他们成长的整个过程。他们对手机、电脑的喜欢甚于书本，他们使用电子产品的熟练程度超过老师，他们喜欢在短视频自媒体平台获取信息、发布信息。即便是生活在农村的孩子也是如此。这就是我们面对的学生和学情。加之，整本书阅读因为其内容庞大和丰富，会给师生关系与教学方式带来实际性的变革。这就启示我们，语文教学必须与时俱进。我们在新技术、新传媒的时代，要不断调整思路，更新自己的教学理念和方法，否则可能会陷入能力恐慌的境地。

整本书阅读的实施必须解决阅读的实效问题。教学的理想模式是学生可以灵活自主地针对某些具有较大学习价值的重难点知识进行满负荷学习，所花费的时间不多。而"短小精悍"的微课能够对教材内容进行碎片化、情境化重组整合，把复杂的教学内容制作成可融合于课堂、可移动地服务于校外教育的微视频。这种基于信息化应用的新课程模式在名著导读中无疑具有很大的先天优势。

（二）扬"微"之长，激活课内外名著阅读资源

微课是微课程的简称，它是以微型教学视频为主要载体，教师针对某个学科知识点或教学环节而精心设计和开发的一种情境化、支持多种学习方式的微型在线视频网络课程。微课具有主题突出、针对性强，以微视频为核心，资源构成多样，学习情境真实、交互性强，注重教学设计，适合自主学习，制作技术简单，使用灵活方便，使用方式多样，全开放共享，数量众多，等特点。而按照华东师范大学黎加厚教授的观点，微课是指时间在10分钟以内，有明确的教学目标，内容短小，集中说明一个问题的课程。微课的发展经历了微资源构成、微教学活动、微网络课程三个阶段。微课的核心资源是微视频。微课有以下几个特点。

1. 形式上"微"

微课的最大特点体现在"微"的形式上，表现为视频时间短，内容含量少，设计制作精，使用便捷。微课具有传统授课方式不具有的优势：一是信息呈现形象直观。微课视频将文本、声音、图片、视频等多种资源融合，实现了名著阅读资源运用的综合化、最大化，激活、丰富了阅读资源。二是使用范围广。随着智能手机和无线网络的普及，基于微课的移动学习、远程学习、泛在学习已得到普及和应用。在2020年春季新冠肺炎疫情暴发的时候，全国各地的学校大量使用微课方式进行远程线上教学就是最好的说明。三是制作、发布便捷。教师只要有一台电脑，足不出户就可完成教学任务的设计、发布和反馈，学生可以通过手机或电脑点击链接、扫码等多种方式进行观看学习。制作好的微课还可以通过各种流媒体平台实现传输分享，让基于微课的网络在线学习变得易如反掌，促进了"以学为中心"的教学理念的有效落实。

2. 实质是"课"

微课是微视频，但是微视频并不就是微课。微课要进行教学设计，设计要以学生为中心，眼中有名著，心中有学生，要体现新课程的理念，落实语文核心素养的各项要求。同时，微课作为课，其结构要完整，要有教学目标、教学内容、教学重难点及练习检测等要素。

3. 核心在"学"

微课的核心理念是"学"。微课客观上限制了教师的讲解，更利于学生自

主学习的开展和学习主动性的发挥，从而打破了传统的"以教为中心"的课堂教学模式，促进学生自主、个性、差异、高效地学，优化了学生的学习体验，提升了学习品质。微课能够满足不同学生不同需求的自主学习，符合先学后教、因材施教等以学为中心的理念。

可以认为，微课是学生课堂学习的一种重要拓展，也是学生在课外进行个性化学习的重要载体。整本书阅读要求课内与课外相衔接，实现学生自主、主动阅读。微课作为贯通课内外阅读的课程资源，优势显而易见。

（三）"微""著"融合，做实名著阅读过程指导

名著导读微课是学生进行名著阅读的辅助，也是非常有效的学习资源。用微课进行名著导读的目的就是通过问题引导、任务驱动、活动设计、效果评测等策略激发学生的学习兴趣，发展学生思维，提高其阅读的有效性。根据我们的实践，只有将微课和整本书阅读有机融合，围绕吸引学生读、方便学生读、促进学生读来设计微课，关注微课学习目标、学习内容、学习活动和学习评价，体现出整本书阅读所要求的"读中学、读中思、读中用"的学习理念，微课的优势才能发挥出来，整本书阅读的这盘棋才能走活。

1. 立足于一个模式

微课的应用要依托任务驱动型名著导读模式开展。我们构建的任务驱动型名著导读策略提倡教师导读、学生自读、学校助读的三位一体整本书阅读，要求在阅读之初教师就为学生明确阅读的任务、阅读的规划和阅读的要求，让学生带着一定的任务进行自主阅读，教师适时进行指导，学校组织相关活动对阅读成果进行交流、展示。任务驱动型阅读实现的关键是搭建循序渐进的学习脚手架，包括开展方法的指导、提供优质的资源和制定评价的标准。我们将微课设计与任务驱动模型相结合，把微课作为教师校内指导的延伸，在学生阅读的不同阶段设置不同类型的微课，学生根据阅读进程自主选择，达到读前激趣、提供方法，读中辅助、及时跟进，读后分享、自主评价的目的，从而更好地实现整本书阅读的目标。

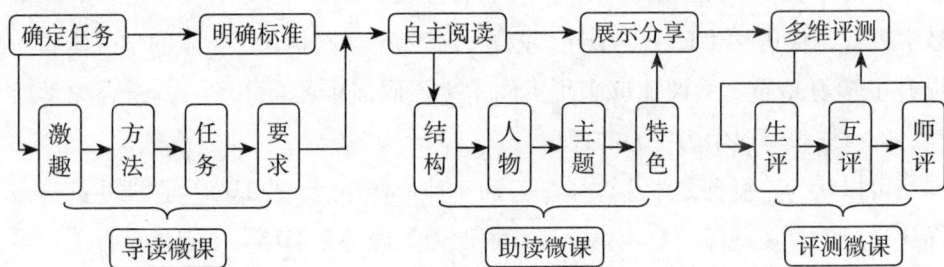

任务驱动型名著导读模式

2. 处理好三个关系

一是处理好主与次的关系。微课导读要处理好微视频和整本书的主次关系。阅读是个体与文本之间的对话过程，所有的阅读体验都要从文字的阅读中获得，因此以整本书阅读为主，以观看微课视频为辅是首要原则，不能本末倒置，不能用看微课视频代替阅读。教师的注意力要更多地放在学生的真实阅读过程和体验上，在微课制作时也要注意发挥视频对学生的激发、启发、测评功能，而不是简单地重现书本、赏读分析、归纳考点。

二是处理好"微"与"整"的关系。微课短小精悍，因此学习目标设定要单一，具体，可操作，易实现，需要精心地选题、设计、讲解与录制，把重难点内容可视化地清晰呈现，让学生过目不忘，印象深刻。但是再短小的微课也必须是一个相对完整规范的微课资源，"4+1"的基本组成不能少。"1"指以微视频为核心，"4"指与微课教学主题相对应的教案、课件、练习、任务单。

三是处理好内与外的关系。微课最合适的使用场景是学生的校外阅读，配合学生的课外自主阅读完成读整本书的任务。而校内的任务主要是教师对学生进行方法的指导、组织交流分享阅读体会、展示阅读成果等。这样内外结合、内外一体的阅读活动才是有机衔接的整体。

（四）课程化设计，做足微课导读一体化应用

所谓名著阅读课程化，就是要把名著阅读作为语文课程的一部分，有规划，有指导，给时间，出成果，而不是把它当作可有可无的点缀，也不能在教学中放任自流，随意而为。这就要求把名著阅读作为完整的、系统的课程来对待，有周密的设计、明确的目的、连贯的路径和恰当的评测。基于名著阅读课程化思路，我们进行了名著导读微课课程化的探索。

　　整本书阅读的导读设计一般要达到以下目的：一是让学生觉得有意思，愿意读；二是让学生有获得感，渴望读；三是给学生适当刺激；四是给学生展示的平台。基于此思路，名著导读微课在微课三种基本课型——导读课、赏读课、比较阅读课之外，根据辅助、引导的功能，我们还开发了方法介绍、阅读评测、质疑赏析、成果展示等课型，这种系列化、连续性、层次化设计，与学生完整的阅读过程相适应，构成了一系列基于整本书的专题微课程。

　　导读课：激发兴趣，进行阅读规划。其目的是引发学生的阅读期待，让学生体验到发现的乐趣，获得愉悦和满足的情感体验，进而形成持久的阅读兴趣，养成主动阅读、终身阅读的良好习惯。导读课包括三部分内容：背景介绍、作家介绍、相关信息。比如，《朝花夕拾》导读微课，训练点是"消除与经典的隔膜"，我们就用各种图片和视频素材，通过文章创作背景和作者介绍，联系之前学到的鲁迅作品，让学生产生阅读的兴趣。

　　助读课：实施阅读规划、阅读策略。在导读课的基础上，用助读课指导学生做好阅读计划，安排好阅读进度和相应的阅读任务，设计好相应的阅读关键问题，以此指引学生进行整本书的通读。微课中还要讲解阅读方法，如速读、默读、跳读等方法，提出明确具体的要求，指导学生在阅读中应用和实践。比如，《西游记》助读设计，阅读方法是"精读"与"跳读"，安排一个月完成阅读任务，每一周都有具体的进度安排，要完成相应的阅读任务，如用思维导图绘制路线图、取经人物传记等，学生在这些助读设计的支撑下就可以顺利完成阅读任务。

　　赏读课：细读精读，提升理解。在学生完成初读的基础上，带领学生进行重点的归纳、情节的梳理；在学生完成相关章节精读的基础上，进行人物分析、主旨的探讨等，为学生继续进行其他章节和内容的精度提供示范。比如，《水浒传》中特色人物的性格分析，引导学生深入思考小说替天行道的主题，正确对待暴力反抗的情节，引导学生举一反三、触类旁通，在实践应用的基础上逐步掌握阅读方法。

　　评测课：阅读检测，自主评价。在阶段阅读任务或者一本书的阅读完成之后，我们可以设计题目对学生的阅读效果进行评价和检测。测评可以是学生自评，也可以是小组互评，还可以是教师评价。测评有以下几种做法：一是通过设置交互式微课视频，让学生在阅读思考后进行效果自测。二是可以借助西沃云平台等进行在线阅读评价，对小组学生某一章节的阅读任务完成情况及时进行评测。三是学生可以通过学习群或者多媒体平台上传评测结果，便于教师及时掌握学生的阅读状况。

展示课：交流分享，展示成果。阅读虽然是个人化的事情，但是对于学生而言，集体的影响带动、成果的激励激发及氛围的营造支持，往往可以产生强大的助推力，最终有助于形成稳定而持久的阅读期待和阅读习惯。用微课进行名著阅读成果的展示，形式多样，一是可以对阅读活动进行微报道，二是可以对阅读成果进行微报告，三是可以对学生的阅读分享进行微呈现。对阅读成果的展示，可以在班级群中进行分享，相互交流，也可以在微信公众平台进行发布，还可以依学情让学生自己制作微视频，主动分享。

我们通过这些完整的课型构建整本书阅读的微课程，做实整本书阅读每个环节的工作，以此为切入点，逐步探索实现名著阅读课程化的路径。

（五）名著导读微课应用建议

一是微课制作要因人而异。素材选用要适合教学对象，根据学生年龄特点进行精选，七年级多些直观，八、九年级就要引导学生进行全面深入思考。

二是微课制作要因书而异。要考虑名著内容，在指导阅读方法、设置重点问题、布置阅读任务时，不同类型的作品要有所区别，让学生逐步掌握阅读不同类型名著的方法。

三是微课内容要符合学生认知规律。阅读内容情境化，选准切入点，所选素材必须是与学生生活经验、阅读对象相关的；阅读重点问题化，每本书确定几个关注点，设置几个与学生阅读理解相关的问题；阅读活动任务化，落实思考点，坚持发展的观念，在深入理解的基础上确立与学生核心素养提升关系密切的重点阅读任务。

四是微课运用要适时、适当、适度。微视频的推送要与教材名著导读教学和课外阅读同步，确保有用；要与相关网络平台相融合，确保能用；要符合学生用眼的规律和要求，确保用好。

（六）微课名著导读应用研究的成效

"微课在名著导读中的应用研究"课题开展以来，我们结合学校书香校园建设，加大对教师的培训和对家长的引导，开辟阅读空间，创设阅读条件，加大整本书阅读实施的力度，多方宣传，取得了显著的效果。

1. 学校课外阅读全面展开，学生阅读习惯初步养成

学校分年级建立了三个自助式书廊，成立了学生读书会，班级成立了读书小组，学生积极踊跃参加各种读书活动，爱书、读书已经蔚然成风。班级学生的教材规定必读名著拥有率由原来的不足三分之一，提升到现在的九成以上。

2. 学生课内外阅读衔接的路径已经建立

以微课导读为抓手的任务驱动型阅读模式的实施，让教师、学生、学校、家长四方都积极参与到整本书阅读之中。教师领读、导读，学生自读、互读，学校助读、奖读，家长共读、赞读，课内外一体、校内外衔接的整本书阅读实施路径初步形成。

3. 教师信息化素养明显提升，有效促进了教师的专业发展

教师的信息素养包括教师的信息意识、信息能力、信息伦理与文化。微课虽小但五脏俱全，一个完整的微课开发，包括内容选题、教学设计、课件制作、微课讲授、视频录制、后期编辑、共享发布和教学应用等多个环节，教师既需要有深厚的学科专业功底，又需要具备教学设计、课件制作、录屏、视频编辑、资源发布等多种技术能力。教师通过制作名著导读微课，开展课题研究，从教学中不敢用信息技术到善于运用，从不会用信息技术到能熟练掌握微视频制作方法，从仅凭教材、教参教学到通过互联网自如进行信息检索、获取、加工、分享，各方面能力均得到了提升。课题组教师的成长也带动了全校教师信息化素养明显提升。

4. 名著阅读课程化探索初获进展

微课导读课程化设计，将名著阅读的课内导读、课外自读、活动助读进行三位一体的有机结合，实现了名著阅读的时间保障、指导保障、效果保障，从学校、教师、家庭三个层面确保了名著阅读任务的顺利完成。

5. 整本书阅读资源库初具规模

参研教师对微课表现出强烈的兴趣，纷纷开展微课导读的研究，制作了微课导读手册、微课教学PPT、微课导读视频，建成了我校整本书阅读微课教学资源库，推动了我校教育信息化和语文教学的内涵发展。

参考文献

[1] 温儒敏.培养读书兴趣是语文教学的牛鼻子：从"吕叔湘之问"说起［J］.课程·教材·教法，2016（6）：3–11.

[2] 吴欣歆.培养真正的阅读者——整本书阅读之理论基础［M］.上海：上海教育出版社，2019.

[3] 胡铁生，黄明燕，李民.我国微课发展的三个阶段及其启示［J］.远程教育杂志，2013（4）：36–42.

[4] 余党绪，聂剑平，张震麒.我们应该如何运用批判性思维学习语文［J］.语文教学与研究，2018（23）：4–10.

[5] 胡铁生.还原中小学微课本质［N］.中国教育报，2014–11–05（6）.

[6] 黎加厚.微课的含义与发展［J］.中小学信息技术教育，2013（4）：9–12.

[7] 胡铁生.微课给教育带来了什么改变［J］.中小学信息技术教育，2018（7）：84–86.

[8] 王本华.名著的阅读如何实施课程化？［J］.语文学习，2017（9）：4–7.

[9] 龙慧慧.整本书阅读推进策略探索［J］.中国教师，2018（11）：71–73.

[10] 颜维奇."整本的书"阅读教学策略例谈——以《水浒传》为例［J］.语文教学与研究，2018（5）：60–65.

[11] 焦建利.教师的信息素养［J］.中国信息技术教育，2017（9）：14–15.

农村初中整本书阅读现状及策略研究

课题申请评审书

一、主要概念界定

（1）课题所说整本书主要是指统编版版教材规定学生必读和拓展阅读的名著经典，也包括其他适合初中生阅读的各类名著经典。

（2）实施策略指对学生进行的阅读兴趣激发、习惯培养、方法指导、效果检测等方案的集合。

二、研究价值分析

2017年正式启用的统编版初中语文教材，设置了教读课文、自读课文、名著导读"三位一体"的阅读教学体系，名著阅读已真正成为语文教学的重要内容。但是，整本书的阅读在现实中存在不容忽视的问题。

一是学生的阅读意愿不高，兴趣不浓，学生的课外阅读量严重不足。

二是教师对于整本书阅读的认识和操作不到位，学生整本书阅读还停留在统编版之前的阶段，整本书阅读只是作为语文课堂教学的补充，为考而教的现象较为明显。

三是基于农村学生整本书阅读的研究比较少。现在有许多关于整本书阅读的研究，研究者多着眼于初中学生的平均水平和整体状况，而将农村学生这个特殊对象作为研究对象的还比较少，特别是农村寄宿制学校学生的课外阅读的实施策略更是少之又少。

鉴于此，我们进行"农村初中整本书阅读现状及策略研究"课题研究，具有以下意义。

1. 有利于培养学生基本的阅读技能

阅读不仅仅是为了考试，更重要的是培养一种能力，涵养一种品格。要让学生养成终生有益的阅读习惯，就需要让学生学会阅读，开展主动性阅读。这需要对学生进行耐心的引导、规范的指导和循序渐进的训练。开展整本书阅读的课题研究就是为了探索主动型阅读的指导方法和实施路径，让学生不仅爱读书，而且会读书，不仅读得多，而且读得懂，为学生终生阅读打下较为坚实的基础。

2. 有利于学生语文核心素养的形成和发展

农村孩子生活环境相对闭塞，寄宿制学校尤其如此。整本书阅读有助于农村学生形成立体的知识框架和时空图景，培养其形成单篇短章阅读无法达成的筛选整合、对比分析、综合概括等思维认知能力，能更好地培养学生语感，提升学生思维能力与审美鉴赏水平。我们开展此项研究，目的就是弄清楚学生阅读兴趣缺失的主客观原因，通过采取有效的策略，激发学生阅读兴趣，向学生传授阅读方法，让学生养成阅读的良好习惯，为农村学生语文素养形成乃至全面、终身发展打下一个较为坚实的基础。

3. 有利于构建综合化语文学科教学体系

中共中央、国务院《关于深化教育教学改革全面提高义务教育质量的意见》明确提出要"探索基于学科的课程综合化教学，开展研究型、项目化、合作式学习"。要构建综合化的学科教学体系，必须将语文学习由课内向课外延伸，由校内向校外拓展，由课本向更广泛的书籍过渡。我们开展课内外统一、校内外衔接的整本书阅读实施策略研究，目的是以此为切入点，探索构建综合化语文学科教学体系的方法、路径，从而实现全语文的教学。

4. 有助于营造良好的语文学习生态

农村初中语文学习的现状不容乐观，语文阅读现状更甚。这种状况与语文教师自身的专业发展滞后有关，也与学校片面追求升学率，对母语教学认识不到位有关，更与整个农村环境有关。在初中开展整本书阅读策略的研究，目的就是要改变这种大家都说重要，却都不认真做也没办法做的怪现状，将书香校园建设真正落到实处。

三、研究内容和创新之处

1. 研究内容

本课题所研究的对象，主要是农村初中学生，重点是处于西部欠发达地区的镇村初中学生，以课题组所处陕西省永寿县为样本进行研究。阅读策略主要指兴趣激发、课内指导、课外延续、活动开展等方法、路径、资源的综合，重点是教师的指导策略。具体包括以下内容：

（1）调查分析乡村学校整本书阅读的现状及其成因，明确影响学生阅读兴趣的主客观因素。

（2）构建利于学生阅读的立体支持体系。一是提升教师阅读指导的专业性；二是整合、优化、盘活、拓展现有阅读资源；三是大力营造阅读氛围，搭建平台。

（3）探索实施课内外统一、校内外衔接的整本书阅读活动综合激趣策略。一是激励机制，二是团队组建，三是现代教育技术应用。

（4）实施基于教师带动、任务驱动、活动推动的整本书联动阅读策略。其重点有三个：一是课内阅读指导课的教学实践，二是课内外衔接的任务型阅读实践，三是进行整本书阅读的活动设计与阅读效果评价的探索。

2. 创新之处

（1）从学生阅读质量和效果的角度进一步认识乡村学生整本书阅读的现状，对其形成原因进行精准分析。

（2）实施以主动阅读为特征的任务式阅读，帮助学生掌握整本书阅读的基本方法。

（3）开展基于校情和学情的整本书阅读综合化实践，从阅读内容、阅读数量、阅读能力、阅读情感四个维度，设立循序渐进的目标，对初中各年级整本书阅读的导读、推进、展示、评价进行总体规划，探索完整实施路径。

（4）将信息技术和现代媒介应用于语文整本书阅读教学，拓展阅读时空，丰富阅读形式，激发阅读兴趣，提升阅读效果。

四、课题研究思路、研究方法、技术路线

1. 研究思路

本课题研究遵循《课程标准》的基本原则，立足统编版语文教材，依据农村学校和师生实际，按照课内外统一、校内外衔接的总体构想，从学生阅读、教师导读、学校助读三个方面开展研究。

2. 研究方法

（1）调查研究法。

综合运用各种调查方法和手段，为课题研究提供充足的数据。

（2）行动研究法。

在课题研究过程中，随时对课堂教学整合的教学效果进行反思，积累、归纳有关资料，不断发现问题，即时反馈，修正计划。

（3）个案研究法。

关注学生个体，对研究对象的变化与发展进行全程跟踪研究，通过一定的检测方式，考查研究效果。

（4）文献研究法。

多渠道收集、整理和运用与课题相关的理论，以及本课题研究的进展情况，寻求理论与实践的创新。

（5）案例研究法。

开展基于具体年级、具体名著的课例研究，开展教学设计、阅读指导、微课制作和教学反思，揭示"做什么"（教学目标和教学设计）、"怎么做"（教学策略）及"做得如何"（教学评价与反思）。

（6）经验总结法。

对各阶段的研究经验、教训及时总结，对研究中搜集到的材料进行定量和定性分析，得出具有普遍意义和推广价值的方法。

3. 技术路线

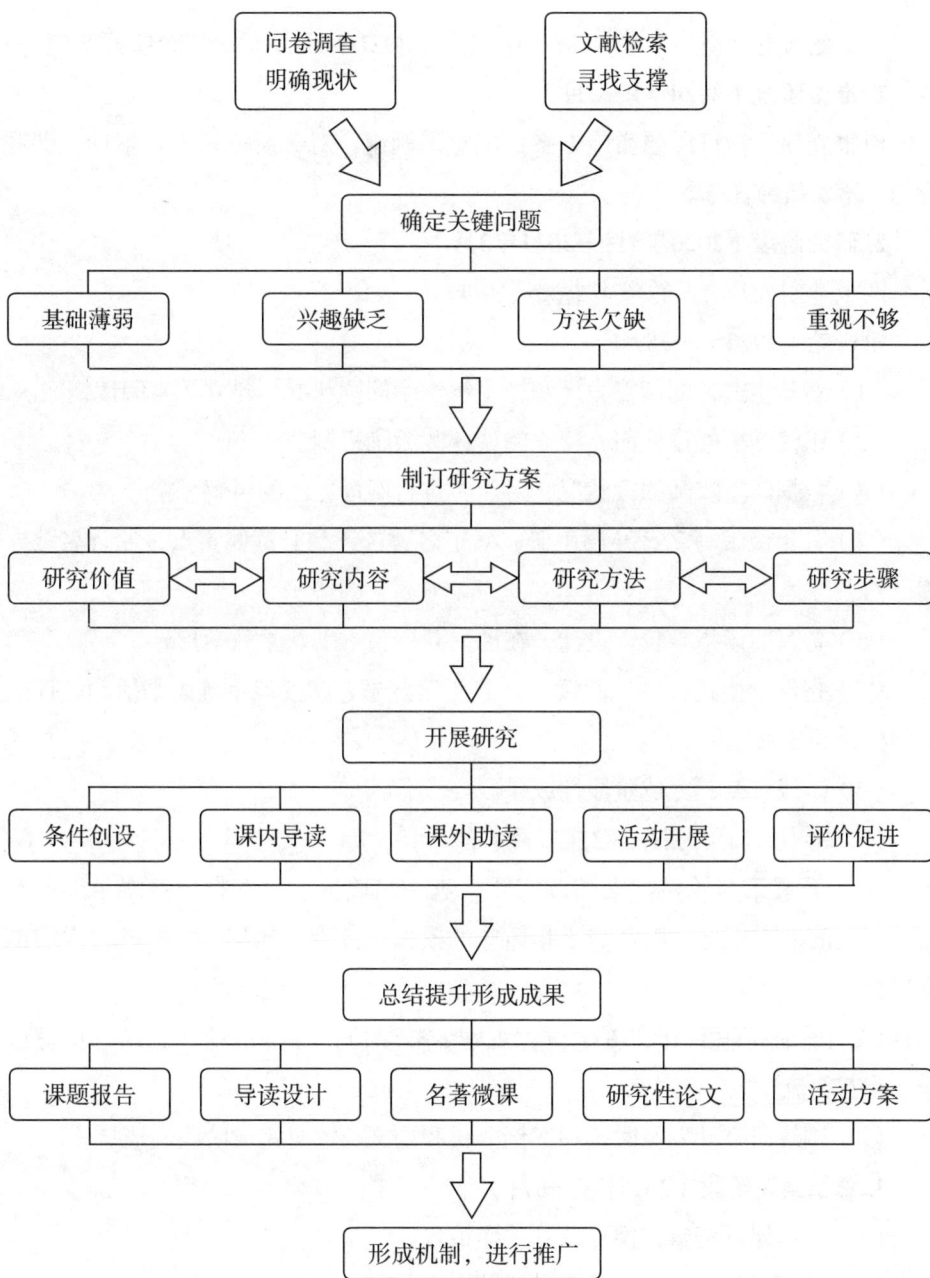

技术路线图

五、实施步骤

本课题研究周期为一年半（2020年1月—2021年6月）。分三个阶段实施。

1. 准备阶段（2020年1—2月）

申报立项，制订课题实施方案，成立课题组，对参研教师进行培训，课题开题，落实研究任务。

2. 研究阶段（2020年3月—2021年3月）

两个学期，开展两轮整本书阅读实践。

第一轮（2020年3—8月）：

（1）对学生进行阅读能力评测，了解学生阅读状况，建立学生阅读档案。

（2）组建学生阅读社团，建立阅读评测激励机制。

（3）根据学生实际阅读状况，对学生进行阅读方法的讲解、指导。

（4）分年级编写名著导读手册，确定名著选读和必读侧重点，制订名著导读计划。

（5）备写阅读指导教学设计，在课内开展整本书课堂教学指导。

（6）指导学生进行课外阅读，开展阅读分享、阅读展示等读书活动，评选读书标兵和读书之星。

（7）阶段总结，完成阶段性成果。

第二轮（2020年9月—2021年2月）：

（1）开展第二轮整本书阅读实践，进一步验证、完善指导策略，形成有效、可行的推广模型，以及与之相适应的模式。计划2020年10月召开一次中期研讨会。

（2）适时组织召开交流研讨、观摩、教学研讨课等活动，总结、梳理经验，相互交流。

（3）围绕研究计划及时撰写案例分析和论文，按时完成阶段性成果。

3. 总结结题阶段（2021年4—6月）

（1）收集课题资料，撰写课题工作报告。

（2）整理，归纳，分析，撰写课题论文。

（3）对课题研究成果资料进行完善，完成结题报告，提出结题申请。

（4）申报课题结题。

（5）课题成果推广与应用。

六、完成课题的可行性分析

近年来，我校先后承担了陕西省规划课题"初中文言文创新实践研究"和多个市级课题的研究，并取得了优秀的成果。我校通过课题研究培养了一支教育科研的精良队伍，形成了教育科研的良好氛围。我校对于微课在名著导读中的应用也进行了一定的研究，部分微课成果在县级比赛中获奖，关于名著阅读的多篇论文在市级教学成果评选中获奖。

课题负责人从事语文教学30多年，是语文高级教师、陕西省第六批学科带头人培养对象、省教学能手，撰写的多篇论文和教学设计获省、市、县级奖励，多次参加省市级培训，熟悉课题研究的方法和途径。其本人主持的多项省、市级课题已顺利结题，研究成果已在学校推广。

参加课题组的老师均为语文学科教学的骨干教师，长期奋战在学校教学一线，其中有多位省、市、县级教学能手。他们均有很强烈的参与意识与合作精神，有丰富的教学经验和教科研能力，有较强的理论文章撰写能力和计算机操作能力。课题组成员全部参加过县级以上课题研究，均已结题，为本课题的研究奠定了良好的基础。

围绕本课题，我们已开展了一系列的准备工作。我们购置了统编版教材推荐的名著书籍36种，订阅教学类书刊10余种，购买研究用专著20多本。同时，学校利用现有设施，建设开放型书廊3个，面积200多平方米，可以满足学生课外阅读的需求。

课题研究报告

一、对整本书阅读现状的认识与思考

初中语文统编版教材构建了教读、自读、整本书阅读的"三位一体"的阅读教学体系，《普通高中语文课程标准（2017年版2020年修订）》将"整本书阅读与研讨"列为18个学习任务群之首，这表明整本书阅读上升为国家层面的课程意志。语文教育界掀起了"整本书阅读"研究的热潮，整本书阅读逐渐被语文教师，乃至更多的人所接纳和认同，读名著、阅经典已渐成潮流和风气。但是，在具体的研究实践中仍然存在一些根深蒂固的问题，城乡学校之间也存在着很大的差距。学界的热闹与编者的热心，与部分农村学校的沉寂形成了很大的反差。我们想象中大家手捧书卷孜孜以求的场景没有出现。名著买了，方法讲了，学生的阅读效果却不尽如人意。

根据观察、调查和研究，我们发现目前农村初中学生的整本书阅读有以下亟须改进和完善之处：

从阅读的主体——学生角度来看，学生被动阅读，乃至虚假阅读的现象比较普遍。陈静静博士说，中小学课堂上虚假学习、浅表学习的学生大量存在，这是我国当前课堂的最大困境。整本书阅读存在的这种情况可能在某种程度上更为严重，因为除了虚假阅读、浅表阅读，还存在大量的学生不阅读的现象。问卷调查显示，农村学生整体的阅读状况并不乐观，阅读品质发展明显滞后，大部分农村初中学生整本书阅读的质与量达不到语文课程标准的要求。具体表现在以下方面：一是学生阅读数量少，阅读时间短，阅读视野窄；二是学生为考试而读的目的较为突出；三是学生阅读方法欠缺，阅读任务挑战性较低，阅读收获有限，阅读品质不高。但是，我们同时发现，因为可供利用的信息源有限，特别是寄宿制学校学生整本书阅读的兴趣浓厚，孩子们渴望得到老师的帮助，渴望有一个良好的读书环境，也渴望能通过阅读与家长进行精神上的沟通交流，这对我们的整本书阅读实施提出了新的要求。

表现在教师方面，主要是思想僵化，对整本书阅读的认识水平有待提高。一是大多数语文教师应试教学的积习难改，教学的重心依然是课文教学，认为整本书阅读只需学生课外自行阅读即可，不需要花费时间专门进行指导。二是教师的阅读指导水平还停留在短篇文章教学的层面。温儒敏先生多次讲，读书是语文学习的牛鼻子，希望通过整本书阅读这个良方治疗语文学习不读书的坏毛病，以此为抓手培养学生阅读的兴趣和习惯。但是，在教学层面，整本书阅读更多的是作为语文必考的一个考点，被教者进行快餐化的处理和操作，最终被分解为众多知识点供学生死记硬背。三是教师的阅读教学指导严重脱离学情。整本书阅读中，教师的主要任务是提出专题学习目标，组织学习活动，引导学生深入思考、讨论与交流。但是，部分教师未读先导，或者不提供有效阅读的辅助和支架，不设计进阶性的学习任务，不创设能够引导学生深度参与的学习情境，单纯以教师的讲解代替学生的文本通读，以重点赏析代替学生深入阅读原著，让学生进行任务式的阅读，挫伤了学生阅读的积极性。

表现在学校层面，主要是对整本书阅读的校级统筹不到位，重视及支持力度不够。整本书阅读虽然是语文学习的一个重要内容，但其顺利实施有赖于学校提供物质、时间、人员等的保障，也需要学校对教学计划、活动安排、制度等方面进行相应调整和完善，这些都是语文教师靠自身力量难以完成或实现的。但这恰恰是许多农村学校最薄弱的地方。

综合分析以上几种情况，可以知道农村学校整本书阅读现状堪忧的原因是多方面的。

一是学校管理层对课程建设的认识不全面，对语文课程建设重视不够。既然整本书阅读已经成为国家层面的课程意志，学校就应该及时调整课程计划，加强此方面的工作，把整本书阅读作为一个学校层面的系统工程进行安排部署。这既要提供人、财、物方面的必要支持，还要有各方面的配合、制度的完善与跟进，更要提供时间与空间上的保障。所以，可以说，学校层面的顶层设计才是整本书阅读得以顺利实施、取得实效的重要保障。

二是教师对语文教学、整本书阅读的意义认识不到位。整本书阅读对于学生成长、成才的重要价值，是散点式、碎片化阅读无法取代的，它是全面落实语文核心素养的重要载体。整本书阅读的主要教学价值并非语文知识的理解和掌握，而是改变学生的观点态度，提升学生认知能力，丰富学生的思想和促进学生精神成长，引领学生走向更好的自己。这些靠教师一味讲解知识点、学生被动接受根本无法实现。

三是以学生为中心的理念还没有在教师头脑中真正建立起来。这是一个较为普遍的问题，每门学科都存在，整本书阅读更甚。整本书阅读的关键是课下的自读要真实发生。要保证课下自读的成效，学生就需要运用阅读监控策略，即学生要根据整本书的文本特点，自主制订读书计划，选择合适的阅读策略，调整阅读的进度，并反思阅读成效。但是，现实中，不管是阅读书目的选择，还是阅读任务的制定、阅读规划的落实，大多是教师说了算，教师对元认知策略指导不足。整本书阅读的主体是学生，教师的教是为了学生的读，为了让学生学会阅读。作为阅读主体的学生既没有自主实施阅读实践，也没有对自己的阅读实施有效监控，整本书阅读的教学价值就无法实现。

四是教法策略不够新颖灵活。由于缺乏经验，在实施整本书阅读教学时，一些教师在教学策略选择上多依据经验盲目行事，对学情的分析想当然，缺乏深入的观察分析，教学随意性大，用简单机械的阅读任务挫伤了学生阅读的积极性。有些教师将在短篇文章教学中惯用的做法直接迁移到整本书阅读指导之中，大而化之地指导，笼而统之地讲解，不积极构建适宜学生学习的阅读共同体，不通过有创造性的问题激发学生的阅读兴趣，而是用大量的传授、讲解变相剥夺了学生阅读、体验、思考的机会，无意识地养成了学生懒于思考的坏习惯，最终形成了整本书阅读中学生虚假阅读、肤浅阅读甚至不愿意阅读的情况。

二、以整合优化为目标，构建四方联动的整本书阅读一体化支持体系

要在农村初中开展整本书阅读，就要统整资源，以书香校园建设为统领，在学校内部建立起学校、教师、学生、家长四方联动的体制机制，以课内带动课外，以校内辐射校外，形成相互促进、有机协调的支持体系，充分利用每一种资源，做好每个环节的工作，形成人人读书、人人重视读书的氛围，破解大

家都说读书好、大家都不读书的困局。

1. 学校行政推动

学校在整本书阅读中的最佳选择是主动应对，行政推动。不管是教师、学生还是家长，都必须以积极的心态对待整本书阅读。学校更要发挥统筹、协调、推动的作用，对于整本书阅读实施过程中出现的体制、机制问题，要予以及时、妥善解决。对于学生反映最突出的缺少阅读时间的问题，学校要大胆对课程设置、教学计划进行优化、调整。学校要增设阅读场所，最大限度地利用闲置空间在教学区设置自由阅读场所，或者设置班级图书柜、图书角，以及宿舍图书角等，让学生随时随地无障碍阅读。针对于阅读氛围营造的问题，学校要广泛成立学生阅读社团，开展课内外衔接的系列活动，努力为学生创造阅读的条件。学校除了在制度层面对阅读做出安排部署，对教学计划做出调整，保证必要的阅读时间之外，一定要抓好整本书阅读活动的组织和开展，以校园读书节、读书汇报会、好书推荐等各种大型师生参与式活动为抓手，统筹安排经典诵读、艺术节、读书汇报等活动，在校园里营造重视阅读的氛围，搭建利于阅读的平台，促进师生自主阅读活动深入、持续开展。

2. 教师示范带动

教师最好的指导是阅读示范。整本书阅读教学中，教师最可靠的凭借、最有价值的资源、最大的本钱，不是参考书，更不是名师示范课，而是自己的读书经验、读书眼光、读书习惯和读书热情。要让整本书阅读真实发生，教师就必须以身作则，言行一致。教师以资深读者的身份进行专业化的阅读指导，需要做以下工作：夯实基础，与学生同读名著，对名著进行教学解读，掌握阅读指导理论，制订阅读指导方案；完善机制，制定阅读评价标准，建立阅读成长档案、阅读积分晋级制度、阅读奖励制度及家庭阅读打卡制度；精心设计好导读激趣课、助读推进课、展读汇报课、名著导读微课；根据计划系统推进，整体构想，梯次展开，循序渐进，统筹实施。

3. 学生任务驱动

以任务驱动为模式，指导学生进行课外主动式阅读是较为成功的整本书阅读教学模式。具体做法如下：一是明确任务，确立阅读目标，明确阅读要求，购置书籍。二是成立社团，自主组成读书小组，自主命名，班级成立读书社团，由学生自主管理，进行阅读比赛。三是培训方法，包括基本阅读方法、分类阅读技巧、整本书阅读策略等。四是及时评价，包括阶段自评、小组互评、教师评价。

4. 家长积极互动

家长对学生阅读习惯的形成有很重要的作用。首先，家长的行为会影响孩子的行为。一个喜欢阅读的家长一定会是孩子好的榜样，相反，一个只知道玩手机、看电视、打游戏的家长大概率会让孩子远离书本。其次，家长的陪伴阅读可以监督提醒乃至督促孩子进行阅读，让其养成良好的阅读习惯。最后，家长的陪伴乃至参与的良性互动，有助于改善亲子关系。农村家长更不善于情感的交流和表达，所以可以以阅读为载体，在阅读中培养良好的亲子关系，让孩子感受到亲情的温暖。当然，由于条件、环境、认识水平等限制，许多家庭开展亲子阅读还有困难，需要学校加强宣传教育，逐步培养家长重视孩子阅读的意识。对于有特殊困难的学生，如单亲、离异家庭的孩子，学校要通过校园读书等形式，让这一部分学生不要因为亲子共读产生不必要的心理负担。

三、以真实阅读为追求，构建整本书阅读的项目任务式驱动模式

真实阅读重在一个"真"字上，真实的目的，真实的环境，真实的书，真实的方式和过程，真实的体验和成果，真实的生活和人生。和深度学习的追求相同，整本书阅读教学最核心的问题是如何让学生的阅读真实发生。这个问题说易行难。因为阅读的主体是学生，所以学生喜欢阅读，对阅读有兴趣，一切问题就迎刃而解。就如卢梭在《爱弥儿》中所说，让孩子产生学习欲望，那么一切方法都是好方法，但动机永远是个体的内在状态和环境的多重因素彼此互动的结果，这就是困难所在。要有真实的阅读首先就要考虑真实的学生，从学情出发，带着学生阅读。项目任务式阅读是师生共读较为可行的模式。

1. 构建项目任务式整本书阅读模式

建构主义认为动机源于个体的感知和期待，教师可以利用学生的内在需求，以及学生在教学情境中产生的兴趣、愿望和期待。以此为理论基础的任务型语言教学，始于20世纪60年代，其基本理念是追求教学的交际化，用交际情境下的输出型语用来引领和组织语言知识的输入，核心是在用中学、学会用语言的任务驱动学习就属于这种教学方式。项目学习对复杂、真实问题的探究过程，也是精心设计项目作品，规划和实施项目任务的过程，在这个过程中，学

生能够掌握所需的知识和技能。项目学习将教、学、评作为一个整体实施，形成整体、复杂的整合教学任务，以及持续的研究学习时间、更多的协作学习机会。

项目任务式阅读主张以任务为导向，将任务驱动与项目载体相结合，在用中学，驱动学生学习新知，引导教师转换教学方式，主动参与到教学过程中。整本书阅读有多个教学任务组成的任务群，需要学生在阅读实践中结合自身的知识积累和经验，通过相互的合作完成任务，这更符合综合实践取向的学习项目。

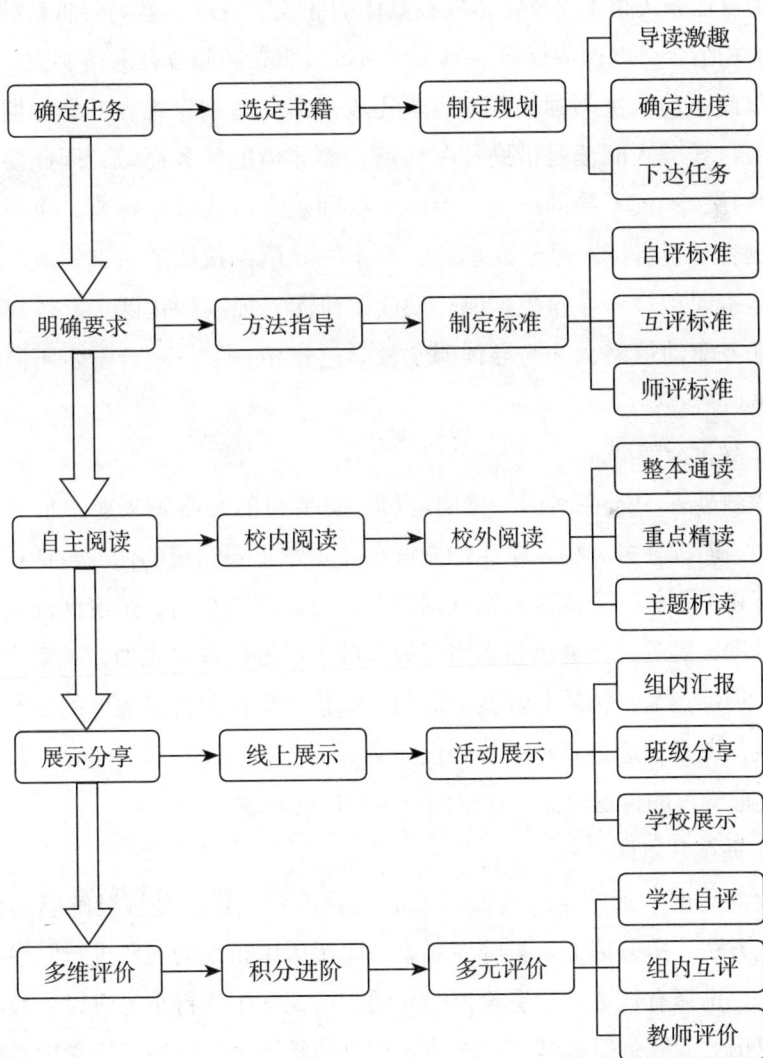

任务驱动阅读模式示意图

其中虽然没有明确提出"以任务为导向、以项目为载体",但是坚持以学习任务来驱动,能有效养成学生的良好学习习惯已成为共识。我们将任务阅读与项目学习相结合,实施项目任务式整本书阅读。整本书阅读的一部名著就是一个项目,一个项目下有多个学习任务,不同的任务层级按照不同的权重进行组合,设置必做任务和选做任务,师生共同完成任务,以此来落实学生的自主阅读。

2. 推行三课进阶式课内导读设计

将项目任务式整本书阅读落实在具体的导读实践中,就是要将教师的导和学生的读相结合,以课内指导为抓手,通过层级式的阅读任务落实进阶式课内指导,以此驱动学生阅读任务的逐步完成,最终达到思维提升、习惯养成的目的。项目任务式阅读是借助任务而读,而非借助任务而教,因此要坚持采用先读后导、不读不导的原则。不能用教师观点取代学生体验,更不能用教师讲解代替学生自读。基于此思路,整本书导读课按照"一书三课"模式设计三种基本课型——导读激趣课、助读共研课、展读深化课。其体现整本书阅读的任务驱动策略,并与导读课堂教学过程相一致,配合学生不同阶段的阅读实施。

(1)导读激趣课。

导读激趣课一般在阅读开始前进行,主要目的是激发兴趣,指导方法,形成规划,明确任务,引发学生的阅读期待。学生要完成的任务包括:搜集作者、名著相关资料,完成《阅读规划单》,组建阅读小组,选定阅读任务,规划阅读进度,等等,为通读整本书打好基础、做好准备。比如,《朝花夕拾》导读课,训练点是"消除与经典的隔膜",让学生搜集鲁迅先生的资料,制作读前海报,课堂上通过各种图片和视频素材对文章创作背景和作者进行介绍,并联系之前学过的鲁迅作品,让学生产生阅读的兴趣。

(2)助读共研课。

助读共研课一般在第一轮阅读完成之后进行,目的是答疑解惑,概括内容,示范方法,提升能力。教师在对第一轮阅读中出现的问题进行归纳、梳理的基础上,选择有代表性、有价值的问题,组织学生进行小组研讨。教师根据对学生提出的问题的掌握情况,设计好相应的阅读关键问题,让学生在课堂上集中讨论,以此指引学生对重点章节的精读、细读。教师还可以有选择地对情节梳理、人物分析、特色品析进行探究，关键是示范方法。

（3）展读深化课。

展读深化课一般在重点精读完成之后进行，目的是研讨专题，把握主题，展示成果，质疑探究。专题研讨可选择课本专题中难度较大的一到两个专题，结合学生的研究进行点拨指导。主题把握以问题解决的方式，对作品主题进行讲解、点拨。成果展示，由学生以组为单位展示阅读成果并相互点评。比如，《骆驼祥子》展读课，教师设计"假如你是祥子，你会不会比祥子做得更好"这样的关键问题，引导学生深入分析人物的性格、职业、出身，分析人物之间的社会关系，思考个人的前途命运和社会环境、社会制度的复杂关系。学生通过举一反三、触类旁通，在实践应用的基础上逐步掌握阅读方法，最后，每个学生形成自己的阅读报告。

四、以深度学习为核心，实施基于情思发展的整本书导读策略

整本书阅读采用项目任务驱动式导读模式，解决的是教师开展整本书阅读指导路径的问题。整本书阅读与短篇文章阅读最大的不同，就是要在作品中获得独一份的情感体验和感受，这也是整本书阅读的魅力所在。整本书阅读要求学生在阅读时能产生反应，能意识到文本引发的情感与思考。因此，导读策略制定的出发点就是如何唤起情感、引发期待、探寻根源。

要"唤起情感、引发期待、探寻根源"，就要让学生进行真实阅读，就要在导读过程中，使学生的情感体验与思维发展相结合，让学生从情感与思考角度对阅读文本产生反应，在此基础上负责任地阅读，并对产生的反应进行思考。同时，学生要有同理心地阅读，提高看待他人观点的能力。教师要在示范中指导，实现学生自主阅读，要让学生在共读中共享，激发学生真情体验，通过言语的积累、运用，让学生生情、动情、共情，激发学生的情感变化，形成阅读文学作品的审美观照；要让学生在言语运用中形成言语思维，在理解、品评中读完、读懂、读通作品，最终与作者形成共见，以培养学生的高阶思维，在文、情、思一体化阅读实践中实现个体语文素养的养成与发展。

三课进阶、情思发展导读策略示意图。

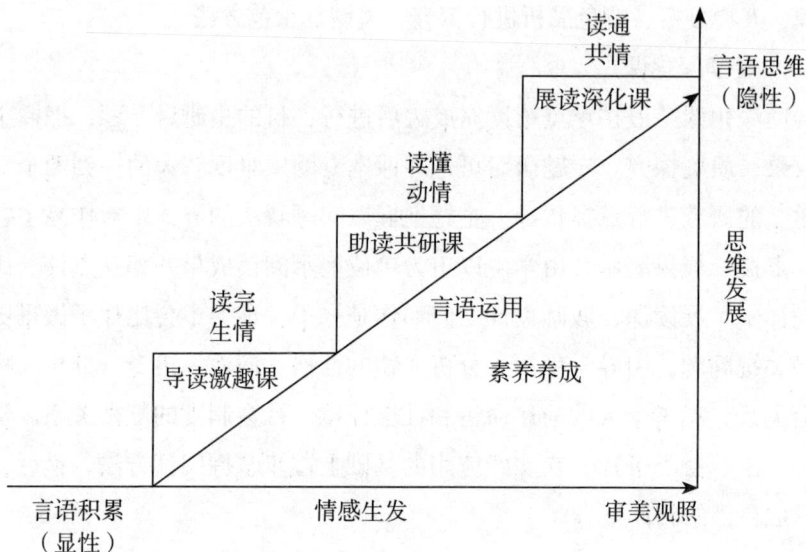

三课进阶、情思发展导读策略示意图

五、以自主阅读实现为目的，实施多元主体的监控评价策略

对阅读过程进行自主监控与调节，属于元认知策略。元认知策略是个体对自己的认知过程及结果进行有效监控并调节的策略，它包括元认知知识、元认知控制。阅读监控策略主要指向读者对阅读的计划、评估和调整。阅读前，教师引导学生思考阅读目的；阅读中，教师鼓励学生自我提问、自主总结，解决阅读障碍；阅读后，教师引导学生评估、反思阅读成效。开展整本书阅读，不仅要组织好导读课，把握好整本书阅读的重心，而且要开展好整本书阅读的评价。吴欣歆提出表现性评价和应试性评价的模式，余党绪提出兼顾过程性评价与终结性评价，均具有很好的指导价值。整本书阅读的大量工作要靠学生的自读来完成，必须保证课下自读的成效，因此，我们既要重视阅读理解策略，也要重视阅读监控策略。

为了强化整本书阅读中的监控策略，我们探索开展了"三单一表、多元评价"的阅读监控策略。"三单"指规划单、问题单、成果单，"一表"指综合评价表。

1. 用规划单指导学生自主制订阅读计划，调控阅读进度

整本书阅读学生自主规划单

书名： 姓名： 年级： 班级： 时间：

阅读内容		完成情况
阅读时间		
阅读进度	月 日— 月 日	
	月 日— 月 日	
	月 日— 月 日	
	月 日— 月 日	
	月 日— 月 日	
阅读方法及要点		
阅读任务及要求	规定任务： 1. 2. 3. 选做任务 1. 2. 自主任务：	
小组成员分工	组名： 成员： 分工：	

　　学生根据总体安排自主设定自己的阅读进度，确定自己的阅读任务，成立阅读小组，并且对各个阶段任务完成情况进行自主记录、评价。

2. 用自主问题单指导学生深入阅读，读出自己的感受和体验

　　学生要记录整理阅读中产生的问题，在助读课上与同组同学讨论交流，并将未解决的问题及有价值的问题提交班级进行讨论。

整本书阅读学生自主问题单

书名：　　　　姓名：　　　　年级：　　　　班级：　　　　时间：

类别	问题描述	评价
人 物 类		
情 节 类		
主 题 类		
其 他 类		
归 纳	最有价值的问题： 提交研讨的问题：	

3. 用成果单记录、汇总每个阶段的阅读成果，并进行自主评价和小组星级评价

整本书阅读学生自主成果单

书名：　　　　　　姓名：　　　　　　年级：　　　　　　时间：

成果名称	数量	描述（优缺点）	评价等级
小组综合评价	评语： 星级：☆ ☆ ☆ ☆ ☆ ☆ ☆ ☆ ☆ ☆		

4. 用评价表对学生的阅读态度、阅读习惯及阅读成效进行多维评价

每本名著阅读完成之后，由学生、教师、家长对学生进行综合评价，各评价者评价角度、内容等均有所不同。此评价结果作为学生语文期中和期末考试综合考核的一项重要内容，计算加权平均分。

整本书阅读综合评价表

姓名：　　　　　　班级：　　　　　　小组：　　　　　　名著：

评价项目	评价内容及等次	综合评价
学生自评	（是否制订计划，是否完成规定阅读任务，是否记录阅读问题，是否与同学交流，有无收获和启发） 自评评语： 自评星级：☆ ☆ ☆ ☆ ☆	
家长评价	（在家是否阅读，能否自觉阅读，能否主动与家人分享阅读感受） 家长评语： 星级评价：☆ ☆ ☆ ☆	

评价项目	评价内容及等次	综合评价
组内互评	（阅读是否积极主动，阅读时是否认真专注，是否坚持记写读书笔记且书写工整，阅读任务是否如期完成，小组内活动是否全程参与） 组员评语： 分值评价：	
教师评价	（阅读的态度、习惯、方法、主动性、阅读成果等） 评语： 分值评价：	

除了通过三单一表进行综合评价，还可以在阶段阅读任务或者一本书的阅读完成之后，设计相关题目对学生的阅读效果进行评价和检测，便于教师及时掌握阅读状况。

六、关于整本书阅读的几点建议

第一，注重"整"的意识。要引导学生关注宏大背景：作者所处的历史文化背景，以及作品本身的复杂背景、情节结构和人物关系等。

第二，立足"本"的主体。一定要充分了解学生的学情，切忌想当然地进行阅读指导。一是基于学生阅读实情指导，二是关注学生自主体验，三是让学生实实在在地阅读。

第三，注意"书"的差异。结合课本要求训练的阅读方法，围绕文本特征进行阅读指导，通过教读"一本书"，让学生会读"一类书"。

第四，紧扣"读"的目标。宁可理解浅一点，也要让学生自己读，在读中激发兴趣，培养语感，训练思维，增长见识。

七、农村初中整本书阅读现状与策略研究的成效

1. 学校师生爱读书的氛围基本形成

整本书导读课程化设计，将名著阅读的课内导读、课外自读、活动助读"三位一体"有机结合，实现了名著阅读的时间保障、指导保障、效果保障，从学校、教师、家庭三个层面确保了名著阅读任务的顺利完成，良好的阅读生

态逐步形成。学生由原来的无书可读到人手几部，从不看名著到手捧书卷，形成了读名著的良好风气，养成了有时间就读书的好习惯，学校课外阅读全面展开，学生已初步掌握了基本的阅读技能。

2. 教师专业素养明显提升

教师专业素养明显提升，有效促进了教师的专业发展。教师反复研读课程标准，积极参与实施"教师领读、师生共读"，与学生共读名著，设计教法，组织阅读活动，撰写教育随笔和论文，形成了专业读写的良好氛围，提升了整体教学研究水平，全面提升了专业素养。课题组教师的成长也带动全校教师综合素养明显提升。

3. 整本书阅读资源库初具规模

参研教师对整本书阅读表现出强烈的兴趣，纷纷开展导读研究，阅读理论专著，进行教学设计，撰写笔记和反思，制作了教学PPT、微课导读视频，建成了覆盖初中三个年级12本必读名著的整本书阅读教学资源库，推动了我校教育信息化和语文教学的发展。

参考文献

［1］中华人民共和国教育部.普通高中语文课程标准（2017年版2020年修订）［M］.北京：人民教育出版社，2020.

［2］任明满，刘丹.整本书阅读的回顾、反思与展望［J］.语文学习，2021（4）.

［3］吴欣歆.培养真正的阅读者：整本书阅读之理论基础［M］.上海：上海教育出版社，2019.

［4］曹勇军.用真实阅读推动整本书阅读的课堂教学（上）［J］.中学语文教学，2021（2）：82-86.

［5］安德烈·焦尔当.学习的本质［M］.杭零，译.上海：华东师范大学出版社，2015.

［6］李煜晖.新课标与语文学习任务的进阶［J］.中学语文教学，2021（5）：4-5.

［7］比尔斯，普罗布斯特.颠覆性思维：为什么我们的阅读方式很重要［M］.北京：中国青年出版社，2020.

［8］顾明远.如何培养学生的思维［N］.山东教育报，2016–12–14（6）.

［9］艾德勒，范多伦.如何阅读一本书［M］.郝明义，朱衣，译.北京：商务印书馆，2004：179.

［10］蒋国银.追求理解的名著阅读作业系统［J］.中学语文教学参考，2020（35）：44–46.

［11］戴静蓉.问题群的"三维"设计：《骆驼祥子》导读［J］.中学语文教学参考，2020（35）：48–51.

［12］向静.自主学习在整本书阅读中的实施策略：以《西游记》阅读指导为例［J］.语文教学通讯，2021（14）：22–25.